JN331080

陽明叢書　記録文書篇　第九輯

法制史料集

法曹至要抄巻中

禁制條

一　兵仗事

擅興律云、擅發兵廿人以上杖一百、五十人徒一年、五十人加一
等。若有逃亡盗賊、權差人夫、足以追捕、及公私田獵者、不用
此律。

又條云、私有禁兵器者、徒一年

淨云、刀子刃長五寸以上、不得執帯。但衛府者聴之。

天平勝寶九年六月九日勅偁、一除武官以外、不得京
裏持兵。勅書前已施行、然猶不止、宜告所司、固加禁斷。

天暦八年十一月三日宣旨云、私帯兵杖、觸重禁過、莫令
更然。若不改舊悪、猶致違犯、及有司不糺、睛被告言處
之嚴科、將懲將來者。

天延三年三月一日官符偁、應禁宮中非色之輩帯弓
箭、着短兵事。兵仗之制具存律條、先格後符嚴制稠
疊、而今不善之輩滿京師、或恣帯弓箭、耀其武威、人心
習而成狂、致暴或偸、隠短兵、挿其懐、世誰謂之一尺三寸撿、
行路頭、而略人喝、恐除首以奪物、斷而不糺、何謂皇憲。嚴通
折衝、勿遺准類。

貞觀九年六月廿日宣旨云、非色輩帯兵杖、六位以下不論
蔭贖、決杖八十。但把笏者、禁身、五位以上録名以上言。

案之、於非色之輩帯兵仗之時、六位以下者、直決杖八十。
若諸司三分、諸道博士、殿上侍臣、秀才、僧尼及癈疾以下
之輩、并五位以上、可奏請。若撿非違使糺得申別當、
随御行也。

一　雙六事

捕亡令云、博戯賭財在席所有之物、及句合出九容止主

法曹至要抄　巻中（五六〜五七頁）

裁判至要抄　巻首・巻尾（一一九・一三四～五頁）

目次

法曹至要抄……一
上……三
中……五一
下……八六
裁判至要抄……一二五
文永十年九月制符……一三七
追加……一四九
式目追加条々……二六一
倭朝論鈔……三一九
裏書……三六一
解説……杉橋隆夫・佐古愛己

凡　例

一、陽明叢書記録文書篇は公益財団法人陽明文庫が所蔵する近衛家伝襲の日記及び文書の内、史料的価値の特に高いものを複製出版するものである。

一、本輯は第九輯として、法制史料関係の法曹至要抄・裁判至要抄・文永十年九月制符・追加・式目追加条々・倭朝論鈔の六点を収める。

一、裁判至要抄の裏書はすべて末尾にまとめて収め、裏書のある個所には上部欄外に「裏二」の如くに表示し、更にその裏書が収められている頁数を記した。

一、解説は巻末に収めた。

法曹至要抄

賊盜律又云吏卒殺本部五位以上官長者皆斬

職制律云聞夫之喪匿不挙哀、徒二年

未ゝ終釋ゝ服從ゝ吉忘ゝ哀作樂者徒一年半戸婚律云

居夫喪而嫁娶者徒二年妾ゝ減八等ゝ各ゝ本罪

雖ゝ軽先以除名就中放　杖痛

以拘ゝ例特所抽注也矣　ゝ例死刑減一等

流以下ゝ在臨時ゝ處分矣

謀[illegible]

名例律云一曰議親謂皇親及皇帝五等以上親及太

皇太后皇太后四等以上親皇后三等以上親

太皇太后者皇帝祖母也皇太后者

皇帝母也

見特蒙接遇

歴久者

二曰議故謂故舊　謂宿得侍見

三曰議賢謂有大德行　謂賢人君子言行可為法則者

四曰議能謂有大才藝　謂能整軍旅莅政事塩梅帝道

五曰議功謂有大功勲　謂能斬将搴旗摧鋒万里

六曰議貴謂三位以上者

又下云六議者犯死罪皆條[illegible]應議之狀先奏

又下云六議首犯死罪皆條抄應議之状先奏
請議之定奏裁流罪以下減一等其犯八虐者不用
此律注云議者原情議罪稱定刑之律而不正之
又条云應議者祖父母之伯叔姑兄弟姉妹妻子姪
孫犯死罪者上請流罪以下減一等其犯八虐故人
監守内姧他妻妾盗略　此律
又条云應議者之父母妻之流罪以下聽贖　應
以官之　用自從官當法其加役流反逆縁坐流
孫犯過失流不孝流及會赦猶流者各不得減
贖除名前流如法
獄令云犯罪應議請者皆申太政官應議者
納言以上及刑部卿大輔少輔判事於官議定
案之六議人犯死罪者皆條録所犯應死之坐及
録親故賢能應議之状　衣令於官集
議之定奏裁者也犯　以下減一等可當贖
當之　官免所居官可贖之也先贖後免若犯
八虐并贖章所之物与凡人無別矣德以下准而

八唐并贖章所ゝ犯ゝ物与犯人無別矣徒以下准而
可知者

一減贖事

刑部式云遠流一千五百里以下七百里以上中流五百六
十里近流三百里以上四百里以下死罪二絞斬ゝゝ死
贖銅各二百斤

名例律云應議請減及八位勲十二等以上若官位並
位得ゝ減 人父母妻子犯流罪以下聴贖若應以官當
者自從官當法其加役流及逆縁坐流子孫犯過失
流不孝流及會赦猶流各不得減贖
又云犯七位勲六等以上及官位勲ゝ得ゝ請者ゝ祖父母ゝ
妻子孫不及曽玄犯流罪以下各從減一等ゝ例 獄令
云贖死刑八十日流六十日徒五十日杖卌日笞卌日若云
故過限不輸者會ゝ赦不ゝ免

名例律又条云以官當徒者罪軽不盡其官留官収贖
官少不盡其罪餘罪収贖其犯除名者罪雖軽從例
除死罪者重為衰當贖法刑部式云贖罪並ゝ准

官少不去　其罪餘罪収贖　其犯除名者罪雖軽従例
除免官罪若重仍依當贖法　刑部式又云贖罪無銅准
價徴銭矣
案之徴贖銅随事日限之中不輸雖罪笞杖會赦
不免者也

一官當除名免官免所居官叙法事

名例律云犯私罪以官當　所以下三位以上以一官
當徒三年五位以上以一官當徒二年八位以上以一官
當徒一年若犯公罪者各加一年當其有二官謂官
位爲一官勲位爲一官行守者各以本位當仍各解見
任若有餘罪及更犯者聽以歴任之官當歴任謂降
所不至者　又案云犯八虐故殺人反逆縁坐本應絞
坐者亦免不同獄成者雖會赦猶除名獄成謂贓状
露驗及有断訖未奏者即監臨主於所監守犯奸
盗略人若受財而枉法者　人行守謂犯良人妻妾
妾盗及枉法謂盗三端枉法一端者獄成會赦者
免所居官會降者同免官法　其雖犯一死罪即在禁

免所居官會降者同免官法具離犯死罪即在禁
身死若ハ犯流背死逃亡者並除名皆謂本犯
合死而獄成者會降者聴從當贖法　又条云犯姧
謂姧他妻妾及与和者盗各人受財而不枉法並謂
徒以上若犯流徒獄成逃走祖父母々々犯死罪被囚
禁而作楽及婚娶者免官謂二官並免降所不至
者聴留又条云祖父母々々　　犯侍委親之官在
父母喪生子及娶妾兄弟別籍異財者免所居
官謂所居一官若兼帯勲位者免其官位　又条云
除名者々位記並除課役從本色六載之後
聴叙若本犯不死免官而特除名者叙法同免官例
免官者三載之後降先位二等叙免所居官之官
當者朞年之後降先位一等叙若本犯不死免
所居及官當而特免官者叙法同免所居官其免
官者若有二官各聴依ゝゝ位叙即免官免所
居官及官當斷訖更犯餘有歴任位記者各依上法
免法宜有二官者先以高者當仍累降之所降雖

免法兔有二官者先以高者當仍累降之所降雖
多各不得通に并各謂二官各降不在通計之限
官盡未叙更犯流以下罪者聽以贖論謂後叙合得
八位以上者叙限各從後犯計年不在課役之限雖有
歴任之位記不得預朝參之例
案之犯重科之人身有職位之時随罪法之所相
辭退其職位者也即其所退之差有四一者官當
一品以下三位以上一官當徒三年五位以上
以一官當徒二年六位以下以一官當徒一年並之
官　先解退所居之一官　二者免所居官
三者免官　先解退所居官位勲位
四者除名　官位勲位悉除
課役從本色

一自首事

名例律云犯罪未發而自首者原其罪
案之過而不改斯成過矣今悔過來陳首可原其罪
又云輕罪雖發因首重罪免其重罪
案之假有盜牛事發自首鑄錢之罪得原盜之
之犯仍坐之類也
又云因問所劾之事而別言餘罪者亦如之

又云自問所劾之事而別言餘罪者亦如之
案之假令犯罪事發被推鞫之時更言餘罪亦
得免其餘罪之類
又云遣人代首若於法得相隠者為首及相告言
各聽如罪人身首法
案之假令甲犯罪遣人首不限親疎可原之
同律云同居若大功以上親並為相隠之親家人
奴婢為主隠也者與亦親為首并告言亦可原之
又除反大逆及謀叛之上道大逆未行之類二等親
捕送官司亦同

一不自首事
名例律自首条云於人損傷即事發逃亡若越度私
度關及姦并私習天文之、不在自首之例疏云謂
犯罪之人聞有代首為首及得相容隠者告言於
法雖復合原追身不赴不得免罪謂上並不之赴者
身首告之人及餘應緣坐者仍依首法
案之会不原之類也

案之、会不尽之類也

又云、自首不實及不盡者、以不實不盡之罪々之、至死者

聽減一等

案之、假令強盗得贓之人首云、竊盗得贓若干也、雖贓

首盡、仍以強盗不得罪、ゝ之類、是不實不盡之

罪也、又假令強盗卅端首十五端、餘有十五端、本坐

合死刑、以有其悔心之故、減死一等、可遠流之類

又云、知人欲告及亡叛而自首者、減罪二等坐、即亡叛者雖

不自首、能還歸本所者、亦同、又云、四等五等親為首罪

減三等、又云、受財枉法不枉法、受所監臨及坐贓之類

悔過還主者、減本罪三等坐之

案之、首告之時、与減之頃

一覚挙事

名例律云、公事失錯、自覚挙者、原其罪、應連坐者

一人自覚挙、餘人亦原之、疏云、謂長官以下主典以上在案

同判署者、一人覚挙、餘並得原之、又疏云、謂縁公事

致罪而無私曲者、事未發露而自覚挙者、所以錯之

致罪而云私曲者事未發露而自覺舉者所錯之
罪得原覺舉之義與自首有殊自首者知人將告減
二等覺舉既无此文但未發自言皆免其罪
案之職制律云被詔書有所施行而違者徒二年失錯
者杖八十者假令官人詔勅施行未曉勅意失錯云
私曲之類自覺舉免其罪又假令刑部有斷罪失
錯同判人一人覺舉者連判官皆可原之類也
又云斷罪失錯已行決者不用此律疏云謂死及笞杖已行
決訖流罪者至配所役年徒罪役訖此等並為已行
決者官司雖自覺舉不在免例各依失入法科之故
云不用此律
案之假令官人依失斷已行決者雖覺舉不原若大
斷徒二年已役一年畢者一年未役者從舉免既役一
年者減本罪一等可科之類斷獄律官司入人罪
条云斷罪失於入者減三等之故
又云其文書稽程連坐者一人覺舉餘並原之主典
不免若主典自舉至減二等

不免若主典自挙至減二等

案之公式令云公案小事五日程中事十日程大事
廿日程徒罪以上弁定須卅日程過此限者是稽程也
假令長官以下判官以上二人挙者餘人可免主典不
免何者職員令神祇官条云大史一人掌受事上
抄勘署文案検出稽失讀申公文餘主典准此
者於出稽失縁主典之故若主典自挙並減二等
可科若長官以下連署挙者判官以上並得免
罪主典尚減二等科也

一加罪事

名例律云称加者就重次者
案之假令有犯笞十之罪加一等者笞廿又加一等者
笞卅又加一等笞卌又加一等笞五十又加一等者杖六十
又加一等者杖七十又加一等者杖八十又加一等者杖
九十又加一等者杖一百又加一等者徒一年又加一等者徒
一年半又加一等者徒二年又加一等者徒二年半
又加一等者徒三年又加一等者遠流又加一等者中流

又加一等者徒三年、又加一等者近流、又加一等者中流
又加一等者遠流、又加一等絞罪、又加一等者斬罪也、亡
則笞杖者各以十為一等、徒罪者以半年為一等、三流
二死又以加此加罪、法自軽至重、依次第所加也

一減罪事

名例律云、称減者就軽次、唯二死三流各同為一減、者
疏云、仮令有犯笞五十之罪、減一等笞卌、又減一等者
笞卅、又減一等者笞廿、又減一等者笞十也、又有犯杖一
百之罪、減一等者杖九十、又減一等者杖八十、又減一等者
杖七十、又減一等者杖六十也、又有犯徒三年之罪、減
一等者徒二年半、又減一等者徒二年、半也、又減一等者
徒一年半也、又減一等徒一年、又減一等杖一百也
又有犯遠流之罪、減一等者須至中流也、而至于
二死三流者各同為一減之、故更超至徒三年也
又有犯斬罪之者、減一等須至絞罪也、然而於二
死三流者依称同為一減、更至于遠流者也、然則
二死三流之罪、至加時者次第加之、於減時者不

二死三流之罪至加時者次第加之於減時者不
依次第多超所減也矣

一禁法事
獄令云禁囚死罪枷杻婦女及流罪以下去杻其杖
罪散禁年八十十歳及廢疾懷孕侏儒之類雖犯
死罪亦散禁義解云不用木索唯禁出入也案下条
別立不脱巾之文故此条散禁以上皆脱巾
又条云應議請減者犯流以上若除免官當者並
鎖禁公坐流私罪徒責保參對其初位以上及無
位應贖者犯徒以上及除免官當者梏禁公罪徒
並散禁不脱巾　又云婦人在禁皆与男夫別所
又云婦人在禁臨産月者責保聴出之死罪産後
満廿日流罪以下産後満卅日並即禁
断獄律云因應禁而不禁應枷杻鎖禁梏禁而不
枷杻鎖禁梏禁及脱巾者杖罪笞卅徒罪以上遞加
一等若不應禁而禁及不應枷杻鎖禁梏禁而枷
杻鎖禁梏禁者杖六十

枷杻禁锢禁者杖六十
案之無位白丁之類若犯笞罪以下死罪以上者其可
脱巾杻禁又有杻禁不脱巾之者有脱巾不杻禁
之人若官位之輩犯流以上若除免官當者只用
禁法不可脱巾但至坐流私罪徒貴保参對也
无位白丁之者犯杖罪以下者只令脱巾不可杻禁
何者杖罪以下者是爲散禁之者不閑木索之故
也又可禁不禁之罪具在此律矣

一毀燒神社事
賊盜律云謀毀大社者徒一年毀者遠流
衛禁律大社条疏云賊律毀大社者遠流不顕中
社小社罪若毀中社者減三等處徒二年小社又
減三等處杖一百之類
雜律云於官府廨院及倉庫内失火者徒二年
在宮内加二等延燒闕門宮闕及大社者遠流疏
者云故燒大社者遠流若贓滿十端處絞刑
案之稱大社者伊勢太神宮八幡宮之類也任此

案之、称大社者伊勢太神宮八幡宮之類也、仍此(須)
條取科斷矣

一闌入神社事

衛禁律云、闌入大社門者徒一年、中社小社各遞
減三等

案之、称大社伊勢大神宮八幡宮也、中社者賀
茂住吉祇薗也、自餘小社也、而闌入之時皆得
其罪、但中小社有(所)減而已

一神事違例事

職制律云、祭祀及朝會侍衛行事失錯及
違失儀式者笞卅

案之、神事違例不指其社、又不指其事、違
犯神事觸穢多端、若犯過之人可處此
科、但有位有職之人、若罪条不明之類、令准
(散禁若)凡下之輩、見决放免、既使廳例也

一神事時觸穢事

神祇令云、散齋之内、諸司理事如舊、不得弔喪

神祇令云散齋之内諸司理事如舊不得弔
喪問病食宍亦不判刑殺不決罸罪人不
作音樂不預穢悪之事
案之不廃令條齋間之時依違式之科可定
笞罪若故穢之日准闌入家徒年随犯可
取科断矣

一盗毀佛像事
賊盗律云盗毀佛像者徒二年即僧尼盗毀
佛像者中流菩薩者減一等
案之二事也盗佛像一事也付其家盗可着
鈦配役若毀者不家盗只可家徒罪但盗
佛像之時循計償直可科徒役之限又僧尼
之盗毀者宜自俗人菩薩之形像者軽自佛像矣

一闌入事
衛禁律云闌入宮門徒一年殿門徒一年半閤門
徒二年持杖者各加二等至御在所者絞持仗者
斬迷誤者上請即闌入御膳所者徒二年又云闌

輒迷誤者上請即闌入御膳所者徒二年又云闌
入者以踰閾為限至閾未踰者宮門杖六十殿門
以内遞加一等其越閤垣者從殿垣遠流宮垣近流
宮城垣徒三年京城垣徒一年
案之禁獄舎之類也雖不合着鈦歟可禁固
但酔乱迷式之類能問其情事有實暫禁
禁便所追放亦使廳之例也凡件訖非一例事
情有至重又有至軽彼此之旨有司能可慎擇之

一禁中闘乱事

闘訟律云於宮内忿争者笞五十聲徹御所及相
毆者杖一百以刃相向者徒二年殿内遞加一等傷
重者各加闘傷二等
疏云謂大祀等門為殿門忿争杖六十聲徹御
所及相毆者合徒一年以刃相向徒二年半若閤内
忿争杖七十聲徹御所及相毆者徒一年半以刃相
向者徒三年
案之禁裏之闘乱者自凡處是重之条見于此

案之、禁裏之闘乱者、自元厳重之条、見于此
律矣、

一射放弾投瓦石等事
衛禁律云、向宮殿内射、謂箭力所及者、宮垣徒一
年、殿垣加一等、箭入者、各加一等、即箭入閤内者、徒
徒三年、御在所者、絞、於弾及投瓦石者、各減一等
只謂人力所及者、殺傷人者、以故殺論、即箭至隍
仗若闘仗内者、絞
雑律云、向官私宅若道径射者、笞五十、放弾及投
瓦石者、笞卅、因而致傷人、各減闘傷一等、若故令入
宅中、致傷人者、各以闘殺傷論、至死者、加役流
案之、向宮殿内并官私宅、射放弾投瓦石之者、
可被處此科者也

一故殺事
闘訟律云、故殺人者斬、疏云、非因闘争、無事而殺、
是名故殺
案之、罪重、近代之例、依無刑、可省斬、於使庁禁

案之、罪重近代之例、依妄刑ヲ省、斷於使廳、禁
獄依爲死罪、不定徒年限、又此間紀無勘奏、甚
以不當、仍雖不令着鈦、直依別當宣遣獄舍也

一謀殺事
賊盗律云、謀殺人者徒二年、已傷者近流、已殺者
斬、從而加功者加役流、不加功者近流、造意者雖
不行、仍爲首、雇人殺者亦同、即從者不行、減行者
一等、餘條不行准此
案之、雖謀殺未害、終其身、然而罪法所指事
重、只任例下獄舍了、是臨時行來例也

一闘乱闘殺事
闘訟律云、闘毆人者笞卌、謂以手足擊人者、傷及
以他物毆人者杖六十、見血爲傷、非手足者其餘
皆爲他物、即兵不用刃亦是、傷及拔髮方寸以上
杖八十、若血從耳目出及内損吐血者、各加二等、又云
凡闘毆人折齒、決耳鼻、眇一目及折手足指、若破
骨及湯火傷人者徒一年、折二齒二指以上及髡

骨及湯火傷人者徒一年折二齒二指以上及髡
髮者徒一年半又云凡鬪毆折跌人支體及瞎其一
目者徒三年折支者折骨跌體者骨節差跌
失其常處辜内平復者各減二等餘條折跌平
復准之即損二事以上及因舊患令至篤疾若
斷舌及毀敗人陰陽者遠流
又云凡鬪毆殺人者絞 謂元无殺心而相鬪毆而殺人者
棄之成鬪乱犯使廳任意可拿依式條豈
以所當之罪若笞杖者須直決放又若及徒流
死者勘奏之後徒罪以下於使廳可決死罪
以上可送刑部省也然而此事近代皆以絶了至于
及流徒罪之者禁獄令相尋杖笞之者禁獄攻
所或禁使所是使廳積習之例也非法條之所謂

一保辜事
鬪訟律云保辜者手足毆傷人限十日以他物毆傷
者廿日以刃及湯火傷者卅日折跌支體及破骨者
五十日限内死者各依殺人論其限外及雖在限内以

五十日限内死者、各依殴人論、其限外及雖在限内以
他故死者、各依本殴傷法、注云、他故謂別増余患而
死者、上文注云、殴傷不相須、余条殴傷及殴傷各准此、
案之、殴然而殴傷之類云同、故闘殺殴皆自之、可禁保
辜、若限内死者、各可依殴人之本法、其保辜之間
可禁、禁法見之、若限内平復者、以殴傷罪可論、

一戯殺人事
闘訟律云、戯殺傷人者、減闘殺傷二等、
案之、闘殺人者従刑也、而戯殺之減二等、可徒三年、
又闘刃傷人者徒二年也、而戯刃傷之減二等、宜徒一
年矣、

一過失殺罪事
闘訟律云、過失殺傷人者、各依其状以贖論、
断獄律云、疑罪各依所犯以贖論、注云、疑謂虚実
之證等是非之理均、
又條云、應議請減若年七十以上十六以下及廃疾者並不
合拷訊、皆據衆證定罪、刑部式云、僧尼不可拷

合拷訊皆據衆證定罪刑部式云僧尼不可拷
訊據衆證可定刑
案之謂過失者耳目所不及假令投塼瓦及彈
射耳不聞人聲目不見人出而致殺傷其思慮所
不到者謂本是幽僻之所其處不可有人投瓦及
石誤有傷殺或共舉重物而力所不制或共升高
險而足蹉或因擊禽獸而誤殺傷人者如此之類
皆為過失之罪不同正犯嶽贖銅可入被殺被傷
之家也又謂疑罪者不用拷法之類證人參差罪
贓状露驗難取信者道其状可嶽贖銅但僧尼
亢元蓄財物即過失疑罪俱可放免

一私和事
賊盜律云祖父母父母及夫為人所殺私和
者徒三年二等親徒二年三等以下親遞減一等受
財重者各准盜論雖不私和知殺二等以上親經卅
日不告者各減二等
案之私和之罪具載此律又有五等内親自相殺

案之私和之罪具載此律又有五等内親自相殺
者昧殺親　舎早幼殺尊長得告尊長殺早
幼不告者也

一殺子孫并家人奴婢事

闘訟律云子孫違犯教令而祖父母々々殴殺者徒一
年半以刃殺者徒二年故殺者各加一等即嫡継慈養父母
殺者又加一等過失殺者各勿論者
案之祖父母々々所有教令而子孫違背之時祖
殺殺之日徒一年半以刃殺者徒二年又非違犯教
令故殺者徒二年半也又養父母者為情昧易道
故加一等科罪也過失殺者各不可有其罪矣
同律云奴婢有罪其主不請官司而殺者杖八十無
罪而殺者杖一百家人者各加一等過失殺者各勿論
案之奴婢賤隷雖各有主至於殺戮宜有稟
而不請官司而輙殺者杖八十無罪殺者杖一百家人
有罪不請官司殺者奴婢加一等杖九十無罪殺者同
加一等合徒一年過失殺者各不可有其罪矣

加一未合徒一年過失殺者各不可有其罪矣

一移郷事

賊盗律云殺人應死會赦免者移郷若群黨共殺
上移下手者及頭首之人若死家無父子祖孫伯叔
兄弟或先他國雜戶及陵戶官戶家人奴婢若婦
人有犯或殺他主家人奴婢並不在移限注云家人奴
婢自相殺者亦同

案之死家有親戚之時依与彼爲讎移郷爲
戶令避讎之矣

一劫囚事

賊盗律云劫囚者遠流傷人及劫死囚者絞殺人者
若竊囚而亡者与囚同罪
注云但劫囚即坐不須得囚

案之犯罪之人身被囚禁爲徒黨與來相劫奪
者也假令自劫輕囚傷人及劫死囚而不傷人者
各得徒罪依首從科斷自劫囚而有殺人者罪无
首從皆得斬罪矣

首従宜并得斬罪矣

一強竊盗事

賊盗律云強盗謂以威若力而取其財先強後盗先盗後強等若与人薬酒及食使狂乱取財亦是即得闌遺之物鉸撃財主而不還及竊盗發覚弃財逃走財主追捕因相拒捍如此之類事有因縁者非強盗不得財徒二年一尺徒三年二端加一等十五端及傷人者絞殺人者斬其持杖者雖不得財遠流十端絞傷人者斬

又条云竊盗不得財笞五十一尺杖六十一端加一等五端徒一年五端加一等五十端加役流

弘仁十三年二月七日格云犯盗之人斷罪之宜犯徒一年者加半年犯二年三年者各加一年杖罪以下只徒一年者若犯三流者各役六年

案之盗犯之属觸類多端而或犯罪有故不承伏或面身待對問之間使廳之例暫令候便所若承伏雖有實貨為軽罪者散禁可令候獄政所若事実者

雜有實為輕罪者散禁可令候獄政所若事實者
雜散禁可令候獄舍是已為使廳之流例凡盗犯事
朝家重所誡也自昔雖嫌疑之者忽難免之類又下
使所廻計略尋訪其状者也

一鈔人奪財事

賊盗律云本以他故毆撃人因而奪其財物者計贓
以強盗論至死者加役流因而竊取者以竊盗論加一
等疏云謂本無規財之心乃為別事毆打因見財物遂
即奪之事類先強後盗故以強盗論以先無盗心之
故贓滿十五端應死者加役流奪物贓不滿一尺同強
法不得財徒二年
案之擒捕諸犯人之日件使奪取財之時計所取之
財随贓布之員以強盗科斷之可為然之竊取者以
竊盗論加一等者

一斫破人宅事

長徳元年九月十二日宣旨云應准強盗追捕推断
権門勢家悪雑人斫壊人家掠領財物等事右

権門勢家濫悪雑人所壊人家掠損財物事右
去長元三年十二月廿八日下左京職五畿内七道諸国
符偁如聞年来諸衛舎人假名宮衛柱暴是好招集
輩与所破人家騒動之間或壊財貨奉勅自今以後若
致違犯当所之司仍加追捕論以強盗并其損物准
賊行之者条議云之者右大臣宣奉勅名因乱實以以
強盗加有違犯之輩従雑云見賊破損明白財主称
損失之物依賊状露験之法之須推断之者
案之令所破人宅之罪雖未見正条之定論自明存科
坐何疑矣

一　句引人事

賊盗律云略売人為奴婢者遠流為家人者徒三年為
妻妾子孫者徒二年半未得各減四等　和誘者各減
又云略奴婢者以強盗論和誘者以窃盗論各罪止中流
一　昔
案之引人之罪若為奴婢之類者比強窃盗若為凡
人者随刑可處徒流之科如此之類使廳之例或令

人者隨刑可處徒流之科如此之類使廳之例或令
修獄舍并改所居而已

一醫違方事
雜律云醫爲人合藥及題疏針刺誤不如本方殺人
者徒一年
疏云不如本方於人無損者不論尊卑貴賤同罪詐
僞律云醫違方詐療病而取財物者以盜論
案之醫師爲人和合湯藥其藥即有君臣分兩題
疏藥名或注冷熱遲駛并針刺等錯誤不如古本方
及本草以故殺人者醫合徒一年也又違背本方詐
療疾病率情增損物者計贓以盜可論其罪矣

一山野物事
賊盜律云山野之物已加功力刈伐積聚而輒取者各
以盜論
案之草木藥石之類有人已加功力或刈伐或積聚
而輒取者各准積聚之處時價計贓依盜法可
科罪者也

科罪者也

一食蓏菓伐樹木事
雑律云、於官私田園輙食蓏菓之類、坐贓論、棄毀者亦
如之、即持去者准盗論、主司給与者与同罪、強持去者
以盗論、主司即言者不坐
又条云、毀伐樹木稼穡者准盗論
案之、稼穡菓之類、即雑蔬菜皆是也、若於官私田
園之内而輙私食者坐贓論、持去者計贓准盗論之
罪所費之贓、各還官主矣

一公取竊取事
賊盗律云、盗公取竊取皆為盗
注云、器物之属須移徙、闌圏繋閑之属須絶離常処
放逸飛走之属須専制乃成盗
疏云、公取謂行盗之人公然而取、竊取謂方便私竊其
財、皆名為盗、注云、器物之属須移徙、謂器物銭帛之
類須移徙離於本処、珠玉宝貨之類據入手隠
蔵、縦未将行亦是、其木石重器非人力所勝應須

藏、從来、將行、亦是、其木石重器、非人力所勝、應須
駄載者、雖移本處、未駄載間、猶未成盗、但物有巨細
難以備論、略擧綱目、各臨時取斷、園囿繫閉之屬
須絶離常處、謂馬牛駝騾之類、須出閑圏及絶離
閑之處、放逸飛走之屬、謂鷹犬之類、須專制在己
不得自由、乃成盗者
案之、公取竊取、皆爲盗之由也、以柄字也矣

一枉法不枉法受所監臨坐贓事
職制律云、監臨之官、受財而枉法者、一尺杖八十、一端
加一等、卅端絞
案之、監臨之官、受有事人財、而爲曲法處斷者
計所得之贓、枉所當之科
又云、監臨之官、受財而不枉法者、一尺杖七十、二端加
一等、卅端加役流
案之、監臨之官、雖受有事人財、判斷不爲曲法者
又云、監臨之官、受所監臨財物者、一尺笞廿、一端加一等、十
端徒一年、十端加一等、七十端近流

端徒一年、十端加一等、七十端近流
案之、監臨之官、不因公事而受監臨内財物者、与
者減五等、雖与百端、罪止杖一百矣
雑律云、坐贓致罪者、一尺笞十、一端加一等、十端徒一
年、十二端加一等、罪止徒三年、与者減五等
注云、謂非監臨主司、因事受財者
案之、坐贓致罪、假如被人侵損、備償之外、因而受財
之類、両和取与、於法並違、故与者減罪五等

一乞索事

職制律云、自官侍勢及豪強之人乞索者、坐贓論
減一等、将送者為従坐、注云、親故相与者勿論、上条云、強
者加二等、注云、餘条強者准此
名例律云、乞索之贓、並還主、疏云、強乞索、和乞索、得
罪雖殊、贓合還主
案之、假令郷同有勢之人、除親故之外、乞取財物、計
贓坐贓論、減一等、若強乞取者、可加二等、但与財之人
減五等、可科断、物即可還主

減五端者、科断物可還主

一放火事
雜律云、故焼官府廨舎及私家舎宅若財物者、徒三年、贓満五端、近流、十五端、絞、殺傷人者、以故殺傷論、刑部格云、寶亀四年八月廿九日官府云、如有捕獲行火盗賊、勘當得實者、宜示衆格殺、以懲後悪、
案之、放火之輩依為死罪、須送刑部者、今之法文大辟罪也、然而使廳之流例、事軽之輩、禁獄所、事重之者、下獄舎、皆依為散禁、欲称於使廳、雖有被行之例、猶至于死罪囚者、別当毎度可経奏聞也、而近代都無此事、

一強和姧事
雜律云、姧者徒一年、有夫者徒二年、強者各加一等、
又云、和姧本条無婦女罪名者、与男夫同、強者婦女不坐、
案之、強姧無夫之女徒一年、強姧有夫之女徒二年、若和姧者、女人同可得罪之、

一私度越度事

一私度越度事
衛禁律云私度関者徒一年注云謂三関者摂津長
門減一等余関又減二等越度者各加一等
又云不応度関而給過所若冒名請過所而度者各
徒一年
案之妄冒徒同家徒年但有位蔭之類不聴徴贖
為使庁例
一違勅事
職制律云被詔書有所施行而違者徒二年失錯杖
八十
案之奉詔勅之人故違其旨之時處此科可禁獄
但失錯之時得杖罪自是有位蔭之人至于減贖之
科矣
一違令違式事
雑律云違令者笞五十別式減一等
案之令有禁制律無罪名之者謂之違令不称式云
制謂之違式共得笞罪矣

制謂之違式共得笞罪矣

一作詔書幷偽託事

詐偽律云詐為詔書者遠流

説者云太上天皇宣亦同

詐偽律又云詐假與人官及受假者近流者

案之詐為宣旨院宣之者可處遠流又作注記之

人幷受之人共可配近流矣

一作官文書事

詐偽律云詐為官文書杖一百注云竹付移解牒之類也

案之詐作官文書之時律設杖一百之科矣

一謀書事

詐偽律云詐為官私文書増減以求財賞者准盗論

案之詐作諸司諸国幷私家返抄者最可准盗論之

一奏事不實事

詐偽律云奏事上書詐不以實者徒二年

案之奏事不實之科徒二年者也

一落書事

一落書事
闘訟律云投匿名書告人罪者徒二年得書者即焚
之若将送官司者杖一百官司受而為理者加二等被告
者不坐輙上聞者徒二年半
案之匿名成落書立簡札之者可處徒二年之旨見
付之葦早可焼弃之矣

一詐称官所遣捕人事
詐偽律云詐為官及称官所遣而捕人者徒二年
案之人詐或称使或尊所之使遂捕取人之時
所設之文也

一拒国郡以上使事
闘訟律云拒国郡以上使者杖六十注云称以上者在京
諸司並是
案之雖非宣下之事或依公事有所追捕而対捍
使背得其罪若非見決使廰例散禁可令候使
所又対捍詔使之科八虐之絞刑也依注載八虐別
不相注矣

不抽注之

一化外事

名例律云化外人同類自相犯者各依本俗法異類相
犯者以法律論疏云假如百濟同類相犯也又云依其
俗法断之者依本古法罰而死刑以下並断行耳但
使還日具状通共耳又云笞杖為決徒為役流留任五
為決杖釋云即知与化内人相犯并化外土罰法者皆
依法律断耳疏者又云徒役未畢欲發者加杖發遣之
案之假令百濟客同類相犯之類也同彼古罰法於此
断决但笞杖者可ゝ決徒者可役流者留任只可決杖
即使還日可隨報本國官職之軍可除免官當者
只為追毀位記也高麗与百濟相犯之類是異類相
犯之類也以法律可論也施行法也以同前

一僧尼行事違犯事

僧尼令云僧尼有犯准格律合徒年以上還俗許以
告牒當徒一年若有余罪自依律科断
名例律云僧尼犯奸盗者同凡人

右例律云、僧尼犯姧盗者同凡人

僧尼令又云、僧尼飲酒食宍五辛者卅日苦使、若為疾病薬分所須、三綱給其日限、若飲酒酔乱及与人闘打者、各還俗

又云、僧尼作音楽及博戯者百日苦使、碁琴不在制限、又云、僧尼有犯事、訴諸来詣官司者、権依俗形参事

貞観十六年九月十四日官符云、応僧尼法服不用綾羅錦綺亦遠法之色事、右検非違使起請云、望請須示天下暁喩諸人、然後若違法布施者不論施受、必加重責

案之、僧尼所犯之罪、盗犯殺害刃傷等之類、禁獄其守至于盗犯者着鈦、又徒年其外或可還俗之類、直禁獄所可苦使之、色令作使所誡為使廳例、當非

一　反坐事

法意云

闘訟律云、誣告人各反坐、即糺弾之官挟私弾事不実者、亦如之、注云、反坐致罪、准前人入罪法、至死而前

不實者亦如之注云反坐致罪准前人入罪法至死而前
人未決者聽減一等其本應加杖及贖者亦依杖贖
法即經官人及有蔭者依常律
又条云被殺被盗雖虚皆不反坐
名例律云稱反坐及罪之坐之与同罪者止坐其罪者注
不在除免倍贓加役流之例
案之誣告人者以其罪反坐若前人拷滿不首以反拷
告人亦定虚實又白丁誣告等贖并加杖人而反坐
者亦依聽贖并加杖之法若官人雖告白丁於除免罪
告者還不得除免尚依常律亦減贖凡本條
稱反坐罪之坐之与同罪之類不在除免加役流之例
又云倍贓又假令彈正臺斷人有私不以實者亦等
反坐之類也
一不擧劾事
鬪訟律云監臨主司知所部有犯法不擧劾減罪人
三等即同伍保内在家有犯知而不糺者死罪徒一年
流罪杖一百徒罪杖七十其家唯有婦女及男年

流罪杖一百徒罪杖七十其家唯有婦女及男年
十六以下者皆勿論
条々里長以上知所部之人有違犯法令格式之事
不挙劾者減罪人罪三等假有人犯徒一年不挙劾
者得杖八十類之

一不救助事
捕亡律云隣里被強盗及殺人告而不救助者杖一百
聞而不救助者減一等力勢不能赴救者速告随近
若不告者亦以不救助論其官司不即救助者徒一年竊
盗者各減二等
条々邑里隣居而被強盗及殺人者皆須遞告即
助救之若告而不救助者可杖一百者也官司不助救
者徒一年竊盗者可減一等矣

一主囚故縱事
捕亡律云主守不覚失囚者減囚罪二等若因拒捍
走者又減二等皆聴一百日追捕限内自捕得及他
人捕得若囚已死及自首除其罪即限外捕得及囚

人捕得若囚已死及自首除其罪、即限外捕得及囚
已死若自首者各又追減一等、監當之官各減主守
三等、故縱者不給捕限、即以其罪々之、未斷決間能
自捕得及他人捕得若囚已死及自首各減一等、餘條
監當官司及主司各准此、謂此篇内監當主司應
坐當條不立捕訪限及不覺故縱者、並准此法、又云、知
情藏匿罪人、若過致資給、令得隱避者、各減罪人罪
一等、注云、藏匿云日限過致資給亦同、若卑幼藏
匿匿狀已成、尊長知而聽之、獨坐卑幼家人奴婢首
隱主後知者与同罪、即尊長匿罪人尊長死、卑
幼仍匿者減五等、尊長死後雖經匿但已遣去而事
發及匿得相容隱者之侶亦不坐、四等以下親於同減
例、若赦前藏匿罪人、而罪人不合赦免、後匿如故、不知人有
罪、容寄之、後知而匿者皆坐、如律其展轉相使而匿
罪人、知情者皆坐、不知者勿論
又云、罪人有𢦏罪者上坐所知
斷獄律云、從死罪囚令其逃亡後竟逐捕得及囚已身死

斷獄律云、從死罪囚、令其逃亡、後還遂捕得及囚已身死、

若自首應減死罪者、其獲囚及死首之處、即須遣

使速報應減之所、有驛處發驛報之、若無驛、白使

不得減者、以入人罪故失論減一等

案之、令逃囚之罪、迴囚罪、輕重又有令逃人罪之

輕重又放從者、事重失逃者事輕、迴取處流徒

或令俳散禁、但杖罪以上禁獄、放所笞罪以下令候

役所爲欲聽之例、但失日給捕日限

一追捕事

捕亡律云、捕罪人而罪人持仗拒捍、其捕者格殺之、及

走逐而殺、若迫窘而自殺者、皆勿論、即空手拒捍而

殺者徒二年、已就拘執及不拒捍而殺、或折傷之、各

以鬪殺傷論、用刃者從故殺傷法、罪人本犯應死而

殺者、遠流、即拒殺捕者加本罪一等、傷者加鬪傷二

等、殺者斬

又云、被人殺傷、折傷以上、若盜及強姧、雖傍人皆得

捕繫以送官司、若餘犯不言請而輙捕繫者、笞卅

捕繫以送官司、若餘犯不言請而輙捕繫者笞卅
殺傷人者以殺傷論、本犯應死而殺者加役流
又云、追捕罪人而力不能制、告道路行人、其行人力能助
之而不助者杖八十、勢不得助者勿論
獄令云、五位以上犯罪、合禁在京者皆先奏、若犯死罪
及外者先禁後奏、其廳列所坐婦女有位者亦同、若
五衛府志以上及兵部犯流以上須追者、並聽前牒官司
經本府追攝、本府即奏聞追
檢非使式云、諸司諸衛及諸家官人已下雜色已上、若
有犯過者、且禁其身、且經本司
案之、犯罪之輩追捕之事、見于此等式矣

一拷訊事

獄令云、凡察獄之官、先備五聽、又驗諸證、事狀疑似
猶不首實者、然後拷掠、每訊相去廿日
義解云、謂五聽者、一曰辭聽、觀其出言、不直則煩、二曰
色聽、觀其顏色、不直則赧然、三曰氣聽、觀其氣息、
不直則喘、四曰耳聽、觀其聽聆、不直則惑、五曰目聽

不直則喘四曰耳聴觀其聴聆不直則惑五曰目聴
觀其眸子不直則眊然之
又条云杖皆削去節目長三尺五寸訊囚及常行杖
大頭径四分小頭三分笞杖大頭三分小頭二分半云云決
杖笞者臀受拷訊者背臀分受須数等
疑者云笞一長同杖者
断獄律云應訊囚者必先以情審察詞理反覆参
験猶未能決事須訊問者立案同判然後拷訊違
者笞五十若贓状露験理不可疑雖不承引即據状
断之　又条云拷囚不得過三度数総不得過二百
杖罪以下不得過所犯之数拷満不承取保放之即
有創病不待差而拷者杖六十若依拷決而邂逅
致死者勿論　刑部式云犯罪之人或慙或弱決杖之
時且寒且熱京加煩杖致死者須量其躰満促之
間准折決早自獄寺云司内所須笞杖毎年十一月
促物部丁令採備之　注云笞杖各一千杖
案之官司拷訊囚人之時有不如法之事者随事

案之官司拷訊因人之時有不如法之事者随事
得杖笞之罪又有贓有官之人在事実伍罪名
應贖銅事輕應重事

一不拷訊事

断獄律云應議請減若年七十以上十六以下及廢
疾者並不合拷訊皆據衆證定罪違者以故失論
又条云婦人懐孕犯罪應拷及決杖笞若未産而
拷決者杖八十傷重者依前人損拷法失者各減二
等産後未滿百日而拷決者減一等
刑部式云僧尼犯罪直訊者皆據衆證定刑不須
捶拷者
案之直議請減以下肉云僧尼以上共不可拷訊直
據衆證定其刑矣然而有官位之者及僧侶五位
以上子孫趣有其例人

一衆證事

断獄律云其於律得相容隠即八十以上十歳以下及
篤疾皆不得令其為證違者減罪人罪三等疏

及篤疾皆不得令其為證違者減罪人罪三等疏
云其於律得相容隱謂同居若三等以上親及外祖
父母外孫若孫之婦夫之兄弟及兄弟妻及家人奴婢
得為之隱其八十以上十歳以下及篤疾以其不堪加
刑故並不許為證若違律遣證減罪人罪三等
名例律云稱衆者三人以上稱謀者二人以上謀状顕
訖雖一人同二人之法　疏云稱衆者斷獄律五年以上
犯罪不拷據衆證定刑必須三人以上始成衆但
稱衆者皆准此文稱謀者賊盗律云謀殺人徒二年
皆須二人以上余条稱謀准此例假有人持刀仗
入他家勘有完然來欲相殺雖止一人亦同謀法者
余条稱衆稱謀者此律除不同者之外皆須三人
二人可謂衆證是三等以上親并可相容隠之人不得
為證之故也

一老少不禁事

名例律云年七十以上十五以下及癈疾犯流罪以下
収贖　注云犯加役流反逆縁坐流會赦猶流者不用

收贖、注云、犯加役流反逆縁坐流會赦猶流者、不用
此律、至配所免居作
案之、戸令云、男女十六以下為小、六十一為老、又条云、
癈疾殊儒要背脊折一支癈、如此之類、皆為癈疾
者、假令如此之人、除加役流反逆縁坐流會赦猶流之
外犯流罪以下者、皆收贖之
又云、八十以上十歳以下及篤疾、犯反逆殺人應死者
上請、盗及傷人亦收贖、余皆勿論
案之、戸令、惡疾癲狂二支癈兩目盲、如此之類、皆為
篤疾者、假令如此之人、犯反逆殺人應死者上請、
新處分、盗及傷人收贖、除之外無加刑、但盗不謂
強竊、殺人不論親踈
又云、九十以上七歳以下、雖有死罪不加刑、注云、縁坐應
配役者不用此律、疏云、謂父犯反逆罪状已成、子七才
以下、仍合配役、故云不用此律
案之、如此之人、雖犯極刑、無加罪、若贓入己者、徴下
還官主也、又老少者、下縁坐配役、凡已上人有官者

還官之也文老少者于縁坐能没之上人有官者

可官當除免贖疾之同

法曹至要抄巻上

法曹至要抄中目録

禁制条

一兵仗事　　一雙六事
一私飼鷹鶏事　　一黄丹事
一紅染事　　一染摺文成衣袴事
一絹絁衣袴事　　一諸司吏生着縹白絹事
一諸衛舎人諸司并院宮雑色以下者手作布事
一雑衣服雑具禁制并聴許雑物事
一鞍具并鞦等事　　一乗車馬并黒駒事
一車馬荷事　　一出并路頭病人及小児事

売買条

一売買物諸後不悔還事
一有舊病馬牛可還事
一売買工孫等親事　　一経官司遂売買物事
一渡直半分財物焼亡事　　一渡直半分本主死亡事

一渡直半分財物焼亡事　一渡直半分本主死亡事

一渡直半分宅地焼亡事　一行濫穢挟事

負債条

一負債不償事

出挙条

一私稲出挙可禁制事　一出挙利不過一倍事

一負人逃亡口入人弁事　一負人死亡不可徴不知情妻子事

一銭貨出挙利不可過半倍事

一銭貨出挙利以米弁特一倍利事

借物条

一借物焼亡不弁事　一被強盗不弁事

一被竊盗可弁事

質物条

一以田宅不可為質事　一以質券不可領田宅事

一質物焼亡事　一被竊盗可弁事

預物条

一預物費用事

一預物費用事

荒地条

一荒地經官司可請佃事
一荒地人開人可為領主事
一不依四至町段可領事

雑事条

一和与物不悔還事
一妄公私田良人合家人奴婢及財物事
一競田事
一闌遺物并闌畜事
一標識羈絆事
一放馬牛并雑畜事
一畜産損食官私物事
一欠負官物事
一借用牛馬事
一婚嫁并妻妾事
一家人所生子孫相承可為家人事
一奴婢合所生子可従母事
一行列次第事
一座次上下事
一致敬下馬礼事
一車礼事
一車馬従并服色人数事

已上五十七条

法曹至要抄巻中

法曹至要抄巻中

禁制條

一 兵仗事

擅興律云、擅發兵廿人以上杖一百、五十人徒一年、五十人加一
等、若有逃亡盜賊、權差人夫、足以追捕、及公私田獵者、不用
此律、

又條云、私有禁兵器者徒一年

弾正式云、刀子刃長五寸以上不得執帯、但衛府者聴之、

天平勝寳九年六月九日勅偁、一、除武官以外不得京
裏持兵、勅書前已施行、然猶不止、宜告所司、固加禁斷、

天暦八年十一月三日宣旨云、私帯兵杖、鄭重禁遏、莫令
更然、若不改舊悪、猶致違犯、及有司不糺、晴被告言、處
之嚴科、將懲將來者

天延三年三月一日官符偁、應禁宮中非色之輩帯弓
箭者、短兵事、兵仗之制、具存律條、先格後符、嚴制稠
疊、而今不善之輩、滿京師、或恣帯弓箭、耀其武威、人心
習而成狂、致暴或偷、隱短兵、挿其懐、世諺謂之一尺八三寸様、
行路頭而略人、喝恐黔首、以奪集物、斯而不糺、何謂皇憲嚴遏

行路頭而略人唱恐嚇背以奪物斯而不糺何謂皇憲嚴遮
斬叢勿遺准類
貞觀九年六月廿日宣旨云非色輩帯兵杖六位以下不論
蔭贖決杖八十但把笏者禁身五位以上録名以上言
業之於非色之輩帯兵仗之時六位以下者直決杖八十
右諸司三分諸道博士殿上侍臣秀才書生及癈疾以下
之輩并五位以上可奏請若撿非違使糺得申別當
随仰行之

一　雙六事

捕亡令云博戯賭財在席所有之物及句合出九容止主
人能自首者亦依賞例官司捉獲者減半賞之余没
官
義解云謂博戯者雙六摴蒱之属
雜律云博戯賭財物者各杖一百贓重者各依已分准
盗論
刑部格云天平勝寶六年十月四日官符云禁断雙六事
右如聞官人百姓不畏憲法私聚徒衆任意雙六至於
淫迷子無順父令終亡家業亦損孝道望請遍仰京四
畿七道諸國固令禁断其六位已下無論男女決杖一百

幷七道諸國同令禁断其六位已下無論男女决杖一百
不須蔭贖但五位若即解見任及奪位禄位田四位已上
停封戸職國郡司阿容不禁亦皆解見任
彈正式云鷹六者不論高下一切禁断
案之鷹六者律令格式共以嚴制六位以下成此犯者
可决杖一百但五位已上可奏聞事由有司若乱得
者先可申別當矣
一私飼鷹鷂事
彈正式云私養鷹鷂甚加禁彈
弘仁八年九月廿三日宣旨云中納言藤原朝臣冬嗣宣
奉勅私飼鷹鷂者頃年禁断已久而今諸人無有公験
恣制恣養但御者咨嚴令禁察其五位已上録名奏矣
聞六位已下禁身申送所持之鷹鷂皆進内裏者
案之鷹鷂之事寓詔之制嚴[illegible]斷矣
一黄丹事
彈正式云支子染深色可濫黄丹者不聴服用
元慶五年十月十四日宣旨云支子染深色可濫黄丹
不得服用者而年来以茜紅支染尤濫其色自今以後茜
若紅支染支子者不論淺深宜加禁制者

若紅支染女子者不論浅深宜加禁制者
紫之著件色之時雖禁制重近来之作法或稱歎冬
色著用之或号黄櫨葉色著用之上下男女任意
望随亦無禁制之

一 紅染事
延長四年十月九日宣旨云紅染色可禁制之由去延喜
十八年三月十九日給太政官符已了而年来間不随
撿色弥好深染宜重下知從新嘗會以後一切禁遏
棄之件色雖被聴禁色之輩依此制而以不著用而
不頼之輩不如憲法濫著用搆從破却可處笞卅科
直可決放之

一 染摺成文衣袴事
彈正式云摺染成文衣袴者並不得著用但縁幺事所著者并
婦女衣裙不在禁限
康平三年十一月九日別當宣云如聞条使等摺袴下襲
其長過多者仍使官人不向參使所出撿件袴任法科断
棄之御馬乗羅馬飼舞人等之類臨時被聴摺衣之外
不論男女先從破却可決笞卅但至于女雖須決笞二十
轉加勘發放免使廳例耳

轉加勘義故充使應例耳

一綃絶衣袴事

彈正式云、裁綃絶爲襖衣袴、縫白綃縁着、從女衣裳等皆禁斷

着任先例同禁斷

天延三年三月一日官符云、非色衣袴等、帛之特諸人所案之制物、六位以下着用、從破却、五位以上不彈制、仍近來稱老被官多着用之

一諸司史生着縑白綃事

天曆元年十一月十三日官符偁、應禁制諸司史生着用白綃事　右諸司史生直家富之輩、不量身之卑下、唯好服之鮮美、右大臣宣、奉　勅、宜加下知、諸司史生以下着縑及白綃、早從禁止、但諸衛府生殊免着用

案之、諸司史生已下着用、可從破却、無可決答、世但近來犯者多、依無糺察之制歟

一諸衛舍人諸司幷院宮雜色以下着手作布事

天曆元年十一月十三日官符云、應禁制諸衛舍人諸司幷院宮諸家雜色以下人等着手作布事　右貴賤之衣既有制度、上下之服非無等差、宜特下知諸衛如禁止

如禁止
案之、雖有可禁之制、人不行者、則之法自為流例耳、
時俗之驕侈歟
一　雜衣服雜具禁制幷聴許雜物事
弾正式云、禁色惣従破却、但五位已上幷律師以上録名
奏聞、僧尼依法者使、
又云、衣袖口闊無高下、同作一尺二寸已下、其腋闊者一尺
四寸、其表衣長纔着地、
又云、綾者聴用五位已上朝服、六位已下不得服用、
又云、内外諸司不論把笏・非把笏者、会事、会集之所志着
靴、自余時着履、及庶人等通着履、
又云、五位以上通用牙笏・白木笏、六位以下官人用木
又云、諸衛府生以上、左右馬寮准此、除衛仗日之外皆着靴、但着布帯
時須麻鞋、
案之、如此犯罪之類、弾正勤糺之日、不論人之高下、皆糺正、
物即破却使等所行、咏可異彼勤断、然而五位已上当身
聴裁云々、以上注名可経奏聞、但先尋可觸申、列官然
後随裁下、行之、自為例云々、
一　鞍具幷轡等事

一鞍具幷鞦等事
弾正式云以錦為鞍褥者禁之
又云六位以下鞍鞦緌不得連着但聴着鞦纓及後末
惣鞍褥以紫龍頭鞍把緋鞦々皆禁断
又條云八位以上覆鞍者用浅紫参議以上深緋諸王五位
以上緑色諸臣黄色六位以下不得用
又云参議已上檢非違使別當已下府生以上聴着緋鞦
又云鼺皮障泥聴五位以上着之
案之有着件制物之輩檢非違使直破却無贓與
蓬之類見決至于有贓高給者強不科罪矣
一乗車馬幷累騎事
長保制云一應重禁制六位以下乗車事外記官使
諸司三分已上及公卿子孫及昇殿者蔵人所衆文章
得業生不可以制以前云同宣奉勅若猶不聴無改舊弊
随其状注将加科断者
檢非違使式云無騎幷乗已上鞍馬檐夫乗車馬等類
随状科不應為軽重之罪
案之非色之輩乗車之将科違式罪可決笞卅但有
仏蘂之輩不撮決之又累騎幷乗已上鞍馬檐夫等事

佐蔭之輩不推決之又異騎并乗已主鞍馬擔夫等事
馬等之類成此犯者事重決杖八十事軽決笞卅若
有佐蔭之輩者令彼使所徴將來之贓例也

一車馬荷事
厩庫律云應爲官馬牛私馱物不得過十斤違者五斤笞
十十斤加一等罪止杖六十其爲車者不得過卅斤違者
十斤笞十廿斤加一等罪止杖八十
案之随過載物之多少可科笞杖之罪有司立決放之

一出弃路頭病人及小兒事
延暦格云京裏内百姓出弃病人事宜下知令加禁制如
不遵改猶違犯者五位以上注名申送六位已下不論蔭贖
決杖一百臺及職知而不糺及条令坊長郡司隣保相隱
不告並与同罪
右京式云凡京中路邊病人孤子者仰九ケ条令其所見所
邊随便必令拾送於施薬院東西悲田院
案之出弃路頭之病人孤子雖須拾送施薬悲田等院併
院顛倒之間無處于拾送歟

賣買条

一賣買幼諾後不悔還事
雜律云賣買奴婢及牛馬之類[illegible]

一賣買約諾後不悔還事
雜律云、買奴婢馬牛立券之後有舊病者、三日内聽悔、無
病欺者市如法
案之、除此等之外賣買約諾之物、全無改易之法、遂可
依前約也
一有舊病馬牛可還事
雜律云、買奴婢馬牛已過價、不立券過三日、笞廿、賣者減一等、
立券之後有舊病者三日内聽悔、無病欺者市如法、違者笞
卌
案之、假令買時不知舊病、立券之後始知者、三日内可還、
若三日内病死者、未可還其減價、慮有舊病之故也、但非
理死之類、不可悔還歟
一賣買子孫等親事
賊盗律云、知祖父母々々賣子孫、買者各如賣者罪一等、
又条云、賣二等卑幼及兄弟孫外孫為奴婢者、徒二年半、子
孫徒一年、即和賣者各減一等
又条云、即私從奴婢買子孫及乞取者、准盗論、乞賣者与同
罪
案之、賣買子孫等親之事、律条設刑、各徒、改正、共可科
罪也
一経官司遂賣買物事

一經官司遂賣買物事
關市令云賣奴婢皆經本部官司取保證立券付價經其
馬牛唯責保證立私券義解云謂不經官司自立私券賣
与其余雜物不在此限　釋云奴婢馬牛唯責保證立私券
賣人造私券与買人
田令云賣買宅地皆經所部官司申牒然後聽之
義解云諸有舍宅之地也略棄宅地田園皆同其買賣倉屋
等者自須證據分明不可經官司說者云向宅地一歟二歟
答二也宅及田園之地也
案之田園宅地奴婢等必經官司立券可遂賣買也馬牛
責保證立私券倉屋雜物之類責保證不可立券之
一渡直半分財物燒亡事
雜律云棄毀亡失及誤毀官私物者各備償　注云謂非於倉
庫而別持守者若被強盜者各不坐不償
又條云水火有損敗故犯者徵償誤失者不償
案之假令甲為買財物行出半分畢財物賣者尚在己
身財物直物共以燒亡所謂半分水火損敗之色不可備
償若財物燒亡出物未燒者還行如元若財物在甲身
燒亡者不可究渡直依未賣買也若渡券契之後尚有
殘出追可究渡歟

残直追可究渡歟

一　渡直半分未重死亡事

喪葬令云、身喪戸絶無親者、所有宅資、四隣五保共為検校、財物営尽功徳。義解云、謂即雖有親而非戸令之分財色者、不可得令使其営尽功徳、不付四隣五保。

案之、假令甲為買財物、且以半直渡行已畢、已受之之後死去、若家有親者、募而可逆売買、若無者、出其残直付四隣五保、可令営尽功徳、財物者任意甲可買領之。

一　渡直半分宅地焼亡事

田令云、売買宅地、皆経所部官司申牒、然後聴之。

賊盗律謀反條疏云、執憲履縄、務従折中。

案之、折中之理、損益相半之謂也。所以渡半直若及地直者、補地直可逆売買也。無者彼此無損、自以得折中之理。若還地直者、可還所焼之柴而已。

一　行濫短狭物事

雜律云、造器用之物及絹布之属、有行濫短狭而売者、各杖六十、得利贓重者、准盗論。

注云、不牢謂之行、不真謂之濫、即造横力及箭鏃用柔

注云、不牢謂之行濫、不真謂之濫、即造横刀及箭鏃用柔鐵者亦為濫

疏云、其行濫之物没官、短狭之物還主

案之、謂行濫者器用之物不牢不真、謂短狭者絹絁疋不充五十一尺、闊不充二尺二寸、布端不充五十尺、闊不充二尺四寸、及錦綾之屬疋不充卌尺、幅闊不充一尺八寸者也、行濫之物没官、短狭之物還主之者也

負債條

一 負債不償事

雑律云、負債違契不償、一端以上違廿日笞廿、廿日加一等、罪止杖六十、卅端加二等、百端又加三等、各令備償

疏云、負債者謂非出挙之物、依令合理者、或兄負公私財物、乃違約乖期不償者

案之、負債者縦令交易貴賎可償之類也、所謂負卅端物違卅日笞卅、百日不償合杖八十、又負百端之物違契満卅日杖七十、百日不償合徒一年、各可令備償者也

出挙條

一 私稲出挙可禁制事

天平勝宝三年九月四日格云、一應禁制出挙私稲事

天平勝寶三年九月四日格云、一應禁制出擧私稻事
右撿去天平九年九月廿一日勅、稱私稻債与百姓求利者
皆禁制者、今聞、京畿百姓出擧錢稻、名云錢財、及於秋時
償以正稅、如此姦輩巧詐万端、何得具陳、略擧一緖、實
是國郡司等不加教喩所致乖勅書、自今以後、如有犯
者、依先勅文、以違勅論、物即沒官、國郡官人即解見任
一禁制出擧財物以宅地園圃爲質事
右、豪富百姓出擧錢財、貧乏之民宅地爲質、至於責徵
自償質家、無處住居、迸散他國、既失本業、或民弊多爲
蠹害實深、自今以後、皆悉禁斷、如有先日約契者、雖至償
期、猶任住居、稍令酬償
案之、出擧私稻、格制尤重、物則可從沒官、人亦處違勅
罪、但余貨物、不可強禁歟
一出擧利不過一倍事
雜令云、以私稻粟出擧者、任依私契、不得過一倍、其官半
倍
又云、公私以財物出擧者、每六十日取利、不得過八分之一、雖
過四百八十日、不得過一倍
案之云、公私出擧者、雖經多年、其利不可過一倍也、一倍謂
擧十物、收廿物之類、但稻粟之類、官收十五束之類也

挙十物、以後廿物之類、但稲粟之類、官以後十五束之類也

一　負人逃亡、口入人弁事

雑令云、私以財物出挙条云、如負債者逃避、保人代償、

義解云、雖負人身死、而保人亦代償、

案之、負債之人逃亡之時、保人代雖可償、一旦口入之人無

可弁之文、但若人不知負人之貧乏者、口入人可弁

補欤、

一　負人死亡、不可責以後不知情妻子事

天平七年五月廿三日格云、文之所負、以後不知情妻子之々

所負、以後不知情父母、自今以後、皆悉禁断

案之、出挙時不見知者、不可弁、縦若亡人署記分明、

人指質物見在者、可償、無質物者、雖有署記、不可償

之、不知情父母亦同矣、

一　銭貨出挙利不可過半倍事

弘仁十年五月二日格云、禁断銭利過半倍事、右云々、自今

以後、公私挙銭、宜限一年、収半倍利、雖積年紀、不得過

責、若有犯者、科違勅罪、有人糺告、以贓賞之者、

案之、銭貨出挙利、雖歴多年、不可過半倍者也

一　銭貨出挙以米弁時一倍利事

建久四年七月四日宣旨云、應自今以後、永従停止宋朝

建久四年七月四日宣旨云、應自今以後永從停止宋朝
錢貨事、右右大臣宣、奉勅云、自非止錢貨之交關者、者爭
得定直法於知市哉、仍仰檢非違使并京職、自今以後、永
從停止者、同年十二月廿九日宣旨云、應錢貨出擧、以米弁
償利分事、右得記錄所今月廿三日勘状偁、錢出法、但去年
八月六日宣旨状、一貫文別以米一斛為正物、於利分者、依
弘仁十年五月二日格、每六十日取利、不得過八分之一、雖
過四百八十日、不可過一倍欤者、右大臣宣、奉勅、宜依勘申者、
使宜承知、依宣行之
案之、挙錢之利、雖為半倍、停止錢貨、以米致弁者、以錢一
貫充米一石、每六十日取利、弁滿四百八十日者、可為一倍
之利矣
借物條
一　借物燒亡不弁事
雜律云、水火有所損敗、故犯者、徵償、誤失者不償
案之、假令借人宅居住、非故犯、為失火燒亡者、不可償
其代之類也
一　被強盜不弁事
雜律云、棄毀亡失及誤毀官私器物者、各備償、注云、若

雜律云、棄毀亡失及誤毀官私器物者、各備償、注云、若
被強盜者、各不坐、不償、
案之、借物被強盜之時、不可備償、

一　被竊盜可弁事
雜律云、棄毀亡失及誤毀官私器物者、各備償、
案之、被竊盜是亡失之類也、徴償如之、

質物條

一　以田宅不可爲質事
天平勝寶三年九月四日格云、出擧財物、以宅地園圃爲
質者、皆悉禁斷、若有先日約契者、雖至償期、猶任住居、稍
令酬償、
案之、以田宅之類不可爲質之旨、格制嚴重、是則爲令
百姓安堵也、若無妨民業者、至于償期可令稍補、

一　以質券不可領田宅事
天平勝寶三年九月四日格云、出擧財物、宅地園圃爲質、
皆悉禁斷、
案之、以質券不可領田宅之条、理以無疑矣、

一　質物燒亡事

一　質物焼亡事
雑律云、水火有所損敗、故犯者、徴償、誤失者、不坐、不償、
又條云、亡失官私器物者、備償、被強盗者、不償、
賊盗律謀叛條疏云、執為質、履縄、務從折中、
案之、置質之物焼亡、所謂水火損敗之色也、不可備償也、然
所質之物、不可弁補、然則彼此無損、自叶折中之法、被
強盗亦同、

一　被竊盗可弁事
雑律云、棄毀亡失及誤毀官私器物者、各備償、
案之、被竊盗亡失之也、如元可償之、　預物亦同、

預物條

一　預物費用事
雑律云、受寄財物、而輙費用者、坐贓論減一等、疏云、可償、
又条云、坐贓致罪者、一尺笞十、一端加一等、十二端徒一年、
十二端加一等、罪止徒二年、
案之、縦令受預他人財物、費用者、計贓坐贓論減、
還、若被強盗幷焼亡者、不坐、不償、

焼地条

荒地条

一荒地経官司可請開事

天平十五年五月廿七日勅云、人為開田占地者、先就國申請、然後開之、不得因茲占請百姓有妨之地、若受地之後至于三年、大不開者、聽他人開墾

案之、占荒地可開墾者、先就國郡申請可開墾条

可請百姓有妨之地

一荒地以開人可為領主事

弘仁十年十一月五日格云、應以開墾地賜墾人事、右云々

空閑之地、自今以後、賜墾申輩、為常地、若授地人二年不開者、改賜他人、遂以開墾之人、永為地主

天平十五年五月廿七日勅云、墾田自今以後任為私財

棄之開荒田地官以開墾人、永為私財、以求年継

一不依四至、依町段可領事

可令領掌

弘仁二年二月三日格云、應占田地依町段数事、右云々

頃年占請之輩、偏限四至、不論町段、是以檢四至則涉千官舎人宅、勘町段則不満四至之内、求之政途、理不合

于官舍人宅、勘町段、則不満四至之内、求之政途、理不合
然、自今以後、占請地一定町段、不依四至
案之、不依四至、須依町段令領知、為絶後論也

雑事條

一 和与物不悔還事
職制律云、因官挟勢及豪強之人乞索者、坐贓論減一
等、将送者為従、注云、親故相與者、勿論、疏云、親謂同五
等以上親、若三二等以上婚姻之家、故謂素是通家、或欽
風若旧、事馬不揺纏綿相貽之類、名例律云、取与不和、若乞
索之贓、並還主、上文注云、雖和与者無罪、疏云、不應取而取
与者無罪、皆是
案之、旧病馬牛之類、雖有変易之朔、不限親疎、和与
之財、人已無悔還之法、以一与之状、可為万代之験矣

一 欠負官物事
倉庫令云、欠失官物、并勾獲合徴者、並依本物徴填、其物
不可備、及郷土無者、聴准價直徴送、即身死、父祖流者、並
免徴
案之、欠失官物、依其本物令徴填之條、見于此令矣

案之、人失官物、依其本物令徴填之條見于此令矣

一 妄認公私田并良人家人奴婢及財物等事

戸婚律云、妄認公私田若盗貿易賃租者、一段以下笞五十、二段加一等、過杖一百、五段加一等、罪止徒二年半

疏云、謂妄認公私之田、稱為己地

詐偽律云、妄認良人為奴婢、家人妻妾子孫者、以略人論減一等、妄認家人為奴婢、一等、妄認奴婢及財物者、准盗論減一等

案之、妄認公私田并良人家人奴婢及財物等之者、各改正其贓、宜被行所當之科也

一 競田事

田令云、競田判得已耕種者、後雖改判、苗入種人、耕而未種者、酬其功力、未經斷決、強耕種者、苗從地判

案之、假令相論田畠甲、有領知之理、耕作之間、乙尚致訴、詔文有其理、被改判、而甲自本耕作之者、於其毛者甲苅収之、可与地子於乙者也、若未被裁断之間、甲強耕種者、不可領毛、可与乙也、所謂従地判是也

一 闌遺物并闌畜等事

捕亡令云、得闌遺物者、皆送随近官司、所得之物、皆懸於門外

捕亡令云得闌遺物皆悉於門外
有識認者験記責保還主
雑律云得闌遺物五日不送官者各以亡失罪論贓重者坐
贓論
廐牧令云国郡所得闌畜皆仰当界内訪主若経二季無
主識認者先充伝馬
案之得闌遺之物五ケ日之内須送随近之官司不送官
之時有亡失之罪只闌畜者可如令条矣

一　標幟羈絆事
廐庫律云畜産及噬犬有觝蹹齧人而標幟羈絆不如
法若狂犬不殺者笞卅以故殺傷人者以過失論若故放令
殺傷人者減闘殺傷一等
疏云依雑令畜産觝人者截両角蹹人者絆之齧人者
截両耳此為標幟羈絆之法其狂犬本主不殺及標幟羈
絆不如法合得此坐
又条云其畜産欲觝齧人而故傷者不坐不償注云登将
殺傷者即絶時皆為故殺傷者
案之不施標幟羈絆及狂犬不殺之故立此法制又畜産

案之亦施標幟羈絆及狂犬不殺之故立此法制又畜産
欲齧觝人而登時殺者亦及坐償之沙汰矣

一　殺馬牛幷雜畜事

厩庫律云故殺官私馬牛者徒一年　贓重及殺餘畜産若
傷者計減價准盗論各償所減價之不減者笞卅其誤殺
傷者亦坐但償其減價　主自殺馬牛者杖一百
疏云贓重謂計贓得罪重於一年徒假令殺馬直布一
十端准盗合徒一年半此名贓重及殺餘畜産除馬
牛之外並為餘畜若傷謂雖不死而有損傷自馬牛及
餘畜各計所減價准盗論減價謂畜産直布十端殺
訖唯直布一端即減八端價或傷已直九端是減一端
價殺減八端償八端傷減一端償一端之類其罪各准盗
八端及一端而斷之
注云見血蹄跛即為傷若傷重五日
内致死者從殺罪論　疏云見血謂不限傷處多少但見血
即坐蹄跛謂雖不見血骨節蹉跌亦即為傷
又條云殺五等以上親馬牛者与主殺同殺餘畜者坐贓論
罪止杖六十各償其減價者

罪止杖六十、各償其減價者

案之、殺傷馬牛及親畜并償減價之事、具于斯等文矣

一　畜產損食官私物事

厩庫律云、放官私畜產損食官私物者、笞卅、贓重者坐

贓論、失者減二等、各償所損、若官畜損食官物者、坐而

不償、

又條云、官私畜產毀食官私之物、登時殺傷者、各減故殺

傷三等、償所減價、畜主備所毀、疏云、假有一牛直布五

端、毀食人物直布十端、其物主登時殺傷、其牛出賣直布

三端、計減二端、牛主償所損食布二端、物主酬所減牛價布

二端之類、

案之、畜產損食、雖少可得笞卅也、若損食多者、計贓

可坐贓論也、各償所損之、文云辭畜產損食當司不辭

既不同、私物仍坐而不償、又毀食之、即殺畜產者、故殺徒

一年之上減三等、可杖八十也、傷者、計減價、准盜論、誤減

價者、見于疏文矣

一　借用牛馬事

厩牧令云、因公事乘官私馬牛、以理致死、證見分明者、並免、

厩牧令云、因公事乗官私馬牛、以理致死、證見分明者、並免
徴、其皮完、所在官司出賣、送價納本司、若非理死失者、徴陪
獄記云、可行七十里而行八十里、爲非理、又云、限期十里之内、借
私馬行、而行十里之外者

案之、借特相期、京中死、家已在外、所知非理、尤是可償之
色也、若以理致死、證見分明者、不可弁償也

一　婚嫁并弃妻事

戸令云、男年十五、女年十三以上、聴婚嫁
又条云、凡女皆先由祖父母・父母・伯叔父・姑・兄弟・外祖父母、次及
舅従母・従父兄弟、若舅従母・従父兄弟不同居共財、及元此親
者、並任女所欲、爲婚主
又条云、弃妻須有七出之状、一無子、二淫泆、三不事舅姑、四口舌、
五盗竊、六妬忌、七悪疾、皆夫手書弃之、与尊属近親同署、若
不解書、畫指爲記、妻雖有弃状、有三不去、一経特舅姑
之喪、二娶特賤後貴、三有所受元所帰、即犯義絶、淫泆、悪疾
不拘此令
又條云、弃妻先由祖父母・父母、若元祖父母・父母、夫得自由、皆還
其所賚見在之財

其前夫見在之財
又條云、毆妻之祖父母々々及殺妻外祖父母伯叔父姑兄弟姉妹
若妻毆祖父母々々外祖父母伯叔父姑兄弟姉妹自相殺及妻
毆詈夫之祖父母々々殺傷夫外祖父母伯叔父姑兄弟
姉妹及欲害夫者雖會赦皆為義絶者
戸婚律云、許嫁女已受聘財而輙悔者笞五十注云、聘
財謂一端以上酒食非
又條云、為婚而女家妄冒者杖一百男家妄冒加一等
又条云、以妻為妾以家女婢為妻者徒一年各還正之
若家女婢有子及經放為良者聴為妾
又條云、監臨之官娶所監臨女為妻妾者杖八十
又条云、知娶人妻及嫁之者徒一年半之女減一等各離
之所夫自嫁者亦同仍兩離之
又条云、妻無七出及義絶之状而出之者徒一年雖犯七出
有三不去而出之者杖八十追還合若犯悪疾及姧者不
用此律
又条云、犯義絶離之違者杖一百者
案之、婚嫁并弃妻之事、大平文如斯矣

案之、婚嫁并妻妾之事、本文如斯矣

一　家人所生子孫相承可為家人事

戸令云、家人所生子孫相承為家人、皆任本主駈使、唯
不得盡頭駈使及賣買

案之、至于累代賤隷之類子孫、承而可傳、但臨時進
從之徒、苗裔継而無仕矣

一　奴婢合所生子可従母事

捕亡令云、両家奴婢倶逃亡、合生男女、並従母

義解云、諸官私奴婢与官戸家人合生男女亦同

案之、於奴婢者、律比畜産、仍所生之子、皆従母也

一　行列次第事

公式令云、文武職事散官朝参行立、各依位次為序、位同
者、五位以上即用授位前後、六位以下以歯

式部式云、行列次第、六位已下以次、以位階、不依官次、其中致之
特以官次

案之、凡非申政之場、只着臨時之座、縦雖他司他官之
人、可依年歯位階、况至同司同職之者、何求先後次
第之誡乎

一　座次上下事

一　座次上下事

公式令云文武職事散官朝參行立各依位次為序位同

者五位以上即用授位先後六位以下以齒

幷云若有儀階高下者次第可着也若位同者在二十五位

以上者不論年齒老少只用授位先後於六位以下者不

依位日先後只以老可為上也

一　致敬下馬事

儀制令云凡位拜一位五位拜三位六位拜四位七位拜五位以

義解云謂假令甲納五位以上拜於尊長六位以下ミミ類也

外位隨私礼

公式令云致敬者三位已上拜親王大臣及一位　注云參議已上

雖拜親王及大臣　又云四位拜二位并三位參議已上五位拜三

位及四位參議六位拜四位七位拜五位神祇官祐史拜次官已

上太政官外記拜少納言左右史拜弁　者臺職坊使寮司

判官主典諸衛府監曹尉志大宰監典拜次官已上助教

直講拜博士東宮官人拜傳六位已下拜學士國介拜守

鎮守監曹拜將軍官人見本司官甲者致敬位同

者不拜若就國見牧拜　注云諸司諸國史生及諸衛府ミ生

已下二宮舍人於判官已上不論位高卑皆拜

已下二宮舎人於判官已上不論位高卑皆拜
又云以外位随私礼不物此制
又條云親王大臣及二位一位於五位以上答拜於六位以下不須
五位以上於六位以下亦答拜
儀制令又條云在路相遇者三位以下遇親王皆下馬以外准
拜礼雖應下陪從不下
弾正式云又四位已下逢一位五位已下逢三位已上六位已下逢
四位已上七位已下逢五位已上皆下馬余應致敬者皆不
下應下者乗車及陪從不下
又云三位已下於路遇親王者下馬而立但大臣斂馬側立
又云無位孫王逢三位已上下馬六位以下逢無位孫王不下
儀制令又云行路巷術賤避貴少避老軽避重
義解云謂行路者道路也巷術者里中小道也謂縦者老軽
而少重猶亦須避老此據同儕之人如有貴賤者不同老少
軽重只依賤避貴之文
案之四位拜一位五位拜三位六位拜四位七位拜五位又三位
以上遇親王者皆下馬行路之小道軽者避重右避老者也
若乖此制者可處違令笞卌

若乖此制者可處違令笞卅已

一　車礼事

世俗説云親王大臣共納言逢者留車前駈下納言逢親王大臣

掃車大臣前駈下参議逢親王大臣者参議放牛立榻

或不立榻　納言以下遇親王者放牛可立榻之一省乗逢大臣以下

之人勿令出見弾正同之四位以上逢公卿掃車五位逢大臣

外記逢納言以上下

華之下馬之礼雖載令式乗車之敬嘗見未當然而説

當時之俗以古昔之説所注出也

一　車馬従并服色人數事

弾正式云車馬従者親王及左右大臣十四人大納言十二人中

納言十人参議八人一位十二人二位十人三位八人四位六人五

位四人六位以下二人其妃女三人夫人女八人嬪十八人女御十

六人内親王女人二世女王十人内婦一位十八人二位十六人三位

十四人四位十人五位八人六位以下四人更衣十人女蔵人六

人女孺四人庶女二人外命婦准夫従數左右大臣女九人大納言

八人中納言七人参議六人一位八人二位七人三位六人四位五人

五位四人女孺各四人女従者各減車馬従半

又云親王以下車馬従服色通着皀及鄭獨染青褐白餘色

又云親王以下車馬従服色通着皀及緅纈染青褐白餘色
皆断之其女従衣者通着黄赤練蒲萄退紅中緑浅緑
橡白橡黒染等色
天延三年六月廿五日府之今定従者四位八人五位六人六位
四人
案之有背此式之輩者已為違式之者可科笞卌若有
位蔭者暫可令停使所之

法曹至要抄巻中

法曹至要抄下目録

處分條

一 處分任財主意事　一 財主亡无子孫事
一 父遺財支配事　一 母遺財支配事
一 僧尼不顧父母遺財事　一 妻財物不入分法事
一 亡妻財不返妻但家長可領事
一 男子之子受亡父分事
一 諸子均分事　一 父祖處分用後状事
一 處分子孫之物子孫死後不返領事
一 養子兼分事　一 不孝子不顧財物事
一 改嫁妻妾不兼分事
一 僧尼遺財支配事
一 僧尼遺物弟子可傳領事

喪服条

一 天皇御服事　一 太上天皇御服事
一 皇帝不視事事　一 三后皇太子御服事

一 皇三后不視事事
一 五等親事
服假条
一 一年服假事
一 三月服廿日假事
一 七日服三日假事
一 不孝子着服等事
一 減半假事
一 僧尼為父母着服為僧親不着服事
一 養子等有本主服假等有所養僧親服假事
一 遠法養子無服假事
一 養祖父母無服假事
一 繼父不同居無服假事
一 舊夫父母無服假事
一 七歳以下人無服假事
一 改葬假事
一 無服殤假事
雜穢条
一 卅日穢事

一 三后皇太子御服事
一 五月服廿日假事
一 一月服十日假事
一 伊勢太神宮祢宜等服事
一 父母死去經年聞事
一 服假相累時事
一 師長假事
一 七日穢事

一 卅日穢事　　　　一 七日穢事
一 五日穢事　　　　一 三日穢事
一 当日忌事　　　　一 穢甲乙丙丁事
一 穢物有付着始事　　一 隍墻別門處穢事
一 死人六畜白骨無穢事　一 雖觸穢不忌物事
一 不忌乙丙穢事
一 觸穢事依時議事

已上五十四条

法曹至要抄巻下

處分条

一 處分任財主意事

戸令云、應分者家人奴婢田宅資財物、惣計作法、嫡
母継母及嫡子各二分、庶子一分、女子減男子之半、
若亡人存日處分、證據灼然、不用此令
喪葬令、身喪戸絶無親条云、若亡人存日處分證
驗分明者、不用此令
義解云、謂證驗不相須也、言雖無證人、而亡人自署
訖足應驗據、及雖署訖不在而證人分明者、並不
用此令

用此令

案之、遺財處分之道、雖有分法、財主見存

之日、任其雖意可處分者也

一 財主亡無子孫事

葬喪令云、身喪亡絶無親者、所有家人奴婢及

宅資貨、令隣五保共為檢校、財物営盡功徳、其家

人奴婢者放為良人、若亡人存日處分、證驗分明

者、用此令

案之、除子孫之外、雖有伯叔兄弟等、皆是不

在得分之親、雖然伯叔以下等相共檢、財

物宜営盡功徳、但財主存日處分畢、如上条

之說云々

一 父遺財支配事

戸令云、應分者、家人奴婢田宅資財物、總計作法

嫡母継母及嫡子各二分、庶子一分、兄弟亡者、子

承父分、其姑姉妹在室者、各減男子之半、寡

妻妾無男者、承夫分、若欲同財共居及亡人存

日處分、證據灼然、不用此令

案之、假令父遺財有銭七十五貫、嫡母廿貫、継母

廿貫、嫡子廿貫、庶子十貫、女子五貫、以之為分得之

廿謂嫡子廿謂庶子十謂女子五謂以之爲分得之
法若財主存日有分与財證據灼然今准此令可請
不足者併計可滿与也若有余者更不可析取
若嫡子未須分財身亡其妻在室守志者得
与夫分不可論有子無子但庶子之妻息同

一母遺財父所記事
戸令應分条義解云同假令嫡妻有子其兼之分
之後其母改嫁即未責已及子財適後夫家其後
母亡所有財物須入何人答令有妻承夫財之父
而無夫得妻物之法即須与其子不可入夫其於母
者無嫡庶之分分其財物者皆從均分之法
棄之假令有十人子其母未處分亡者所有遺
財将以均分有十謂有者不論男女嫡庶各可得
一謂之類也

一僧尼不須父母遺財事
僧尼令云僧尼不得私畜園宅財物及興販出息
戸令云應分条説者云僧尼不可須遺財縁身
資用之物分与無妨
棄之僧尼出家除貪之者也身離貪慾心合
思辱三衣一鉢之外不可蓄財物若遺財之

忍辱三衣一鉢之外不可蓄財物若遺財之
中有佛具衣鉢之類是縁身資用分与可
無其坊自餘財物不可与之

一妻財物不入分法事
戸令應分条云其妻家所得不在分限
案之假令嫡継妻等従妻之祖家責来与夫
同財夫死後分遺財之日如元可返与也准分
法不可併計

一妻財不返妻祖家夫可領事
戸令應分条末云妻家所得不在分限未知妻
亡者其財何然妻之子得耳未知若夫得耶
答無子者夫得耳不返妻之祖家也
案之夫妻同財之故亡妻無子之時其遺財皆
不返妻之祖家夫可令領掌也

一男子之子受亡父分事
戸令應分条云兄弟亡者子承父分義解云
謂兄弟亡者既同兄弟即姉妹之子不在此
限也子承父分者稱子者男子也即嫡子之
子承嫡子之分庶子之子承庶子之分
案之假令嫡子死亡其父後亡嫡子有二男
一女者以嫡子所得之分二可与二男一女

一女者以嫡子所得之分三可与二男一女

実作其分法各可分得若為同母者

依元異財之道可同財共居但女子之子不可

受亡母分也

一諸子均分事

戸令應分条云兄弟倶亡則諸子均分　義解

云謂假有兄子一人弟子十人者惣為十一分若

得一分也

棄之財主未處分并嫡庶子不得分死去

之時不論嫡庶子之子各可得一分也至二一

女子之分者具見于下条云々

一父母處分用後状事

戸令應分条云若亡人存日處分證據灼然

喪葬令身喪戸絶無親条云若亡人存日處分

不用此令

證據分明者不用此令

闘訟律云子孫違犯教令者徒二年

文案云告祖父母父母者絞説者云死生各同

棄之父母教令死生不変承而可周旋豈敢

可違犯哉然則教度雖改易以最後状可受

領依無告言理訴之道也

須依無告言、程許之道也

一 處分子孫之物、子孫死後不返領事

戸婚律云、祖父母父母在、而子孫別籍異財者、徒二年、若祖父母父母令別籍者、徒一年、子孫不坐、疏云、但云別籍、不云令異財者、明其無罪也、説者云、已畢、依不可悔還者、棄之於父母之令、畢財者受領之子孫、無有其罪、父已與後、不可悔還、况子孫已有妻子者、妻子可傳領、父母更不可返領之

一 養子乘分事

戸令應分条云、女子半分、養子亦同、棄之養子之法、無子之人為繼家業所取養也、然者其養子可相傳領養父之遺財也、若有嫡庶子之時、取養子者、分財之日、同于女子、可与庶子之半分也矣

一 不孝子不領財物事

闘訟律云、子孫違犯教令、及供養有闕者、徒二年、説者云、不孝之子、不可領財者、棄之、至于不孝之男女、不領父母之遺財矣

一 改嫁妻妾不乘分事

一改嫁妻妾不乗分事
戸令應分条義解云嫡母継母各二分謂家長
之妻夫已亡棄之後也若未分之前改嫁適他者不
可得財者
案之夫已亡未分之前改嫁之妻不可須其
財矣

一僧尼遺財支配事
戸令應分条義解云謂僧尼嫁娶生子忽既称
有財物即僧尼身死若為處分答僧尼嫁
娶及私畜財物並是破戒或依律犯悪章若其在
生之日即國有恒典然而僧尼其身既死雖是
違法久有妻子即所有財物當与其妻子但
於僧尼既無嫡庶至其分財須依均分法
案之僧尼遺財妻子可均分即嫡妻継妻男
女子等各得一分之類也

一僧尼遺物弟子可傳領事
名例律云僧尼若於其師与伯叔父同於其弟
子与兄弟之子同
戸令云無子者聴養四等以上親於昭穆合者
親者義云四等以上者謂兄弟之子
儀制令五等親條義解云兄弟之子猶子同

儀制令五等親條義解云兄弟之子猶子引
而進之
案之遺財處分為俗人雖備法為僧尼不立
制只以因准之文可案析中之理假令僧尼身
亡有遺物有弟子至聖教經論之類相兼護
法之者便可傳得自餘佛具衣鉢之類各
随状可均分是則准俗人之法兄弟之子者猶
子至収養之時為得分之親今僧尼於其弟子
可比俗人之養子歟且准養子之㕝随事可
案得欤

喪服条

一　天皇為御服事
喪葬令云天皇為本服二等以上親喪服錫紵
為三等以下及諸臣之喪除帛衣外通用雜色義
解云凡人君所住服絶傍期雖有心喪故云本服
錫紵者細布用淺黒染也帛衣謂白練衣也
案之天皇為二等已上親喪服錫紵為三等以
下及諸臣之喪除帛衣外通用雜色之法見于
此令

一　太上天皇御服事
說者太上天皇者同天帝者
案之御服事奉同天帝

案之、除服事、奉問先帝

一 皇帝不視事々

儀制令云、皇帝二等以上親、及外祖父母、右大臣以上、若散一位喪、皇帝不視事三日、三等親、百官三位以上喪、皇帝皆不視事一日

案之、稱不視事者、百官雖理務、皇帝不聞政也

一 三后皇太子御服事

喪葬令義解云、凡人君所位服絶傍朞、其三后皇太子不得絶傍朞

案之、奉准臣下可有御服假之

一 五等親事

儀制令云、五等親者、父母、養父母、夫、子為一等、祖父母、嫡母、繼母、伯叔父姑、兄弟、姉妹、夫之父母、妻妾、姪、孫、子婦為二等、曾祖父母、伯叔婦、夫姪、從父兄弟姉妹、異父兄弟姉妹、夫之祖父母、夫伯叔姑、姪婦、繼父同居、夫前妻妾子為三等、高祖父母、從祖祖父姑、從祖伯叔父姑、夫兄弟姉妹、兄弟妻妾、再從兄弟姉妹、外祖父母、舅姨、兄弟孫、從父兄弟子、外甥、曾孫、孫婦、妻妾前夫子為四等、妻妾父母、姑子、舅子、姨子、玄孫、外孫、女

爲曾等妻妾、父母、姑、子、嫡子、玄孫、外孫、女
聟爲五等、
案之、五等親爲知、天皇御服親所注也
服假条
一 年服假事
喪葬令云、服紀者、爲君、謂天子也、父母及夫、本主
謂其父母家令等不在此限 一年 謂從十三月爲限不計閏月
義解云、養子爲本主、父母一年
古答云、嫡孫承祖、与父母同、一年
治部式云、妾爲夫一年、夫無報服
穴云、家人奴婢爲主、各一年、爲同子孫也
假寧令云、給假、夫卅日
又条云、職事官遭父母喪、並解官
案之、遭父母之喪者、並解官之文、服限者、以十 謂其養子於本主亦解官之
三月爲限、不計閏月、仍君服已下、主服已上、皆
十三月之服假也、夫者、假卅日矣
一 五月服卅日假事
喪葬令云、服紀者、祖父母、養父母、五月 其五月以下並皆計日之
假寧令云、給假、祖父母、養父母卅日
案之、祖父母、養父母者、服五月、假卅日也、又五月

案之祖父母養父母者服五月假卅日也又五月
以下七日以上服者皆可計日也
一 三月服廿日假事
喪葬令云服紀者曽祖父母外祖父母伯叔姑妻
兄弟姉妹夫之父母嫡子三月
義解云謂養子之妻妻於夫之養父母亦
同之
假寧令云給假外祖父母卅日三月服廿日
案之曽祖父母以下夫之養父母以上皆三月服
廿日假也但外祖父母者卅日之假也又兄爲伯
叔父弟爲叔父矣
一 一月服十日假事
喪葬令云高祖父母舅姨嫡母継父同居異
父兄弟姉妹衆子嫡孫一月
義解云養父母爲子一月也
假寧令云給假一月服十日
案之高祖父母以下嫡孫以上皆一月服十日假
也稱嫡孫者嫡子之嫡子也
一 七日服三日假事
喪葬令云服紀者衆孫従父兄弟姉妹兄弟子
七日

七日
假寧令云、給假七日、服三日
案之、衆孫者、嫡子之子、并庶子之庶子也、衆従父兄弟者、父之兄弟之子也、衆従父姉妹者、父之兄弟女也、称衆孫者、不論男女孫也矣

一 伊勢太神宮祢宜大小内人物忌父遭親喪不解職不着服事
神祇式云、伊勢太神宮 凡祢宜大内人雖色物忌父小内人遭親喪不敢解職及着素服、卅九日之後、被清復任、其服関之間、不假外院、不預供祭、物亦不参入内院、但親服事、亦同 但物忌父死者、其子解任子死者、父亦解任、並非復任之限
案之、伊勢太神宮祢宜已下喪服之事、異二凡人、仍所注也

一 父母喪亡、續親喪亡、各死去時、服假可如本法事
讃云、問、父母喪亡、其身死去、可有着服哉、答、未見可歟、親屬奴婢、又可服也
案之、父母喪亡、續親喪亡、死去之時、服假各可如本法着也矣

一 不孝子可着服事
不孝子死去、父母并服親着服、又父母并服親死去

一不孝子死去父母并服親著服又父母并服親死去
不孝子可著服事
名例律云其婦人犯夫及義絶者得以子蔭疏
云為母子無絶道故
棄妻夫婦雖有義絶之法父子并無義絶之
道仍不孝之子死去之時父母并服親尤可有
服假之又父母并服親死去之時不孝之子尚
着服之条不可有其疑矣

一父母死去経年序雖聞以聞日為始猶可有一年服
假事
假寧令云凡官人遠任及公使父母喪應解官無
人告者聴家人経所在官司陳牒告追 謂以良賤得無喪親
元云於未[illegible]
上服之 但於父母者五趣自聞日給一年假
棄之父母死去之後或過五六月或歴二三年
始雖聞之着服之禮自始聞日猶可為十三
月之服矣

一職半假事
假寧令云聞喪擧哀其假減半 謂假有一日給 祖母在巳本假
卅日若在遠聞喪并在挙
哀者減半給十五日之類也 有喪日者入假限
[illegible]

有忌日者入　假限

卅日。若在遠聞喪、亦在舉
哀者減半給十五日之類也
謂假有本假三日減半
亦忌一日入假限給二日之類

穴記云、問。凡職事官上三族人等遇服月聞者
何。答。只此耳。若有餘月者。從服之
喪之間、忌舉哀。謂在遠聞喪故減半給之假
有祖母喪在遠所過五十日之後聞之者、本
假卅日也減半給十五日之類也。余者可准之。此
又有所忌日入假限。謂假有本假三日減半
所忌一日入假限給二日之類也。但至于假日雖
立減半之文、至于服限猶可計死日之後。仍祖
母死去服五月也、而過百日聞之者、所殘之
服可著五十日之類也。又過百五十日聞之者
不可有其服。具見于穴記云云

一　服假相累時事

古記云。問。頻累着何服也。答。從一從後
喪日始計耳也。朱云。問。從遠及喪未服間
更遭母喪。何服。讃答。重遭又母之喪。更三年
不可服從。又喪經二三月之後。又母之喪。隨母計
耳。又讃云。若重喪。闇遭輕親喪者。即不可
更著。若輕闇遭重喪者。須更著服。滿其

更著若者軽闇遣重喪者須更著服満其
限之
案之重服之者重遣重喪従後日可著之両方
不可著若遣軽喪計日矣為重服限内者不
可著及于限外者除日更著軽服可満也
又軽服相累准而可知矣
一僧尼為父母著服為傍親不可著服事
假寧令云百官人有縁事若遣去除条説者云間僧尼遣父
母及餘親喪亦分為於僧尼不見給假法
於父母無喪矣
穴云僧尼者沙弥沙弥尼皆同僧尼耳
案之僧尼遣二親喪者任俗法可著服也於
傍親喪者所自人不詳然者不可有服假之沙
汰俗人雖出家猶父母之外餘親之服假不可
有之者也矣
一養子可有本生傍親服假不可有所養傍親服假事
喪葬令云凡服紀者養父母五月　所養父母為子三月養子　妻妾於夫之養父母無服三月
案之為所養可著服者養父母養子并月養
子之妻妾等也所養之方此外之親…之…
全無所見然則可有本生傍親之服假不可
有所養傍親之服假矣

有所養偕親之服假矣

一　違法養子爲養父母無服假事

戸令云、凡子者聽養四等以上親於昭穆合者、謂、昭者明也、爲父故曰明也、穆者敬也、子道敬父也、凡取養子者、年齒須相適、何者、下條云、男年十五聽婚、既定夫婦、理當有子、然則年十五者、則於卅者有爲子之道、年卅者、則於十五者有爲父之詞、其一隔餘從可知也、　戸令本屬除附

戸婚律云、所養異姓男者、徒一年、異姓之男、本非族類、違法收養、故徒一年、養女者不坐也、與者笞五十、其遺棄小兒年三歳以下、雖異姓聽收養、即從其姓

名例律疏云、依條注云、違法養子之類、須改正

案之、兄弟之子、若從父兄弟之子、年齒相適、又遺弃之小兒、年三歳以下、及養女子之外者、不聽收養、縱違而雖乱、有不得養子之名

一　養祖父母無服假事

儀制令云、等親、未書云、養祖父母不入等親、案之、入等親之輩之中、雖有無服假之者、不入等親之族、未見可着服之文、然則養祖父母已非等親、不可有服假矣

継父不同居無服假事

継父不同居無服假事
古記云継父不同居者不服也者
案之於継父者令同居之時雖有服假不同
居之日專無服假者也

一 舊夫之父母無服假事
戸令應分条云寡妻妾無男者受夫分 謂家長之妻夫
説者云家長亡後其妻守志猶寡居者
案之夫亡守志之日有妻妾之号改嫁適他之
後於夫義既絶是以無須其分豈又為其
父母有着服之法哉況夫在而出妻妾亦絶親
有子息不可有服假耳

一 七歳以下人無服假事
假寧令云无服之殤者三月至七歳者
釋云就云生三月者并者一二月不云無服之殤也
案之七歳以下者無服之殤也仍父母以下有服
等親雖令死去不可有服假矣

一 改葬并假事
假寧令云改葬并一年服給假廿日五月服十日三
月服七日一月服三日七日服一日
釋云改移舊屍也

釋云改移舊屍也

案之改葬父母之屍者其子可有卅日假自餘

親族可如令条矣

一 無服殤假事

假寧令云無服之殤 謂未成人死曰殤也 生三月至七歳 本服

三月 謂其於五月以上服親無服之殤故准云本服三月后不帶官人違此色者准假日數此色居喪但父母元服故

以上者給假三日一月服二日七日服一日

服之

案之令隨彼本服可有此假限矣

一 師喪假事

假寧令云師經受業者喪給假三日 謂師傅也德兼一成業者是也云業者

案之為成業之師可有其假但於僧尼者雖為

弟子為其師遁不見可給假之法是父母之外

不着服之故也矣

雜穢条

一 卅日穢事

神祇式云觸穢悪事應忌者人死限卅日 自葬日始計

又条云改葬及四月以上傷胎並忌卅日

説者云死人雖為五躰不具胎以下腹以上相連者

忌卅日

又云人云燒一身一灰向可為卅日穢

案之死人之一灰同准法条雖無所見尋勘先例

案之、死人之所、自雖法条雖無所見、尋勘先例、
尤有用穢、先儒所説、久以如此矣、稱改葬者、改
移舊屍也、稱殤胎者、死子生児也、人死以下各
可忌卅日之

一　七日穢事
神祇式云、觸穢[illegible]事[illegible]忌[illegible]人産七日
又条云、三月以下殤胎、忌七日
又条云、觸共火所者、當困神事時、忌七日
新儀式云、有五躰不具之死骸、忌七日
説者云、死人頭若手足之切、謂之五躰不具
又云、死人伏少、雖五躰不具、穢可忌七日
又云、葬死人之穴丘、雖之可忌七日
案之、人産已下各七日穢也

一　五日穢事
神祇式云、觸穢悪事、應忌者、六畜死五日　難非忌限
左傳云、六畜者、馬・牛・羊・豕・犬・鶏也
説者云、麻雉不入六畜、雖備可忌來、仍麻鹿死忌者
案之、六畜麻鹿死忌五日、但鶏非忌限矣

一　三日穢事
神祇式云、觸穢悪事、應忌者、六畜産三日、其喫
宍三日　難非忌限

完九三日　雖非忌限
謂着云六畜五体不具忌三日是雖非完
産之六畜産及葬　其完忌三日康久同也

一　當日忌事

神祇式云弔喪問疾及到山作所遣三七日法事（五七日六七日七々日也）
者雖身不穢而當日不可參入内裏
又条云祈年賀茂月次神嘗新嘗等祭之前後
散斎之日僧尼及重服奪情從公之輩不得參
入内裏雖輕服人致斎前散斎之日不得參入
自餘諸祭斎日皆同此例
又条云宮女懷妊者散斎之前退出有月事者祭
日之前退下宿廬不得上殿其三月九月潔斎
預前退出宮外
案之如此之類雖無其穢當神事之時當日有
其憚之者也

一　穢甲乙以下事

神祇式云甲處有穢乙入其處　謂著座　下亦同
乙及同處人皆為穢丙入乙處只丙一身為穢
同處人不為穢乙入丙處同處人皆為穢丁入
丙處不為穢
新儀式云有死穢間入其處人為甲觸穢後

新儀式云、有死穢間入、其一處人為甲處穢、後
到觸者為乙、
又云、受取其穢所物、皆曰為穢、
案之、或着座、或飲食、不須二事、相觸之謂
也、若穢物見在之時、相遇者、雖倫閑相觸、尚
可為甲穢也、見之一新儀式云、
又丙人者、一切之穢許也、雖着所来着人、皆不為
穢之文、到穢所、雖不着座飲食、受取甲處
物着、可為乙穢也、自余准之云々、

一　穢物着付為觸初否、聞付鼠穢為穢初日事

新儀式注云、[illegible]
為穢初日、依聞得見之日、計其穢日、
案之、或説、見付之日為穢初、或説、以聞得見之
日、計其穢之日限矣、

一　隍墻別門處、雖同處不為穢事

新儀式云、隍墻別門之處、雖同處、亦不為穢、太政官
辨官、書司等、式部省中、主計主税二寮、
左右近衛二府、大将書司等類也、
案之、如式条、着一司有穢之時、餘司不為穢、是
隍墻別門之故也、然者余所可同之、

一　死人并六畜、白骨等不為穢事

読者云、五体不具之骨、経年序無血氣者、不為

一死人幷六畜骨等不為穢事

読者云、五体不具之骨、経年序無血気者、不為
穢也

案之、所不載式也、謂死人、謂六畜、五体不具之
骨并頭等、無完血気之時、先例不為穢、先
儒所説亦以如斯矣

一不忌乙丙穢事

新儀式云、六畜穢不可忌乙丙

案之、觸穢之者只一身可有其穢、往来之
處并同處之人、各不可有憚矣

一雑觸穢不忌物事

新儀式注云、無軸書状・簾等非忌限

案之、件等物、縦自穢家、雖令取出、不可有禁
雖非穢、於巫横可用称之故也

一觸穢事可依時議事

神祇令義解云、穢悪者、不浄之物、鬼神之所悪也
断獄律云、諸勅断罪、臨時處分、不為永格者、不
得引為後比、疏云、事有時宜、故人主權斷、制
勅量情處分、不為永格者、不得引為後比

案之、觸穢之旨、随事多端、式条所指、於有明

棄之觸穢之旨、隨事多端、式条所指於有明
文、不在此限、難决會釋之類、縱雖有先例、
宜下依時議、是則王法崇神道、神道從王
法、隨時所制、並自有所行、故無必定之例、須俟
勅定、抑是法曹之庭訓而已

一　食五辛禁忌事

僧尼令云、僧尼食五辛者、卅日苦使
義解云、五辛者、一日大蒜、二日慈葱、三日角葱、
四日蘭葱、五日興渠也
五辛、梵網経云、七衆等不得食宍及五辛、讀
誦経論、得非有病用、在伽藍外白衣家服之、
満卅九日、湯漱浴竟、然後許讀誦経論者説
一切有部毗奈耶雑事、第二云、病者食蒜
者、當護、直免氣、乃至為病服食、即可洗
身以水洗浄、臭氣皆除、然入衆中、若人食蒜
如此可應知者
案之、食五辛之時、為僧侶雖具禁制
之法、於俗人未見可忌憚之文、若佛寺令
禁之、神社不忌之故欤、仍如梵網経并毗奈

禁之神祇不忌之歟、仍如蘇摩経并毗奈
耶等文者、或満三十九日、或過七三二夜、雖
可従佛事、節説々服五年之忌、以鼻香
者可為其限云云、儒家之傳説、且以如斯、
然則以鼻香者之期、追従清浄之事、
歟、抑内外道分、因准義別、食五年之
忌、須問知法之僧而已

法曹至要抄巻下

裁判至要抄

裁判至要抄（表紙・旧仮表紙裏）

裁判至要抄（見返・旧仮表紙）

裁判至要抄

一 荒地給官司可請用事
一 田畠不依四至依町段可領事
一 田畠宅地賣買事
一 論田作毛事
一 出挙利不過一倍事
一 挙銭利不過半倍事
一 以質券不可領宅地田園事
一 負人逃死出挙事
一 闌遺物并闌畜事
一 家人奴婢子可從母事
一 馬牛財宅質賣買事
一 馬牛借用事
一 和与乞索物事
一 借物預物被盗被焼亡不弁償事
一 處分任財主意事
一 父遺財父配事
一 母遺財父配事
一 養子……事

一 母遺財父配事

一 養子〻法事

一 妻財不入分法事

一 未〻嫁前死亡男子之妻受亡父〻事

一 僧尼不預父母遺財事

一 不孝子不預父母遺財事

一 前夫子不預後夫財事

一 改嫁妻不預亡夫遺財事

一 亡妻財無子時夫可領事

一 祖父母父母譲可用後状事

一 家〻子従母子従死後輙不被領事

一 家〻有夫女子財不悔還事

一 家〻外孫財不悔還事

一 財主亡元子孫事

一 僧尼遺財父配事

一 僧尼遺財弟子可得分事

一 僧尼家分弟子物不悔還事

一 荘地従官司可請用事

天平十五年五月十七日格云、入寺用田、

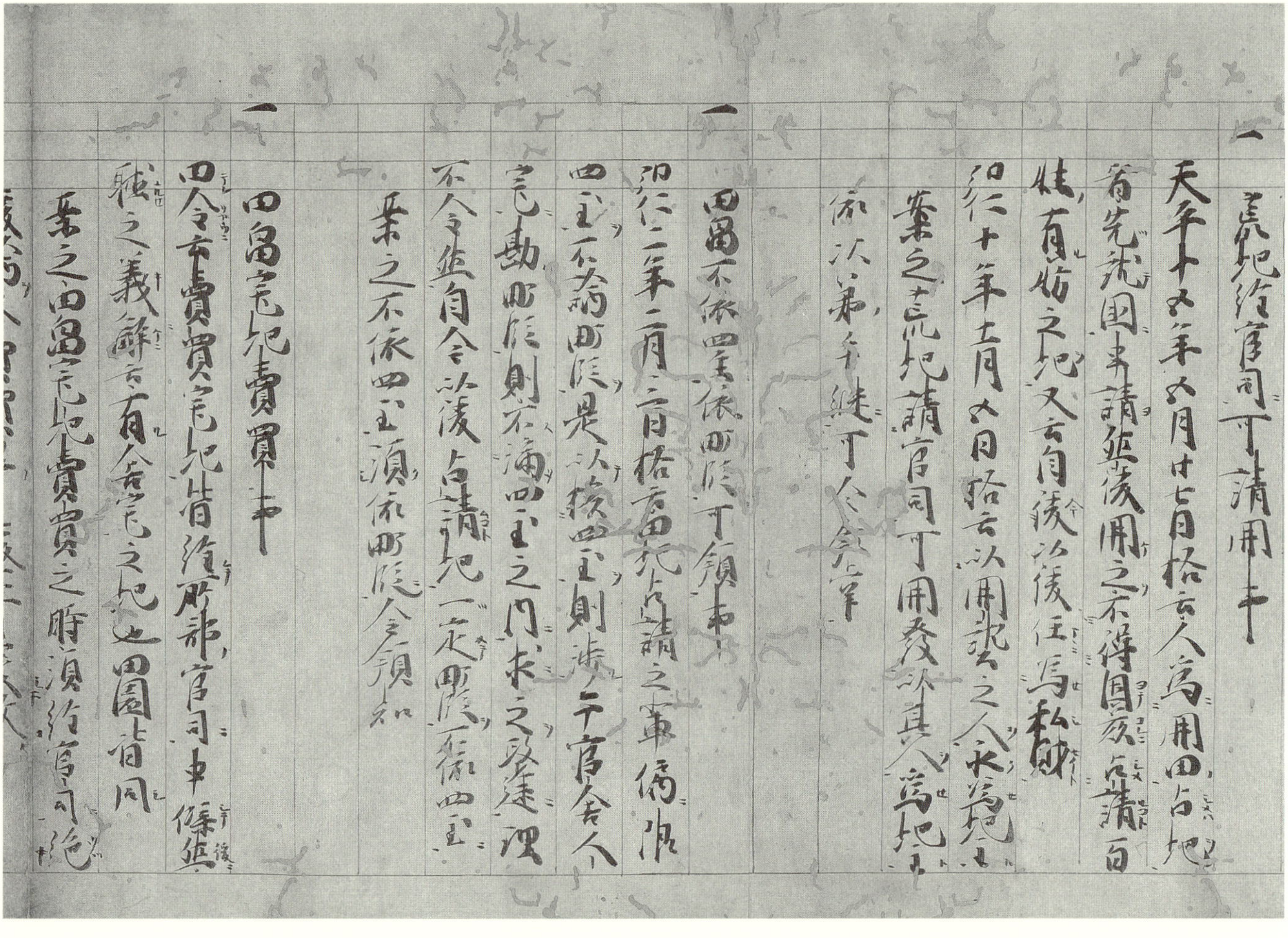

裏　一
（三六一頁）

一　荒地給官司可請用事
天平十五年五月廿七日格云、人爲用田占地者、先熟國申請、然後用之、不得因茲占請百姓有妨之地、又云、自今以後任爲私財、
弘仁十年十二月五日格云、以用墾之人永爲地主、
案之、荒地請官司可用發於其人爲地主、依次弟相繼可令全耕、

一　田畠不依四至依所從可領事
弘仁二年二月三日格云、田地請之事、備限四至不論所從、是以撿四至則渉于官舍人宅、勘所從則不論四至之門、求之於建理、不令延、自今以後、占請地一定所從一依四至、
案之、不依四至須依所從令領知、

一　田畠宅地賣買事
田令云、賣買宅地皆經所部官司申牒、然後賊之、義解云、有舍宅之地也、田園皆同、
案之、田畠宅地賣買之時、須給官司絶

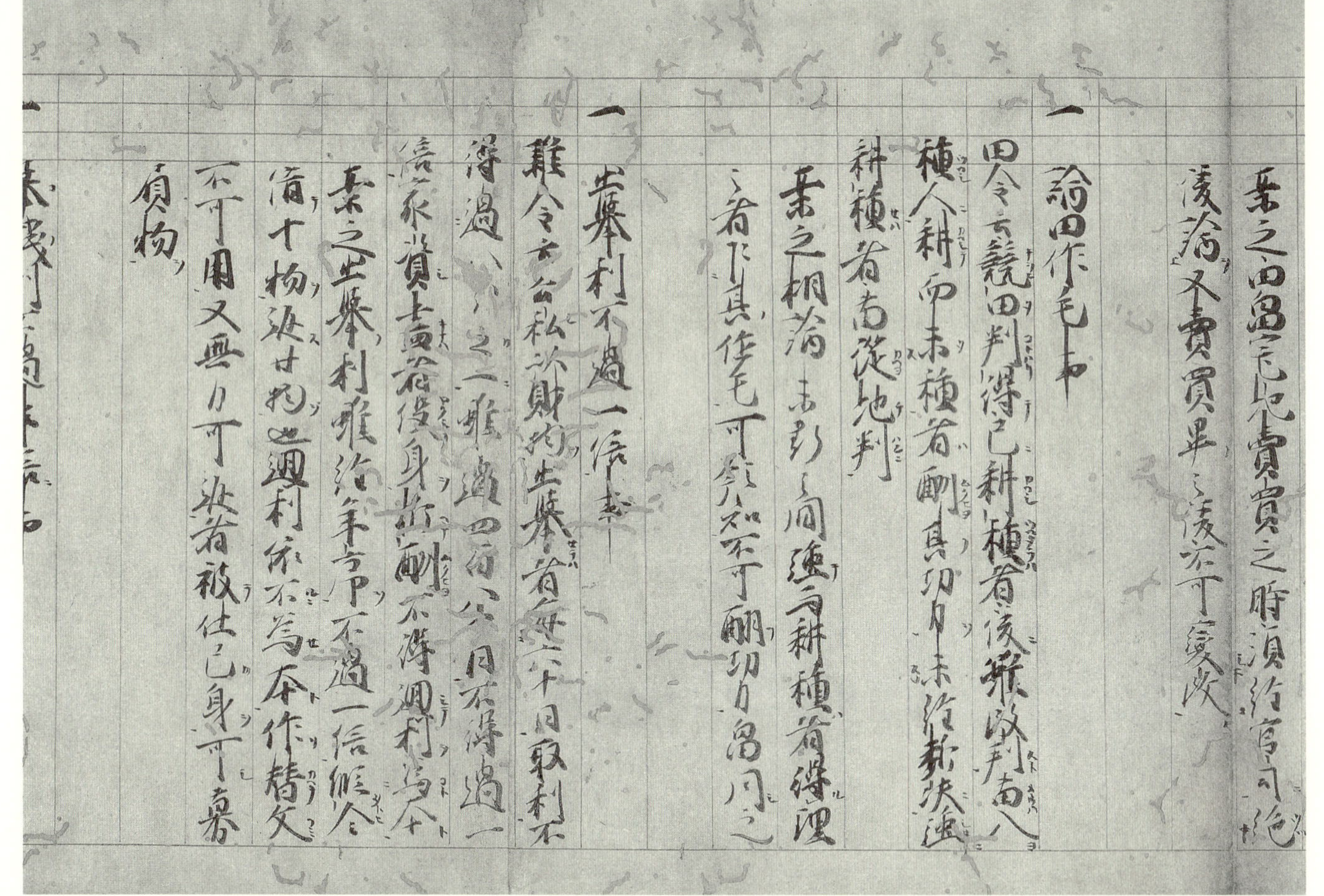

案之、田畠宅地賣買之時、須経官司[illegible]
後論不責買畢之後、不可変改
一　論田作毛事
田令云、競田、判得已耕種者、後雖改判、苗入
種人、耕而未種者、酬其功力、未経断決、強
耕種者、苗従地判
案之、相論未断之間、強耕種者、得理
之者、可具作毛[illegible]、不可酬功力、[illegible]
一　出挙利不過一倍事
雑令云、公私以財物出挙者、毎六十日取利、不
得過八分之一、雖過四百八十日、不得過一
倍、家資尽者、役身折酬、不得廻利為本
案之、出挙利雖経年序、不過一倍、縦令
借十物、返廿物也、廻利依不為本、作替文
不可用、又無力可返者、被仕己身可[illegible]
負物

貸物

一 挙銭利不過半倍事
弘仁十年五月二日格云禁断挙銭利過半
倍事自今以後公私挙銭宜限一年収
半倍利雖積年紀不得過責若有犯
者科違勅罪
案之銭出挙雖歴年不過半倍假令借
一貫文返一貫五百文也廻利不可為本
事同可示案

一 以質券不可領宅地田園事
天平勝宝三年九月四日格云出挙財物之人
宅地園圃為質皆悉禁断若有先日
約契者雖至償期猶任住居稍令酬償
雑令云其質者非対物者不得輙売
案之宅地田園不可為質文道炳焉而世
人堵之仍雖有質券之状不可領知
又自余之質物非対物者輙不可売買

裏 三
(三六一頁)

又自餘之質物非對物之者輙不可賣

也

一 負人逃死棄事

雜令云負債者逃避保人代償義償義

解云雜負人身死而保人無代償

天平七年九月廿二日格云父母之所負稱不

知情妻子之所負稱不知情父母自

今以後皆悉禁斷

案之負人逃死者保人可弁謂保人者只ハ

人也以雖父母并出入之所負借用之時

不知諮問不見知妻子不可徴償

裏 四
(三六一頁)

裏 五
(三六一頁)

一 闌遺物并闌畜事

捕亡令云得闌遺物皆送隨近官司所

得之物皆懸於門外有識認者驗記屋主

廐牧令云闌畜無識認者先充傳馬

案之於路頭見付之物可送官司有

主者可返也闌畜同之

主者可從也、園畜同之

一 家人奴婢子可從母事

捕亡令云、兩家奴婢、交合生男女、從母、義解

云、家人亦同

案之、以他人之從母爲其所生之男女、皆

從于母、可令勘仕

一 馬牛財寶賣買事

雜律云、買馬牛、已過價、不立券、過三日

笞卌、賣者減一等、立券之後、有舊病

者、三日内聽悔、無病欺者、市如法、違者

笞卌

案之、馬牛買時不知舊病、立券後始知

者、三日内可返、又有病隱欺、從者可返其

直、無病欺及非理驚犯者、不可悔返、除驚

牛之外財寶者、賣買約諾之後、全無改

易之法、遂可依約

一 馬牛借用事

厩牧令云、乘官私馬牛、以理致死、證見分

明者、並免徵、若非理死失者徵

説者云、可計七十里、而以卅里爲非理、

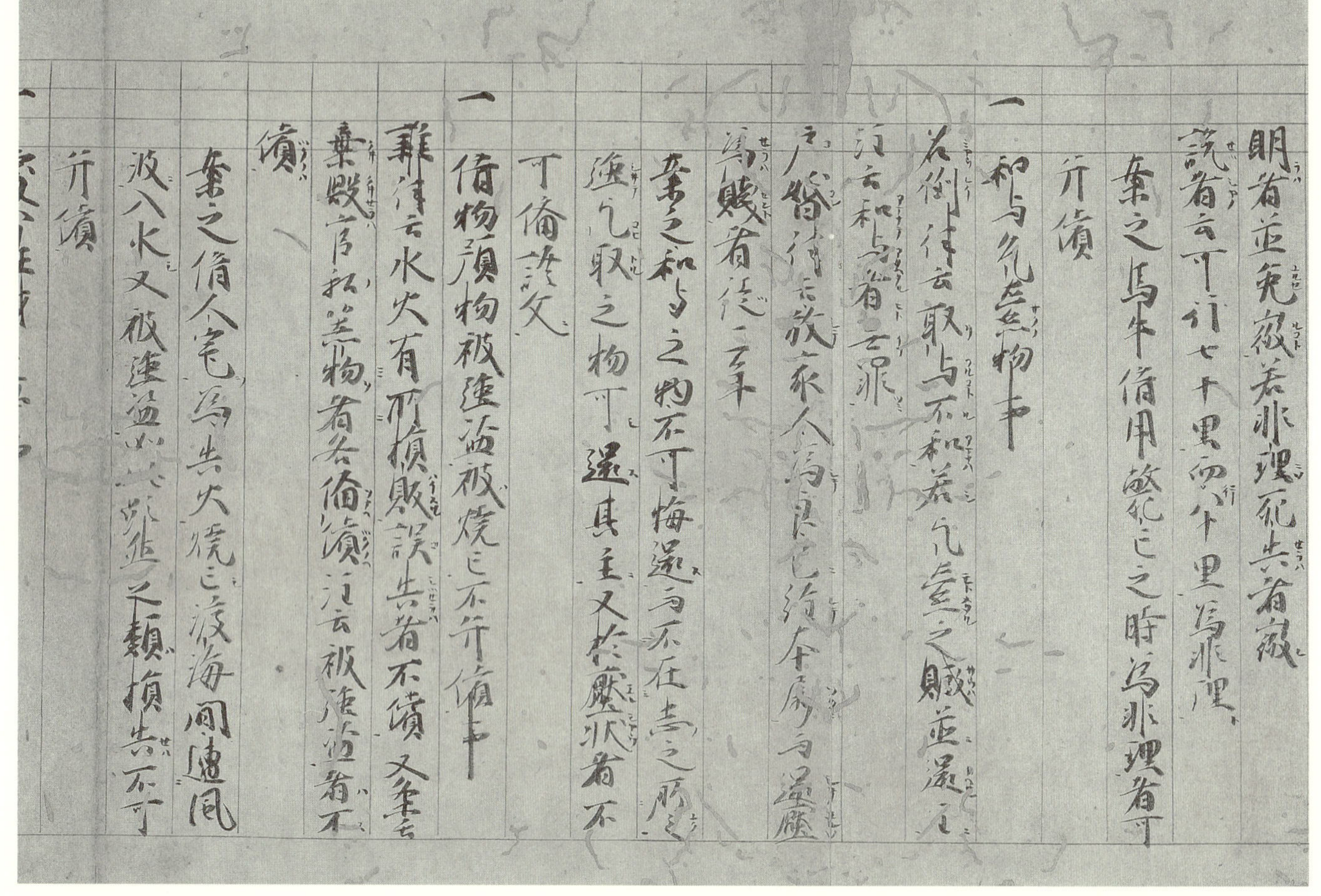

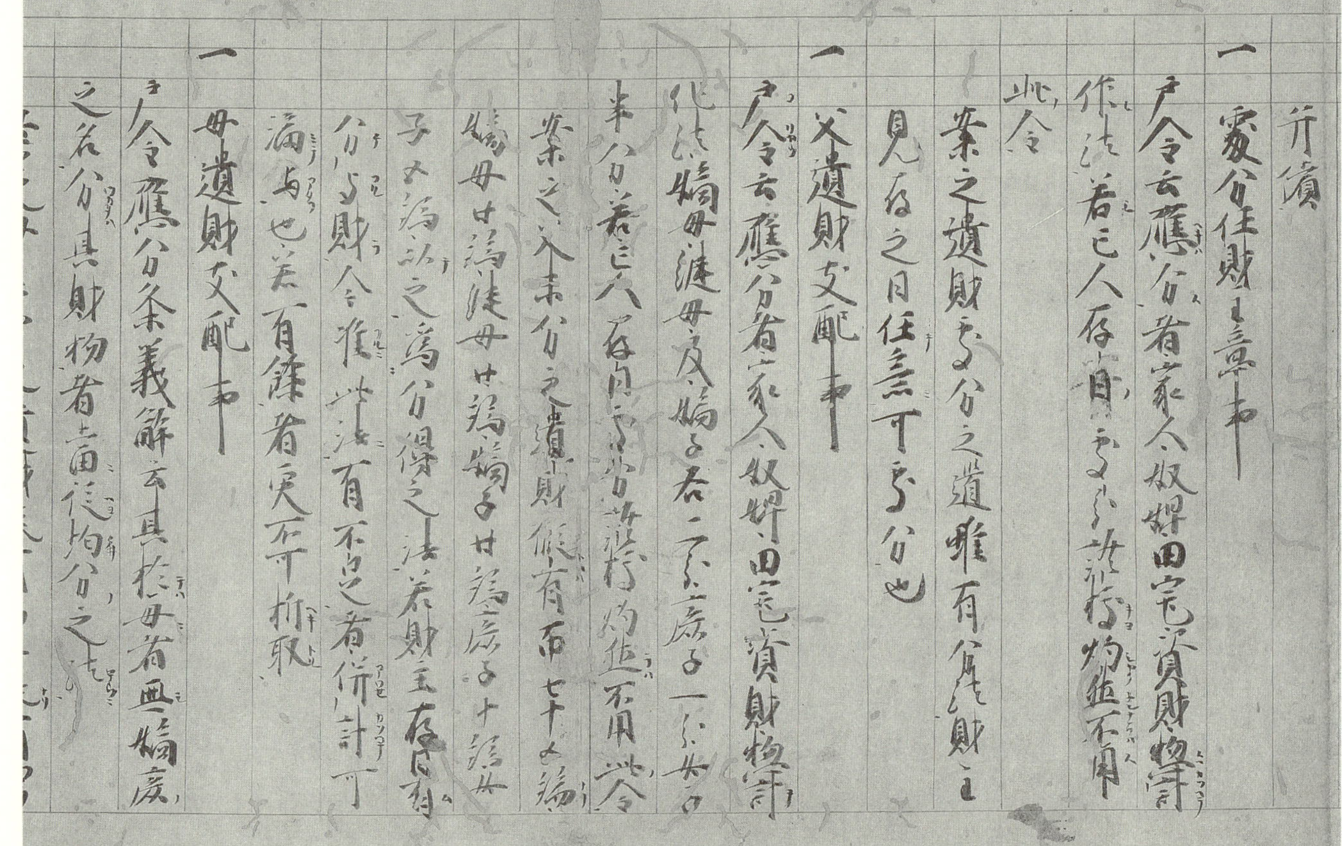

并領

一　寡分任財主事

戸令云、應分者、家人奴婢田宅資財惣計作法、若已人存日處分、證拠灼然者、不用此令

案之、遺財處分之道、雖有俗財主、見存之日、任意可處分也

一　父遺財支配事

戸令云、應分者、家人奴婢田宅資財惣計作法、嫡母継母及嫡子各二分、庶子一分、妾女子半分、若已人存日處分、證拠灼然者、不用此令

案之、父未分之遺財、縦有百七十、女為嫡母廿、為継母廿、為嫡子廿、為庶子十、為妾子五、為妾分得之法、若財主存日有分處、財令准此法、有不足者、依計可減与也、若有餘者、更不可折取

一　母遺財支配事

戸令應分条義解云、其於母者、無嫡庶之名、分其財物者、亦依均分之也

之若分其財物者當從均分之也
案之母未分之遺財假有百十疋有男
女子十人者不論嫡庶各可得一疋也

一 養子分法事

戸令云女子半分注云養子多同還親令為
人後者条義解云其六位以下者養子既
得親嫡子注

案之養子之无子之人為家業所收
養也但者養親人並嫡庶者其未分之
財任嫡庶子可得分也若自元有嫡庶
女子之時收養子者分財之日同于女子
可与庶子之半分也

一 妻財不入分法事

戸令云其妻家所得不在分限
案之妻妾自已入母之家物来与夫同
財夫死後分遺財之日妻妾以元可返
取也混于夫財不可配分

一 未分以前死亡男子之子受亡父分事

戸令云兄弟亡者子承父分姉妹之子不在

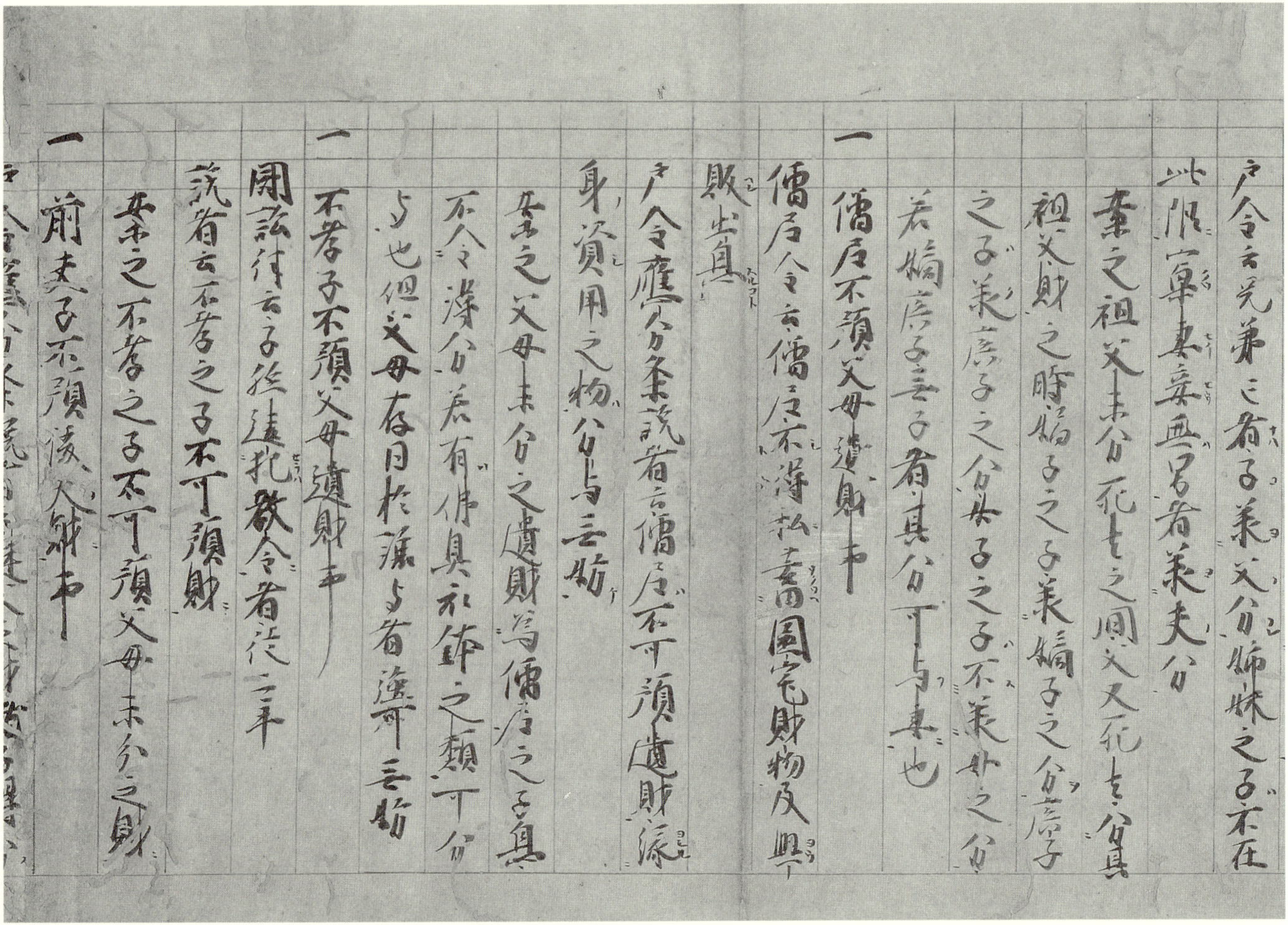

戸令云兄弟亡者子承父分姉妹之子不在
此限寡妻妾無男者承夫分
案之祖父未分死亡之間父又死亡分其
祖父財之時嫡子之子承嫡子之分庶子
之子承庶子之分女子之子不承母之分
若嫡庶子無子者其分可与妻也

一 僧尼不預父母遺財事
僧尼令云僧尼不得私蓄園宅財物及興
販出息
戸令應分条義解云僧尼不可預遺財縁
身資用之物分与云々
案之父母未分之遺財為僧尼之子其
不合得分若有作具衣鉢之類可分
与也但父母存日於讓与者遵可云々

一 不孝子不預父母遺財事
闘訟律云子孫違犯教令者徒二年
疏議云不孝之子不可預財
案之不孝之子不可預父母未分之財

一 前夫之子不預後夫之財事
戸令應分条…

一 前夫子不須後夫財事
戸令應分条謂者云継父之財謂子得分
否不同、轉父之財者夫之子不得分
案之、継子不可得継父之財
一 改嫁妻不須亡夫遺財事
戸令應分条義云、嫡母継母若二家
長之妻夫亡寡居也、若未分之前改嫁適
他者不可得財
案之、夫亡而未分之前改嫁之妻不可
須夫之財
一 亡妻財無子時夫可須事
戸令應分条未云、妻家所得不在分限、未
知妻亡者其財何公、妻之子得耶、未知若
夫得乎、答云、子者夫得者不還妻之祖
家也
案之、夫妻同財之故、亡妻無子之時、其
遺財夫可領知
一 祖父母亡後、譲可用後状事
闘訟律云、子孫違犯教令、徒二年
又条云、告祖父母父母者絞、[illegible]

鬪訟律云、子孫違犯教令徒二年
又条云、告祖父母父母者絞、謂、無死生各同
案之、祖父母父母敬令死生不違、然則裁
定雖改易、以前議状可為文領、依云告
言理所之道也、而子孫雖私畜財物、可
任祖父母父母之意也

一 處分子孫財子孫死後悔不得事
戸婚律云、祖父母父母在、而子孫別籍異財者徒
二年、若祖父母父母令別籍者徒一年、子孫
不坐、説者云、已異後不可悔還
案之、祖父母父母以家地所領譲与子孫之間
子孫死亡之剋、或譲与異姓、或和与他人者、
雖祖父母父母悔取、不可進退以

一 女子有夫女子財不悔還事
戸婚律云、祖父母父母令別籍者、子孫不坐、釈
云、女子随夫別籍者不禁
案之、女子適夫家之後、所譲与之財物可
為夫之進止、夫婦同財、以夫為主之故也、
仍父母更難進退、處分有夫女子之財
[illegible]

裏九（三六二頁）
裏一〇（三六二頁）

仍父母㒵雖退、寡妻有夫女子之財
輙不悔還、但未異財者、可悔還之
一 寡妻外孫得財、不悔還事
閑訟律云、告外祖父母法、作二年、疏云、或侵奪
財物、或毆打其身之類、得自理訴
案之、外祖父母侵奪其財物之時、既聽理訴
乃讓女子之子之財、輙不悔還、但未異財
者、可悔還之
一 財主亡無子孫事
喪葬令云、身喪戶絶、無親者、所有家人
奴婢及宅資、四隣五保共為檢校、財物營盡
功德、其家人奴婢者、放為良人、若亡人存日
處分、證驗分明者、不用此令
案之、除子孫之外、雖有伯叔并兄弟
等、皆是不在得分之親、仍不可分領、雖
盡功德、但財主存日、處分了者、勿論
從伯叔已下、相共與并已者、財物宜營
一 僧尼遺財、父母配事
戶令應分條義解云、僧尼其身既死、雖

戸令應分条事角云僧尼其身既死雖
是俗法之有妻子即所有財物並可与其
子但於僧尼既以無緣[illegible]其遺財須讓
分之

案之僧尼之分之遺財有布十段又有
妻子十人者若可得一端者也然唯
有弟子可得須其分是弟子非得分觀
之故也

一 僧尼遺財弟子可傳領事

名例律云僧尼於其所与俗人又同於其
弟子与兄弟之子同

案之僧尼之遺財弟子十人可均分
須知假有布十端者十人之弟子各可
得一端之類但程欲[illegible]之類相兼讓
法之者候可傳領不可入財物之例

一 僧尼家分弟子物不悔還事

名例律云取与不和若乞索之贓者並還主
注云和与者無罪

案之僧尼之弟子并兄弟之子仍家分之

業之傳氏之弟子并兄弟之子仍家督之
物輙不可悔還、但於分之儀無諸所避
以入他門被現不孝者須悔還矣

以前条事抄出如右、抑法令者治国之權
衡、馭民之轡策者也、尽不可失之於上古
不可違之於下明、其中非陸藏職以
徒昊雁忝奉　院宣粗勒為三巻載
卒文無私新為一時　建永二年八月廿六日

矣

件抄草不一見女諸々息倍之余以外假
借恩給仍毎事輙自見来之者仍
之し

大判事殿

有言　中宮大進宗行

文永十年九月制符

文永十年九月制符　　權僧正宗性

文永十年九月制符（見返）

追加

追　加（表表紙）

追加目録

一　貞應嘉禄以後盗賊跡所領事　嘉禎三八五評

二　畿内近国并西国堺相論事　天福元九一

三　依藝能被召仕輩所領事

四　盗賊贓物事　天福元四廿二評

五　所領置召人令失罪科事　天福元七十六イ

六　以田地所領為双六賭事

七　諸人相論事

八　新補并本地頭不叙用下知事　嘉禎四九九評

九　御家人任官事　嘉禎四九廿評

十　御家人後家任亡夫譲給安堵下文事　暦仁元十二十六

十一　諸堂供僧事　暦仁元十二七評

十二　改嫁事　延応元九七

十三　御家人恩所領入質物質券事　延応二四廿健及以文元邦　沙汰時被定之

十四　敵對子祖父母父母致相論輩事　延応二五十四評

十五　関東御家人以雲客已上為聟譲所領於其女子事　延応二　九廿五

十六　凡下輩不可買領売地事　同日被定之

十七　諸人訴詔對決時進懸物事　仁治二八廿八評

十八　不蒙御免評定遁世後猶知行所領事　仁治二十一十七評

一禁止鎌倉中僧徒従類太刀腰刀等事　仁治三三三　一御息事月廿九日

十九　鎌倉中諸堂別当職事　仁治三十二五

二十　式部丞并諸司助事　仁治四二十五

廿一　本年貢外半分事

廿二　本司跡名田事

廿三　乗代事

廿四　庄在家役麻樹木五節供以下事

廿五　地頭方厨事

廿六　強盗殺害人事

廿七　諸国新補地頭沙汰事

廿八　諸国守護人地頭或正員或代官依領家預所訴訟事

廿九　諸国守護人奉行事

三十　海路往反船事

卅一　守護人不可致沙汰条々

卅二　地頭不可存知条々

卅三　新地頭補任庄園公領於地頭下司得分為御使沙汰可令注進事

卅四　未被補地頭没収所々為御使沙汰可令注進事

卅五　宜旨事

卅六　去々年兵乱以後所補諸国庄園地頭沙汰条々

卅七　郡内寺社事

卅八　公文田所案主惣追補使有司等事

卅九　山野河海事

四十　犯過人糺断事

四十一　丹後国新補地頭不叙用事

四十二　諸国新補地頭得分内畠加徴事

四十三　白苧并兼代事

四十四　宿々早馬事

四十五　依諸人訴訟被下御教書於六波羅雖施行上府返給御教書事

四十六　於六波羅可遂問注由依被成御教書可遂其節自陳状於関東可遂沙汰之由申事

四十七　於六波羅可下御成敗国々訴訟事

四十八　依諸人訴訟直被遣御教書於守護人地頭以下成給六波羅施行否事

四十九　京都并傷殺害人事

五十　犯人断罪事

五十一　西国御家人所領事
五十二　評定時可退座分限事
五十三　諸国庄公領所地頭相論時糺定両方事
五十四　稱念佛者着黒衣輩事
五十五　可搦禁勾引人并賣買輩事
五十六　可停止博戯輩事
五十七　可禁断私出挙利過一倍并挙銭利過半倍事
五十八　本司新補両方混領事
五十九　起請文失事
六十　御式目事
六十一　以山僧被補預所并地頭代事

六十二　諸国地頭以山僧并商人借上輩補地頭代官事
六十三　雜人訴訟事
六十四　遠流人〻國〻事
六十五　御教書礼事
六十六　諸国御家人跡為領家進止所〻御家人役事
六十七　御家人輩依本所成敗職致訴訟事
六十八　主従對論事　宝治二七廿九評
六十九　自嘉禄元年至仁治三年御成敗事　文応元四五評
七十　故武州禅門成敗事　御代分
七十一　河内國橘嶋庄地頭代右衛門尉為保申在家之
百姓不法却有限依田事

七十二　自公家被成下事
七十三　山僧請取寄沙汰事
七十四　武家不相交沙汰公家被仰下輩者陳事不可
被其沙汰事
七十五　籠置悪党無沙汰所々事
七十六　西国堺事
七十七　好召仕悪党輩事
七十八　悪党跡事
七十九　召人逃失預人咎事
八十　洛中屋地并近国買地事
八十一　悪党張本事

八十二　鎌倉中諸堂供僧事
八十三　御分唐船事
八十四　東国沽酒事
八十五　農時不可使百姓事
八十六　百姓依時取沙汰事
八十七　鷹狩事　文永三　三六八
八十八　以所領入質券令売買事
八十九　以所領和与他人事
九十　離別妻妾知行前夫所領事
九十一　沼田尼近太郎重高法師与伊予国興下司尼相論両方事
九十二　売買質券取事

九十三　式目十六箇條對捍諸國長官非御家人輩幷凡下人買領名〻事　人質事

九十四　見質事

九十五　本銭返幷本銭不返及年作〻事

九十六　永年買地事　付質券所流所領事

九十七　雖為本所進止領御家人知行所〻事

九十八　質券田地同作毛事　文永五八十評
文永四年式目三ヶ条事　用捨在之

九十九　以人和与領事

百　國〻雜務事

百一　御勘當時追討使外不可馳向事

百二　鈴鹿山幷大江山悪賊事

百三　諸人越訴事

百四　以人和与領事

百五　依當知行仁罪科致當所領事

百六　醫陰両道為御家人養子知行御領事

百七　諸人訴訟事以人紀月六年紀事　同訴陳状不可過三問答事

百八　石清水放生會以前殺生禁断事

百九　同放生會御教書事

百十　兄弟姉妹和与物悔還否事

百十一　奉行人未精撰事

百十二　同状御教書事

百十三　當符事

百十四　未處分所領相論配分事
百十五　諸人訴訟事
百十六　自寛元二年至康元二年沙汰成敗事
百十七　質券所領事
百十八　西國雑務事
百十九　依違背地頭不召置庄官百姓等事
百廿　質物限券事　弘安二十一廿
百廿一　評定以付評議漏脱事
百廿二　引付衆奉行人級訴人事
百廿三　引付勘録事
百廿四　付内外致沙汰口入事
百廿五　當參訴訟人事
百廿六　以他奉行人相手讓子細不申沙汰事
百廿七　憚權門不申切事
百廿八　安堵奉行事
百廿九　表裏證文事
百卅　以人退座事
百卅一　六波羅并鎮西守護人注進事
百卅二　過當知行廿ケ年者不可有沙汰成敗事　嘉禎三 八七評
百卅三　令逃雑人跡分限事
百卅四　依不償負累為質物被押取子息所従等雑人事
百卅五　可被止鎌倉中僧徒従類太刀腰刀等事

百卅六　御恩事　仁治四二　廿九

百卅七　寛喜三年六月九日　宣旨事

百卅八　諸社祭時飛礫事

百卅九　御使事

百四十　飢饉春養事　日貞応三　六月四秋

百四十一　不従子息事

百四十二　同死去事

百四十三　京都同注記可被書同者四箇事

百四十四　両方不進證文不可封継目事

百四十五　同文書目録巨細可注事

百四十六　庄園領家事

百四十七　正地頭交名可載事

百四十八　条〻各別可立篇目事

百四十九　僧徒裹頭横行鎌倉中事

百五十　念仏者事

百五十一　不可居住町人并道〻辻事

百五十二　侍所雑仕小舎人以下辻不行向諸人宿所事

百五十三　鷹狩事

百五十四　雙六四半目已下博奕事

百五十五　材木請賣事

百五十六　在京武士乗車横行洛中事

百五十七　在京御家人同前

百五十八　諸国庄々地以致非法濫妨事
百五十九　西国庄公新補地以本補率事
百六十　佛神事用内加徴米事
百六十一　三ケ日厨事
百六十二　検注雑事内地以割取事
百六十三　五節供事
百六十四　新補率法所々地以注出新田一向可進止否事
百六十五　山畑事
百六十六　預所名田可為公田否事
百六十七　預所検注以後地以耕作田事
百六十八　島地子二ケ度 春 夏 地以可取否事

百六十九　御教書一両条所々状被条事
百七十　所載式目法家人事
百七十一　本司跡事
百七十二　出訴論後可被召知行之所々事
百七十三　三ケ度召府以後不参之事
百七十四　點定物事
百七十五　半不輸所々地以方公事可勤仕否事
百七十六　本司跡名田畠事
百七十七　地以所務内百姓把科跡事
百七十八　於浦郷稱入海号負累點定諸方運送物事
百七十九　於京都遂問注時随枝葉詞可被書付申事

百八十　西国御家人中所領知行事
百八十一　西国住人等号神人構事於左右好訴訟事
百八十二　貞応二年四月三日御下知事
百八十三　在京御家人者大番役不能勤仕事
百八十四　西国守護代等事国中所々犯人等事
百八十五　号先々不召渡守護所直遣犯人於京都事
百八十六　為守護人号犯科人跡没収所領田畠事
百八十七　京都(中)強殺害人事
百八十八　守護成敗事
百八十九　畿内西国界相論事
百九十　京都大番事

百九十一　近年四一半徒党興盛事
百九十二　所々置京都犯人事
百九十三　武士召取犯人住宅事
百九十四　僧徒兵杖禁制事
百九十五　諸社神人等付在京武士宿所振神宝致狼藉事
百九十六　諸社神人狼藉事
百九十七　人倫売買事　正応元五一
百九十八　御家人中郎等任官事
百九十九　新補地頭得分田畠加徴事
二百　篝屋用途勤仕所々犯科人事
二百一　以山僧補代官事

二百二　京都大番流事
二百三　本補跡所々検断事
二百四　厨雑事等事
二百五　人倫賣買事
二百六　諸社神人并神官等起請文事
二百七　可被行罪由被載下御下知状事
二百八　諸人所従事
二百九　覆同事
二百十　可被問證人事
二百十一　文書調進事
二百十二　関東問注記未到事

二百十三　令讀問注記各可被閲披子細事
二百十四　西国海賊事
二百十五　篝火夏間一向被成灯爐否事
二百十六　大番流令逃失召人罪科事
二百十七　殺害人事
二百十八　男女子息事
二百十九　挙銭利分事
二百二十　養子事
二百廿一　寛喜以下飢饉養助事
二百廿二　人倫賣買直物事
二百廿三　西国守護奉行事

二百廿四　博奕事

二百廿五　京都中沙汰間奉行事

二百廿六　関東御家人以京都被任人為代官并雑掌召仕事

二百廿七　京都桓籍人并武士下人逃籠権門事

二百廿八　就被下御下知状令施行處被申関東間輒一押留自責之後科事

二百廿九　奉行人等可令存知事

二百三十　故武蔵前司入道殿御時御成敗事　切事

二百卅一　諸国守護人并庄地頭等偏称不輸私領抑沙汰追出
預所郷司事

二百卅二　諸国地頭所務事

二百卅三　諸人訴訟事

二百卅四　同庭雑訴雀事

二百卅五　可興行諸社幣物不法事

二百卅六　可随進発同使事

二百卅七　可為諸寺執務者以四ヶ年任限事

二百卅八　可令停廃諸社新加神人事

二百卅九　可令停廃公家并諸院宮以下新加供御人事

二百四十　先例条々　十二ヶ条

二百四十一　侍所京都大番役事

二百四十二　侍所悪党人事

二百四十三　同不并検非違所召人事

二百四十四　新御式目条々　弘安七五廿　卅八ヶ条

二百四十五　河手津泊市津料沽酒事　弘安七六三

二百四十六 沽却質券地他人和与不領事 弘安七五廿七評
二百四十七 諸人不願百姓負物事
二百四十八 寺社御寄進所領事
二百四十九 訴訟人代官事
二百五十 召文問状事
二百五十一 引付評定事
二百五十二 訴訟人軽服事
二百五十三 引付衆再奉行事
二百五十四 夜討強盗 山賊海賊殺害罪科事
二百五十五 悪党由有其聞輩事
二百五十六 博奕輩事

二百五十七 依難遁罪科捨本在所去他国悪党事
二百五十八 就犯人在所不可斟酌事
二百五十九 獄舎官食并七事
二百六十 御新制倹約事 三ヶ条 政所帳文 弘安七十廿二
二百六十一 遠江佐渡両国悪党事
二百六十二 本所并国司領家不当年貢事 正応三九十九
二百六十三 自康元々年至弘安七年御成敗事
二百六十四 諸人訴訟問状事
二百六十五 政務事
二百六十六 庭中事
二百六十七 領家地以中分事

二百六十八　惣領罪科時各別相傳輩被混領事
二百六十九　可為御家人事
二百七十　弘安七年四月以前成敗事　永仁七二
二百七十一　御下知以後御教書可為一ケ度事
二百七十二　不可成還御教書事
二百七十三　法光寺殿御代御成敗并弘安八年没収地事
二百七十四　本所訴詔事　月十日評
二百七十五　所當公事對捍輩事　永仁二七五
二百七十六　直政所令被弃置輩訴詔事　永仁二十二二評
二百七十七　臨時役事　永仁二十二　十五評
二百七十八　公事支配事

二百七十九　負物事
二百八十　可諸國與行事　永仁三五廿九評
二百八十一　新制条々　正ノ三　廿三　七ケ条
二百八十二　越訴事　永仁五三六
二百八十三　質券賣買地事
二百八十四　利錢出挙事
二百八十五　買地作毛同地直錢事
二百八十六　替錢事
二百八十七　借物事
二百八十八　条々　正安二七五　十一ケ条
二百八十九　西國堺相論事

二百九十　譲不領妻女事

二百九十一　七十以後譲事

二百九十二　謀書事

二百九十三　構不實致濫訴事

二百九十四　評定衆不參事

二百九十五　西國堺相論事

二百九十六　可致崇敬佛神事

二百九十七　次香推社造営事

二百九十八　肥前國河上社事

二百九十九　城郭事

三百　寄使不役自由合戦事

三百一　兵粮米驚固結番兵船事

三百二　大隅日向兩國役不濟事

三百三　引付記録當日可書事

三百四　沽却地事

一 貞應 嘉禄 以後盗賊跡所領事　　嘉禎三 八 五

右縱雖搦取其身於所領者不及沒收早可被返付本主但寵置悪黨雖觸子細至拘惜者爲懲狼藉尤可被補地頭也

一 畿内近國并西國堺相論事　　同 閏九 一

右共以爲公領者尤可爲國司成敗於庄園者爲領家之沙汰經 奏聞〻蒙 聖斷而地頭等任自由相論之条慥可被停止焉

一 依藝能被召仕輩所領事

右或譲渡他人或非器量之輩相傳之条無其謂之由議定先畢仍付器量可令相傳也

一四　盗賊贓物事　天福元四　廿二評

右已依贓物之多少、被定罪科之軽重乎、假令銭百文若二百以下雖罪者、以一倍令弁償、可令安堵其身、三百文以上之重科者、縦雖行一身之科、更莫及三族之罪、者親類妻子并所従等者、如元可令居住也、次同宿所家主懸罪科否事、不知其意者不及家主罪科之由、度々経其沙汰畢、

一五　所預置召人令逃失罪科事　天福元七十

右預謀叛人之處、其召人於令逃失者、依重事一、被召所領也、其以下者、不可處重科、随軽重可被行過怠、所謂寺社之修理等是也、但逃脱之後為令尋求、三ヶ月者被延引、若三ヶ月内不尋出者、随事躰可有其沙汰也、

一六　以田地所領為双六賭事

右博戯之禁制、雖重、而近年非啻背制符、剰以田地為賭之由、聞有其聞、自今以後一、（被）従停止、若猶令違犯者、被處重科、可令没収其賭矣、

一七　諸人相論事

右証文顕然之時者、不及子細、若証文不分明者、可被叙用証人申状也、又証文顕然之時者、証人申状不能叙用歟、証文与証人共以不分明者、可及起請文歟、証人顕然之時者、不及起請文也、

一八　新補并本地頭不叙用御下知事　嘉禎四　九　九　評　斎藤兵衛入道奉行

右新補地頭者云本司跡云新補率法不可混領
兩様之由被下知之處不叙用其状猶令違犯者改易
其所可被充行勲功未給之輩也次本地頭之輩
或背先例或違父祖例之由訴訟之時不從御下知者
召其所可充行官仕忠勞之輩并所知少之輩也次
御祈勤仕人跡事有如先條子細者召其所可充給
御祈勤仕之仁也但已上三ケ条就此式目所之訴訟定
多出来歟委細紀明可有御成敗歟被召所領者
就之所之訴訟無盡期歟仍一被召篝屋用途也但随
其所之多少可被召之縦令五十町所者可被召錢　又

一九　十貫文也　但地頭得分也寄事於左右不可成土民之煩矣　嘉禎四　九　二　七

御家人任官事

右依御要被召成功之時進細功物遂所望者公
益之其一也而近代為語付切人令減納之由京都奉
行人内々相議之間伺如然之便宜只急御要之時催促
一切不合期是則不忠之至也縦雖為神事佛事
用途以非不日之究済為拔弱之計更不可有減納之
儀況亦本校已就遅々以往之本法被減定畢非
被省過分煩哉次自元不及成功官職之外不可有
御推挙之儀加之主所望之輩者都以不可及御
沙汰者各可存此旨

一十　一、御家人後家任亡夫譲給安堵御下文事　暦仁元 十二 十六

右此条平均之例也、爰於令改嫁之輩者、可充給他人之旨、被定置已来、為遁其難、或少年或無病之後家等、事於所労、譲与子息親類、申給安堵御下文之後、及改嫁云々、甚以濫吹也、然自今以後者、不論重病危急者、不可許其譲

一十一　諸堂供僧等事　暦仁元 十二 七

右或依病患附属非器量之弟子、或立名代之後、落堕世間、猶貪其利潤事、云彼云是、共以背仏意歟、縦雖為師譲、不可許非器之輩、縦雖為器量之仁、不可被用濫僧之譲、於自今以後者、固守炳誡、撰法器抜群之人譲之、専戒行敢不違越

一十二　改嫁事　延応元 九 卅

右或被所領之成敗、或行家中之雑事、於今現形者、尤可有其誡、此外云内云外之密儀者、縦雖令風聞之説、非沙汰之限　次尼還俗改嫁事、有其沙汰而不及記之由、評定了

一十三　以仏恩所領入負物質券事　延応二 四 廿四 佐殿頭元朝臣紀伊国留安庄沙汰之時定之

右沙汰出来之時、過半分已上被弁者、尭日教令弁償、可被糺返彼券契也、其弁不足半分者、一元給所領者也

一十四　敵対于祖父母被相論輩事　正応二 五 十四 信別当落合尼子息相論之時評定了

右告言之罪不軽之処、近日間有此事、教令違犯罪科是重、自今以後可令停止之也、若猶及敵対者、可処其科

一　本條可被行重科也、

一十五　関東御家人以雲客已上為聟、譲与所領於彼之事 延応二 五廿五

右於此事者、随其分限、可被省充之由、先日雖被定置、自今以後、至于相具雲客已上之女子者、不可譲与所領也、

一十六　凡下輩不可買領買地事 同日被定了

右以私領令沽却事、為定法之由、先度雖被書載、自今以後、縦雖為私領、於売渡凡下輩并借上等者、任近例、可被収公彼所領也、又雖為侍、以上非御家人者、又知行矣

一十七　諸人訴訟対决時、進懸物状事 仁治二八廿八評

右甲乙之輩訴訟之時、遂対問之處、或不預裁許之族、為散鬱憤、称懸物、捧押書、或所申為非拠者、以論人之所領可充給敵人之由、相午載其状之間、各任貪欲之心、恣好喧嘩之論歟、自今以後、進懸物状之時、於致濫訴者、早以所載懸物之所領、可充給他人之旨、可令書載也、

一十八　不蒙御免許、企遁世後、猶知行所領事 仁治二十一十七

右、或及老耄、或依病患、以所領所職譲与子孫、給身暇企遁世者、普通之法也、而未及老年、無病悩、不蒙御免許、左右令出家、猶知行所領事、甚自由之所行也、自今以後如此之輩、處不忠之科、可被召所領也、但兼日以子孫并養子為代官、於被奉公者、不及子細歟、為遁世、称養子、令吹挙、有不能叙用歟、又号沽

関東之御恩、居住京都并他所、不致宦仕者、同以
不可領知其所、称本自祗候京都之輩、預関東
御恩者、非沙汰之限焉

一十九 被止鎌倉中僧徒従類太刀腰刀等事 仁治三 二 三
右、僧徒之不従常、被闘乱、多及殺害云々、武士之郎
従、猶以不及如此之狼藉、何況於僧徒所従哉、是則好
而召仕武勇不調之輩、専不加禁遏之故也、自今以後者
僧徒之児共、侍、中間、童部、力者法師、横雄、鉞并腰刀、一切
可停止之、若背此制止、及刃傷殺害者、宜被処主人
於過怠、堅存此旨、不可違犯之由、可令触供僧等也、

一廿 御恩事 —— 同廿九日

右、先度如被定置、不定関前之以前、恙其所於望申之
輩等事者、不能御沙汰、但定補所之後者、非制限

一廿一 鎌倉中諸堂別当職事 仁治三 十二 五
右、於寺務職者、以徳蘭功積之人、可被撰補之処
不謂器量、不顧臈次、猶有師資相承之譲、宦領一
寺非啻招当時之呼甚、不可叶仏意、於自今以後
者、一向停止譲補之儀、宜依時議矣

一廿二 式部丞并諸司助事 成功ノ 仁治四 二 廿五
右、先度准叙爵尉功、以百貫文可被挙任、雖有其
沙汰、自今以後、不可有其儀、且於侍所即者、一向致停止
諸国新補地頭得分条々

本年貢外半分事

右於田畠者、十一町別給田畠各一町、加山徴段別五外、若為正税官物内之条勿論也、至山河海所出者、除本年貢之例可致半分沙汰之由、下知之畢、而今地頭者以神社佛事之上分、本家之召物為本年貢之由申之、雑掌者預所定使得分皆以年貢内也、不可割分之由申之、云々、以預所定使得分与年貢者以何餘剰可致半分之沙汰乎、地頭所申非無其謂乎、

一 六四 本司跡名田事

右地頭者以件名田内引募新給田、其残者弁済所当、不可勤公事之由申之、雑掌者給田之外者如百姓可弁勤所当公事之旨申之、雑公事不蒙領家預所之免許任自由不及之由、雑掌所申有其謂歟、然者於給田餘剰者可令弁勤所当公事矣、

一 六五 乗代事

右地頭分可割分召之由難載、篇目所申皆子細不詳、但随其所皆有之、免別於為山所出者、除本年貢之外可致半分之沙汰、至為在家役者可依在家寧法矣、

一 六六 在家役麻樹木五節供以下事

右地頭有毎物可致分充之由申之、雑掌者新補率法条々之外也、雖一塵不可充之由申之、云々、除本家領

家年貢之外可為半分之沙汰也、然而本主領家定使得分之所之者、不可及地頭得分沙汰、但本五節供者一向可令停止、地頭口入也、次白芋事、先御成敗所之者、非沙汰之限矣

一十七
地頭方厨事

右、長日厨事、一向可停止之由、雖御下知先畢、仍不及異儀云云、以前条之、以此旨、可被加下知状、依鎌倉殿御執達如件、

寛喜三年四月廿一日　午時

武蔵守　在御判
相模守　在御判

一十八
旋盗殺害人事

駿河守殿
掃部助殿

於張本者、被行断罪、至余党者、付鎮西御家人、在京之輩并守護人、可下遣鎮西也、仍執達如件、

寛喜三年四月廿一日

武蔵守　在御判
相模守　同

駿河守殿
掃部助殿

一廿九
諸国新補地頭沙汰事

可停止非法之由、度々雖被仰下、猶不相鎮歟、甚不便、十一町別給田段別加徴、山河半分、犯過人三分之一、已上、如此、但領家地頭令和与、就本司之跡、所之者、非沙汰之限、抑寄事於犯過、致所部煩、責之、令於戮百

文已下盗犯者以一倍令弁償、可令安堵其身、至千百
文已上之重科者、雖搦取其身、不可煩親類妻子
所従、如元可令居住也、謀叛夜討類者、不可寛宥、自
今以後、若以此事令追捕民烟、及乱討者、其類之地
頭者、随領家預所住民等之訴、可被改補所職
縦雖為先祖之本領、亦雖為勲功賞、永不可充行
其替、然者無可令思慮也、普先可令触廻給、為
紀明犯否、来秋冬比、可被差遣巡検使、其以前
訴訟出来尋沙汰、両方可被注申、罪科無所遁者
可有御沙汰之状、依鎌倉殿仰執達如件

寛喜三年五月十三日　　武蔵守

相模守

駿河守殿

掃部助殿

一 三十
諸国守護人地頭、或正員、或代官、依領家預所之訴
訟、自六波羅為遂対決、遣召文、為停止非法加下知
之処、不承引之族、在々所々三ケ度者可相触、及三箇
度者可注申関東之由、先日被仰下畢、而存優如之儀、不
被申之由有其聞、事実者狼藉争可相鎮哉、自今
以後者無容隠可令言上給之状、依鎌倉殿仰執達如件

寛喜三年五月十三日　　武蔵守

相模守

駿河守殿
掃部助殿

一 三十一
諸國守護人奉行事大番催促謀叛殺害人之
外不可管領細々雜事等由故右大將家御時被
定置畢而近年以私事煩所部之太無其謂庄家
地頭公領檢非違所可被何沙汰哉然則守護人者三
箇条之外不可被過分沙汰地頭檢非違所廻寛
宥之計可專乃貢勤之由而々被遣御教書自今以
後若有違乱之輩者就領家預所住民等之訴訟
尋究子細方可被注申罪科無所遁者可令改補所
職之状依鎌倉殿仰執達如件

寛喜三年五月十三日
武蔵守
相模守

一 三十二
海路往反船事
右或及漂倒或逢難風自然吹寄之處所々地頭等
号寄船並左右押領之由有其聞不行之企太無道也
縦雖為先例諸人之歎也何以非據可備證跡哉自
今以後随聞及可令停止彼押領且可以被糺返損
物也若尚遁事於左右不拘制法者可令注進交
名之状依鎌倉殿仰執達如件

寛喜三年六月六日
武蔵守
相模守

駿河守殿
掃部助殿

一 三十三 國〻守護人并新地頭非法禁制御成敗條〻事
京都大番事
謀叛人追討事
糺明真偽随實否可被沙汰

一 三十四 及傷殺害人禁断事
右先相觸所在之庄公、糺明犯否、任實令搦出之時、
請取之、無左右使者乱入事、可停止之、兼又國司一所之
中、縦非遠所、別而為宗所職也、而守護人令管領之
間、云盗犯放火、云人勾引、如此犯人、不及成敗之、早停
止守護人之妨、任先例可為検非違所之沙汰、

一 三十五 地頭等可存知條〻
給分所知之外、住自由、近隣他領押領、可停止之、以地頭
者守本地頭下司之跡、可被沙汰也、但本下司得分
無下為乏少之者、随御使之注申、可令計御下知、
御成敗以前、不相綺御計、領家預所郷司得分令
押領之輩、有可處咎事、
次非指請所、任自由、預所郷司進止事、縦可令停止、

一 三十六 新地頭補任庄園公領、本地頭下司得分為御使
沙汰可令注進之

一 三十七 未被補地頭没収所之、為御使沙汰、可注進事

加風聞者去年兵乱之時相從京方輩之本職不
領大略雖注進猶為守護代等隱籠庄公散之云々
而在廳官人等恐守護代詳不注進歟随任實正ゝ
注申之若又本下司雖無其咎沒收内ゝ注申之
所々在之者委尋明可注進也
右条々守仰旨可令下知若猶背禁制之自張
行自由非法之輩者云守護人云地頭職ゝ被改易
也可存知此旨之状依仰下知如件
貞應元年四月廿六日　陸奥守平

一 二十八
左辨官下　五畿内諸國七道
宜旨事
應令自今以後庄公田畠地頭得分十町別給免田、
一町并一段別免加徵五升事、
右項年依勲功賞居地頭職之輩各趁涯分恣侵
土宜固茲云國衙云庄園寄事於波濫妨擽勤於
其乃貢是非相貸真偽乎雜欲然間無止事
佛神事空以陵替有限之公私領不弁地利天下之
衰微職而斯由方今四海已定万方靡然誰輕宗廟
社稷之重事誰掠五畿七道之済物然則一為優莊
公之愁訴一為優地頭之勲労從折中儀須定
向後法文武之道捨一不可之謂也左大臣宣
奉勅庄公田畠地頭十町別賜免田一町一段免加徵

五年於自今以後者嚴守制符宜令遵行者諸
國承知依　宣行之
貞應二年六月十五日　　大史小槻宿祢
左中辨藤原朝臣
去々年兵乱以後所被補諸國庄園郷保地頭沙汰之

一 三十九 得分事

右如　宣旨状者假令田畠各拾一町内十町領家國
司分一丁地頭分不嫌廣博狭小以此率法免給之上加
徴段別五升可被充行云々尤以神妙但此中本自
帯將軍家御下知為地頭輩之跡為没収之職於
被改補之所々者得分縱雖減少今更非加增之
限是可依舊儀之故也加之新補之中本司之跡
至于得分尋常地者又以不及成敗只勘注並得
分所々守　宣下之旨可令計充也仍各可賦給
成敗之状也且是不帯此状之輩張行事出来者
可被注申交名随状可被過断也

一 四十 郡内寺社事

右件寺社者多是為領家進止歟若又如地頭氏寺
氏神者私進止歟所詮任先例今更不可被自由
新儀

一 四十一 公文田所案主惣追捕使有司等事

右件所職随所或在之或無之雖非一准所詮任先

例於領家國司進止之職者地頭更不可嫁若又乱
逆時依為指犯過之跡雖被補其職如舊可從
領家國司之所務

一 山野河海事

右領家國司之方地頭分以折中之法各可致半分之
沙汰歟於例有限年貢物等守本法不可違乱

一 犯過人糺断事

右領家國司三分之二地頭三分之一可致沙汰也

以前五ヶ条且守　宣下之旨且依時儀可令計下知
也凡不帯此状之輩若寄事於左右擬張行事
出来者領家國司之訴訟不可断絶之旨到来

可令過断也以此旨兼普可被披露也者依仰如此仍
執達如件

貞應二年七月六日　　　前陸奥守

相模守殿

条々

一 丹後國新補地頭所務事

右於野畠者任國例可為地頭分也但有本年貢
者守先例無懈怠可致沙汰也凡國保司跡事加
本司之時可為地頭収納也至于保司跡者地頭不
可管領之可為京下収納使沙汰也

一 諸國新補地頭得分内畠加徴事

右不論多少可取渡別五升之由新補地頭等雖申
假令本所當一斗已上之所者尤可為五升一斗已下
所者以三分之一可為地頭分也　已上二ケ条内一箇屋用途勤仕
一叡山僧補代官事　延應二 六廿一 有別紙

一　同自荒并案代事
右國司領家自元於不召之所者新補地頭始
不可取之

一　宿々早馬事
右巡役當番之輩宿所遙遠之時急事御使
遂行向其所加催之間依歴時剋不慮遅到之
自今以後尤可儲置宿中也且可存知其旨之由
被下知宿々也

一　依諸人訴訟被下御教書於六波羅施行上可返
給本御教書否事
右為訴人後代之證文尤可返給之

一　於六波羅可遂問注之由依被成御教書可遂其
旨雖相催地頭於関東可遂由令申事
右任御教書於京都可遂行也而地頭人雖濫者
可有其科之由兼可令相催地頭等也

一　於六波羅可有成敗國々訴訟事
右東國者限尾張北陸道者限加賀可被成敗也
依諸人訴訟直被成御教書於守護人地頭等上下

成給六波羅之状、為後日之證文可成給之

一　京都刃傷殺害事

右武士之輩不相交者、可為使廳之沙汰也

一　犯人断罪事

右為夜討強盗之張本、亦犯無道者、可行断罪也、是則為相鎮傍輩向後也、其外ハ、且被棄之、以其旨可進關東、可被流遣夷嶋也

以前条々、存此旨、可令致沙汰之状、依仰執達如件

文暦二年七月廿三日　　武蔵守
　　　　　　　　　　　相模守

駿河守殿　掃部助殿

一　西國御家人所領事

右西國御家人者、自右大將家御時、守護人ホ注交名、雖令催勤大番以下課役、給關東御下文令領知所領之輩者不幾、依為重代、不帯随便宜、或給本家領家之下知、或以寺社惣官之下文令相傳來、而今就式目、多遂乱出來、是則永久兵乱後、重代相傳之輩中、挿新心之族、摸新地頭之所勢、奉蔑如國司領家之由、有其聞之間、為断如然之狼唳、於本所御成敗事者、不及關東御口入之由、被定畢、仍之、何忽可及御家人ホ之侘傺哉、但為ホ不現奇怪、蒙其咎者、可謂勿論歟、然者、許詔

出来之時各觸申本所可被注申罪科之旨、於
開発者也兼又於自今以後者致関仕子細之旨、有其
沙汰之由面々二、被下御下知、雖假名於下司職非家人
列者守護人更不可令催促大番役若充催役者
可為本所之煩之故也以此旨可被沙汰之状
依仰執達如件

天福元年五月一日

武蔵守
相模守

駿河守殿

評定時可退座分限事

祖父母　父母　養父母　子孫　養子孫　兄弟

姉妹　聟（姉妹孫聟同之）　舅　相舅　伯叔父　甥

姪　従父兄弟　小舅　夫（妻訴訟之時可退之）　烏帽子之

文暦二年閏六月廿一日　右衛門大志清原季氏
左衛門尉藤原行泰
前書允藤原清時

一 諸国庄公預所地頭相論之時、依定両方之是非於地頭非
法者、被處罪科、至預所定使者、縦有非據不及別
沙汰之間、依不恐国之所勢、放之異論、連々不
絶歟、然者為絶向後濫訴、預所定使亦有非法之時
者、可被改易彼職之旨、一同被仰下之由可被言上之
条、中納言家之状依仰執達如件

文暦二年七月廿三日　　武蔵守

相模守

駿河守殿　　掃部助殿

一　稱念佛者着黒衣之輩、近年充満都鄙、横行
諸所、動現不當濫行之由、一向被停廢、維於
關東者、隨被仰付、可被沙汰候也、　宣旨
洛及畿内未被對治、重遍被　宣下之由、之所被
申入二条中納言家之状、依仰執達如件

文暦二年七月廿四日　　武蔵守

駿河守殿　　掃部助殿　　相模守

一　下　可早守　宣旨状、令禁断条々事

一　可令搦禁勾引人并賣買人輩事
右、嘉禄元年十月廿九日　宣旨状、併略人之罪、和
誘科、章条差所給、恰不輕、両事之禁、相犯之輩、
時俗積習、今未懲改、遂京畿諸國、所部官司、
不可令搦進彼輩、知而不糺、同罪者

一　可停止博戯輩事
右、同状併、近年遊蕩之輩、博戯之處、不限度
數、暗以宅賊勝負之間、喧嘩殊甚、真寡之愚變
及闘殺、雜律之文、已准盗論、宜作検非違使

且擬進其身且令慶其科抑意残（賤）之好者餘
戯之由也当時濫吹起従斯事一切加禁遏同令
断罪者
一　可禁断私出挙利過一倍并挙銭利過半倍事
右同状併、出挙之利令格相存而下民之挙至于
過期廻利為本過責為先未経幾歳忽及数
倍殆煩王臣家動妨諸庄園如斯之輩貴在
朝家且仁京畿諸国示且任弘仁建久格随色四
百八十日不得一倍於挙銭者宜限一年以半倍
利縦随積年紀莫令加増縦出於證文莫令
叙用若猶有違犯者令員人觸所使庭糺返

文書没官其物者以前条々事　宜旨
到来之即下知先畢守彼跡可令禁断焉宜
下自其篇随多於件三十条者厳制殊
重若有違犯輩又不日可注進交名之状依鎌
倉殿仰下知如件
弘禄二年正月廿六日
武蔵守平
相模守平
一　本司新補両様混領事
右彼自本領者就之所之訴詔尽期欲可被
召之、假令五十町下者又被召銭五拾貫也但地頭
得分也云事於左右不可成土民之煩　以隠隠有前　任本書之

五十一ヶ条事畠山目十三人下給目録献意見状定
式目事条々
外記大夫倫重　兵庫入道浄円　佐藤内業時下
給事書草也云々
起請文失条々
一 鼻血出事
一 鵄烏尿懸事
一 重軽服事
一 父子罪科出来事
一 乗馬斃事
一 書起請後病事 但除本病
一 為鼠被喰衣装事
一 自身中令下血事 但除用楊枝時并月水女及痔病者
一 飲食時咽事 但以被打程可定之
右書起請文之間七ヶ日中無其失者於七ヶ日可
令参籠社頭若二七ヶ日猶無失者就惣道理可
有御成敗之状依仰所定如件
文暦二年閏六月廿八日
右京権大夫清原季氏
左衛門尉藤原行泰
図書允藤原清時
一 御式目事
雑務御成敗のあひた、ていり事をもつて
[illegible]
[illegible]
[illegible]
[illegible]

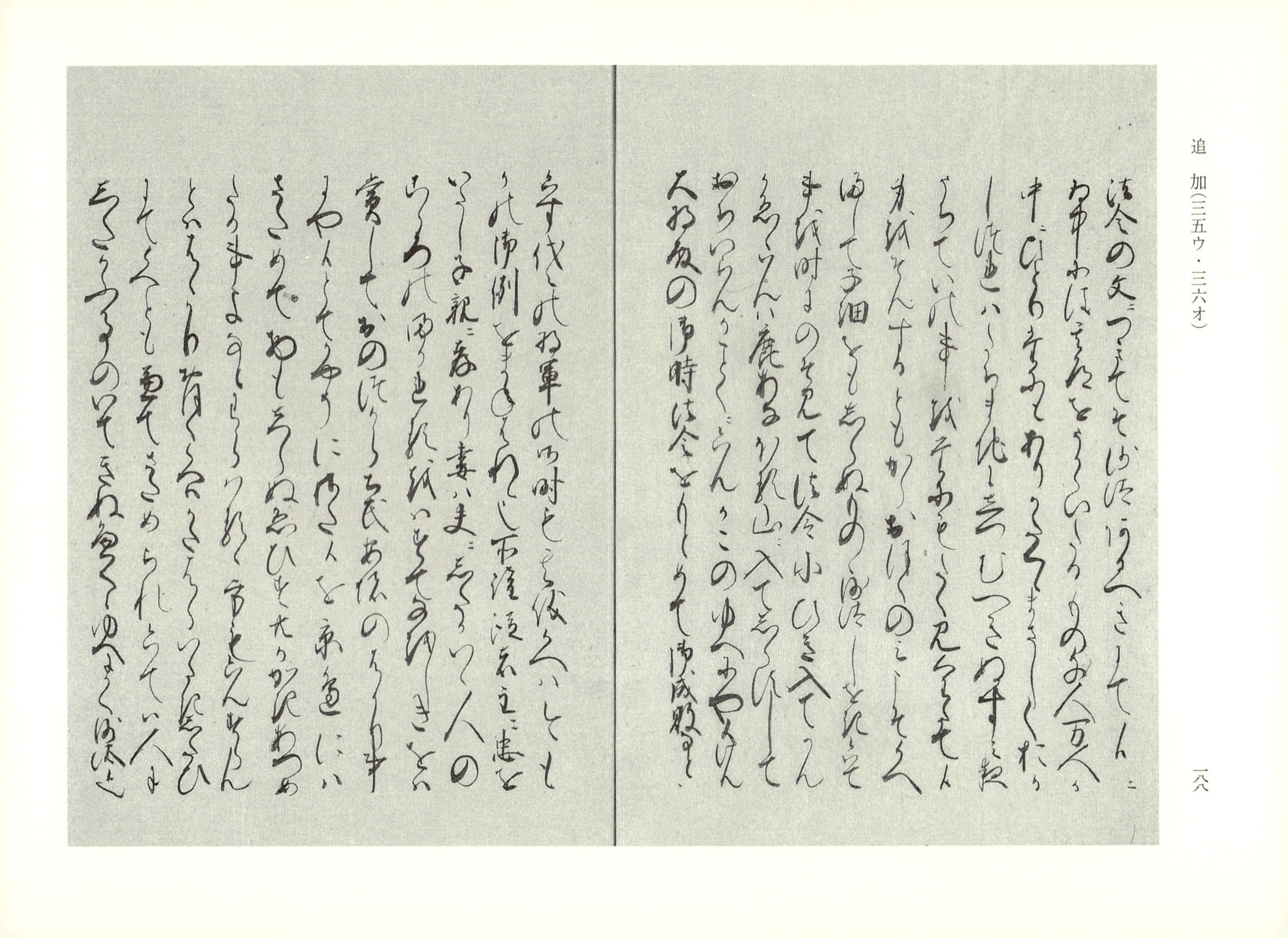

関東御家人ならひに御家地頭らは、あまねく被
補してけし代官をさせられ候ところに
よりて寺護所地頭らは西國よ当國の内者
地頭の家人ならひに給ひてめしつかはし
これを絶さる事にて、たゝしへからす
へきよしゝわるしく

貞永三 元十
いりつる　　武蔵守

さかみのかみ殿

一　以山僧補預所并地頭代事、相率喧嘩之
基也、仍於補地頭代事者、一向可令停止也
於下知之後、若令違犯者、随聞及可被注申之
補預所職事、同可被停止之旨、可被觸
申本所、但於山門領預所職者、不及子細歟、
可被存其旨之状、依仰執達如件

延応元年七月廿六日　　前武蔵守
　　　　　　　　　　　修理権大夫

越後守殿

相模守殿

一　諸國地頭等以山僧并商人借上輩補地頭
代官事
右、為貪當時之利潤、不顧後日之煩費、以如
此之輩補地頭代官之間、偏忘公物之備、只廻

私用之計回茲新儀之非法不止本所之訴訟
絶前々之者代官有咎之時亡負被加誡然而其
代官未更不見懲致於自今以後者随罪科之
軽重可被行重科也然則以如此之輩補
代官事一切可停止之由普可令加下知給
之状依仰執達如件
延応元年九月十七日
前武蔵守
修理亮
相模守殿
越後守殿

一

雑人訴訟事相分国之被定奉行人年来而
奉行人度々雖相觸未事行之時成御教書
間羸弱訴人徒送月日及経年月之条尤不便於
自今以後者都以不可成御教書以奉行人
之奉書可加下知也三ケ度不叙用者可注申
事由且為懲傍輩之濫吹且慰愍雑人之訴
可被罪科也可被存此旨之状依仰執達如件
延応二年六月十一日
前武蔵守
加賀民部大夫殿

娑婆世界南贍部洲大日本国従四位上行左京
権大夫平朝臣泰時敬白真言教主大日如来十方
三世一切諸仏大慈大悲地蔵菩薩地前地上諸大薩
埵声聞縁覚諸賢聖主梵天帝釈四大天王

諸天北辰北斗七曜九曜十二宮神廿八宿本命元
辰當年屬星内宮外宮大小星宿列示焔魔
法王泰山府君司命司禄五道大神百部鬼王
天神地祇年中行疫神并部類眷屬等
而言夫所載者四代将軍思顧之末所掌
者父祖相傳宦仕之旅宿京兆大夫位為大
史大夫起于祖起于父條恐之深慎之加之
虞苒之訴謟吴楚之諍論御成敗之间被
裁許之趣蒙昧之愚不意而迷理致庸枝之
拙短慮而非人心欲定悟蹉所恐也且言所慎也
不肖之性不存之咎冥衆優之神道照鑒之
慈悲云偏之志云力尊早罪科寛宥之思
不慎軽重側聞此天者為五道冥官之棟梁
其一切衆生之罪福信心帰依之輩持念渇
仰之人延短命与榮華退夭蘖授吉祥感
神自在感應掲焉是以就秘蜜教之軌儀
毎月七ケ日之行法銀銭幣帛蠟燭具供
勧以禅悦之味念以勝妙之呪然者郁郁安
穏遐途云為凡厥照精誠信力鎮晝夜
護持敬白

嘉禎四年六月日　従四位上行左京権大夫平朝臣泰時

一　遠流人國々

一

伊豆　安房　常陸　佐渡　隠岐　土佐　以上遠流
信濃　伊与　以上中流　越前　安藝　已上近流
延喜式文
此外近代遣國〻
上総　下総　陸奥　越後　出雲　周防　阿波

御教書礼

法城寺其國其庄事、以寺解相尋地頭候之
處、陳状如此、趣可有御披露候、前大納言殿御
消息所候也、以言上如件、泰時頓首謹言
八月廿六日　　前武蔵守平泰時
進上　別當殿

攝政家如此被議、敢三位不可有頓首字、敢三
位不可名字、為殿上人者四位可為進上上啓、若
可為恐惶執啓可為恐惶、但如有長朔ヒ平緒
大夫殿上人者可為執啓恐〻謹言也、可令披露
旨前大納言殿所候也、仍執達如件
月日　　前武蔵守
謹上　陸奥入道殿

謹上　前大納言殿所候也、以此旨可令披露給
以執達如件
月日　　前武蔵守
謹上　陸奥入道殿　主税頭殿

大臣摂録孫子再三家 閑院 花山院 土御門 源氏 家嫡公〻如此
但雖非家嫡如今出川殿御子孫如此
謹上 前大納言殿御消息如此奉時以首付之
月日 前武蔵守
進上 前[illegible]守殿 知行国司之 公達 公卿 如此
〻 依前大納言殿御消息言上如件奉時称之
月日
進上 二条殿
請文 右中納言 参議 勧修寺 平氏 公卿類 如此 至散
三位者直可書其名為摂政家御後見依
公事今書之状直書名可書之其子細裁右

〻可依也仍上啓如件
月日
謹上 右中弁殿
四位殿上人如此至于一位君達殿下公卿摂
〻可依也仍上啓如件
月日
謹上可然人 右中弁殿 五位殿上人如件
〻可依也仍執達如件
月日
中大外記殿
参言如此非祇候大副書之参言之位上下不書之

醫陰陽道侍者如此御氣色作也若依位下書事
者如此書ゝ可書之依時可依也
〻也前大納言以下御消息不作也次存稍薄礼之儀
謹上　月日
肥前法眼御房
檢録子孫三家子息僧正若宗長者如此
〻前大納言以下消息不作也礼紙謹上〻
月日
進上　中納言大僧都御房
経兵部卿天台座主人公卿子孫如此
〻也作也某礼紙謹上〻
月日
進上　天台座主御房　頭崇
雖為凡人天台座主　興福寺別當如此
〻也不作也礼紙謹上〻
月日
謹上　醍醐座主僧正御房
天台座主兵部寺別當〻外諸凡卑僧正如此
於寺下凡人者只可為謹上〻
〻也不作也以執啓如件
月日
謹上　大貮法印御房

謀法師如此ハ任例當知給但猶法師モ可依
其仁也
之由所候也仍執達如件
月日
謹上　法勝寺修理別當法印御房
之旨所候也仍執達如件
月日
弁法印御房
宿曜師總官惣在廳如此
之由御氣色所候也仍執達如件
月日

權別當法印御房
總在　公文　佛師　經師如此
此礼者自前右大將殿被進之而於以後者被停止之云々
七條入道殿御時事也
一(六十六)諸國御家人跡為領家進止之所々御家人役事
御家人相傳所帯寺雖為本所進退無指誤
於被改易者任先度御教書之旨可被申子細
也其上不事行者可被注申關東依彼又當知
行之輩者其身之後有御家人役勤仕之仁
可被改補之也可被執申依勤至所役者任
先例不可有懈怠之也可被催沙汰之也可

令申沙汰給之状、依仰執達如件、

寛元二年八月三日　　武蔵守　在判

謹上　相模守殿

一 六十七 御家人事、依本所成敗職致訴訟事、於本所遂對決被裁許之時、有非勘者、就御家人愁可申子細於致存其旨之状、依仰執達如件、

寶治二年七月十九日　　左近将監

相模守

一 六十八 主従對論事

相模左近大夫将監殿

寶治 二七廿九　　評定

右去年冬比有御沙汰、被自今以後者、不論是非、不可有御沙汰矣、

一 六十九 自嘉禄三年至仁治之年御沙汰成敗事

右自今以後者、准三代将軍并二位家御成敗、不及沙汰矣、

正嘉二年十二月十日　　御評定

一 七十 故武州禅門成敗事　文應元年　五四評　以代自筆

武州長時　左京権大夫　為御代

彼時成敗不及改沙汰之旨、載式目畢、而同時重下有沙汰之由、有所見之輩者、不拘此文可更其沙汰、仁治三年以後、武蔵前司殿被書式遂

對問之族も非沙汰之限
肥前國御家人井手左衛門尉道遠法師申
藤津庄内所領事沙汰之時評定早云々

一七十一
河内國橋嶋庄地頭代右衛門尉為保申庄
主百姓不法耶限危之庄留也事訴状副具書等
遣之子細見状為住人等不令知地頭田畠売買
之條事實者所行之企太無其謂早尋
明礼返被下状帯彼令所當事也且
之後可被停止田沽却之状依仰執達
如件
弘長元年十二月廿七日　相模守
左京権大夫
陸奥左近大夫将監殿

一七十二
自公家被召渡輩事或以狼対依頭置縁
者還住本所或任自由横行路中之条有
其聞自今以後可被停止其儀且急令申沙汰
可被落居也又為召人之身相具数多従類等
令持刀剱之条太不可然早一向令停止也

一七十三
山僧請取寄沙汰事
先度被誡仰之處今年有沙汰之間狼藉
過法之由風聞之並雖経新議沙汰裁断如此
濫吹太不可然如此之時者付沙汰之出来云
請取之致沙汰山僧言上子細於公家可被召下

甚身於関東也
一 七十四 武家不相交之沙汰自公家被仰下者根籍之
條者随事躰可致其沙汰
一 七十五 籠置悪党於沙汰所之事
於地頭御家人之所領者尋明子細可召出其
身若有可有誠沙汰又於本所至拘惜件輩地者
早可被注申
一 七十六 西国堺事
於仁治以往成敗之地者今更難被改之由地
頭御家人訴申之條非無子細仍可被沙汰
一 七十七 招居悪党輩事
為根籍之基早可注申交名殊可有其沙汰也
一 七十八 悪党跡事
如前々委細尋明可注申
一 七十九 召人逃失預人咎事
随罪科之軽重於六波羅可被計沙汰
一 八十 洛中屋地并国買地事
於屋地者前々雖有其沙汰且令存屋地
及買地共以没官領之分不可及沙汰但於常
仁治以往成敗状之先例准西国堺事可被沙汰
一 八十一 悪党張本事
殊於案人口之輩者随[illegible]召進其所々者

関東也、已前御成敗事書遣之、其間子細所被
仰含重家法師也、可被存其旨之状、依仰執達如件、
弘長二年五月廿三日
武蔵守　判
相模守　同
陸奥左近大夫将監殿

條々　文永元年四月日
一八十二 鎌倉中諸堂供断事
寺用未下之間、無沙汰法会之勤云々、雖掌
共以不法也、者可付仰子細、早速可令尋沙汰
一八十三 渡分唐船事
一、被成御教書於宰府畢、自今以後一向可停止之

一八十四 東國沽酒事
可仰守護人并鎌倉地奉行、貴賤充甚可停止之、
次於鎮西者、酒運自筑紫、依為其費可停止之
一八十五 農時不可使百姓事
夏三ヶ月間、永可令停止、但領主作田畠
蚕養事者、如先例可定役者、今更不可相違
一八十六 百姓臨時所課事
可限所當之外、臨時雑徴下事、永可停止之
一八十七 鷹狩事
供祭之外禁制先年仍縦雖備于供祭、於其
社領、雖為其社神官、於他社領者一切不可仕之

也一人令相續之國中若有違犯之輩者、随
〃注申交名之状、依仰執達如件、
文永三年三月廿八日　相模守　判
左京權大夫　判

一 八十八 以所領入質券令賣買事
除之　文永四年十二月廿六日評定
右、御家人等以所領或入質券或令賣買之條、
為侘傺之基歟、自今以後不論御恩私領一向
停止沽却并入流之儀、至今者償本物也、但此御
家人之輩、被載延應制之乃不及子細歟

一 八十九 以所領和与他人事
右、關東子孫讓他人之條、依擬甚悲無義、不謂
御恩私領向後可被召彼和与之地也、但以一族并
傍輩子息、年来令扶養者、非此制之限事
以上三箇条為御成敗之所被棄破也　文永七　五九　沙汰時　評
陸奥守殿
相模式部大夫殿

一 九十 離別妻妾知行前夫所領事
右、至于無過之妻妾、雖被離別、前夫不能悔還
所讓与之領也、被載式目畢、而離別後嫁于
他夫、猶知行前夫所領、未為不義歟、自今以後、於
嫁他夫者、上不讓、被領也、次此御家人等

等并傀儡白拍子凡卑女等誘取之令領知
去月之被下之、但為後家在貞節之輩制之限
一 沽田左衛門太郎重高法師与伊豫国興鳩下司
尼相論當鳩事
一 賣買質券所領事　文永八七口評定
給御下文者不及子細、雖不給御下文過廿ケ年
者不及沙汰、次本物事、先々乞返之、次今所進之
所職事、依為前事御家人等被沙汰之時、六
波羅令執沙汰分限之定、准先之、但亦有之也
一 式部十郎左衛門尉職継事、備前國長田庄地頭
家人事并凡下人買得領名之事

右、雖有凡下人等子細、所詮任被定並之旨
如元職継之令知之状如件
文永五年二月二日　相模守 時ノ
左京権大夫 政ノ
文永五七　臨時評定
一 人質事、人倫賣買之御制以前被新詔於 御代
給同状、去任先文之流質人也、次御制之前雖
入流之、御制以後至經所給者、早致一倍之
弁質事不可及沙汰、凡御制之後人質事者
一向可従停止也、以此趣之令奉行給之旨被仰
下也、仍執達如件

建長六年五月一日　　勧甚　判
實綱
寂阿
大田民部大夫殿

一　見質事
　條々
一　不可有利分、并本物也
　本銭返并本銭不迯及年作等事
　不論年紀遠近、以本銭可請返也
一　永年買地事　付質券不被流不能事
　於賜御下知及御下文者、不論年紀遠近、

一　不停止本主濫妨、不帯御下知、不知行過廿ケ年
　以後、并本物不可請返之輩
　雖為本所進止領、御家人知行不可有相違事
　若又御内入分限者、可為御成敗也
一　質券田地月作之事　文永五八十評定　時ノ改ノ　御代
　或不弁本銭、以本押作押領、或雖弁本物不請返
　令作之由被申、是甚不可然也、雖押作之
　不弁本物之以前者、作毛者可為本主進止
一　雖耕作之、并本物之後者、
　文永四年式目三ケ條内　時ノ改ノ　御代
　以不須入質券令賣買事

以本領和与他人事

右二ヶ條被弃破早可被存其旨之状依仰執達如件

文永七年五月九日

相模守

左京權大夫

尾張前司入道殿　番以人　遣五方頭人状同之

一　他人和与本領事

以御恩之地和与他人之條或為方人之芳恩或為所従被勘究其由緒之時或為報年来之芳志或為謝当時之懇志無指親昵之儀無其隠者不及子細若親昵之儀無之者擬者可被

右和与之地乍存此趣之由被仰下於五方引付以人之旨可被仰城介欤

一　國々狼藉事

於本所一円庄園雖致闘諍合戦不能禁制之間任雅意結構狼藉之由有其聞早守護人子細於本所可加炳誡也依仰執達如件

文永七年八月廿九日

相模守　時ノ

左京權大夫　政ノ

相模式部大夫殿

一　自今以後蒙御勘當輩之時追討使蒙仰不相向之外無左右馳向之輩者一旦可被處重科也

普可令相觸御家人等給之状、依仰執達如件、
文永九年二月十一日　左京權大夫 政(判)
謹上　相模守殿

一 鈴鹿山并大江山悪賊事、為近邊地頭沙汰、令相
鎮也、今雖傳聞、若没落之仁、令静謐討也、以此
趣相觸便宜地頭等、可被警固之状、依仰執達如件、
延應元年七月廿六日
前武藏守 泰時判
修理權大夫 時房判
相模守殿
越後守殿

一 諸人越訴事
右、越後守并秋田城介奉行之時、被棄置之輩、
永不可及沙汰之由也、先年被遣平内給御
書下之後、其沙汰之間、自然致訴訟、尚持光
行等被申入子細之處、件書下等、不帯御下知也、
自今以後、一向令停止之、可被仰含之、
甲斐國小原庄事、沙汰之時也、此沙汰之

一 他人和与領事
右、因子孫譲他人之條、結構之趣、非無奸略、不謂
御恩私領、向後可被止被和与地也、但兄弟叔姪
之在類者、非禁制之限、又雖為傍官并遠類之
子息、年来為猶子令扶養者、不及子細矣、

一 依當知行仁罪科被召所領事　同日

一　右一期知行之輩、依罪科被召所領之間、未来
領主雖云其誤、永代停止之條、為不便歟、若継母兄
弟并他人不為一期之領主、之罪科被召所領
時者、不及総而後之領主、祖父母父母之後分孫
一分知行之所有、雖為一期知行仁之罪科被召之被
一　醫陰両道輩、并本道為御家人養子、知行所領事
道違之甚也、自今以後可令停止也
建治二年七月七日評定　奉行人沼田民部丞
稲荷祢宜宗本五助、依子後継事也、此儀依継
為横尾六郎兵衛尉後重奏之傳叙後重跡云々
一　諸人新銘事

一　頭人掌目六以年紀定申、以次所陳状、經雖
為大事、不可過三問答、以道理之輩禁忌之也、雖
今自稱不中證據者、却可以為支延之也
以前三ヶ條　弘安四年卯月廿三日評定被仰下了
一　石清水放生會以前殺生禁斷事
右辨官下　五畿内諸國
右大臣宣奉　勅、漁獵鷹鶏之制、為格府宣
據之誠、而愚昧之民、偏背厳制、放逸之輩、剰
為伎藝、匪啻身後之罪、因蹈多眼前之感報云々
彼云是一機一禁、就中放生會以前、自八月一日至
于十五日、専為毎年例事、不知所哉、諸國殊

加禁遏、施行須全飛沈之生命、若又違犯者
慥仰本部官司、任法禁断、但於神社之限
供祭者、不在制限矣
弘安二年十二月十五日　大史小槻　宿祢　判
権右中弁平朝臣

一　石清水放生會間可致殺生禁断事　當府案
如此早守府下施行之、被下知河内摂津
信濃紀伊日向國地頭御家人、如状依仰執達如件
弘安三年七月廿三日　相模守　時ー
陸奥彦三郎殿　諸國守護人　同前

一　兄弟姉妹和与物悔還否事
右如法意者、於和与物、雖悔還預、但或依父母之
礼譲、与本領、或偏以息領之儀、譲得所帯之輩
不忽忘教命、及献對之猶一之主意(任ー)、将又就之
文之旨子細也
延應二年六月十一日　前武蔵守　判
條々文永十年七月十二評　時ー　義政ー　御代

一　奉行人等清撰事
引付中事、引付衆奉行人之曲直、以加廉察
このこと申御沙汰

一　問状御教書事
引付直ー賦衆沙汰状、引付目録奉行人令一見可遂

一　沽酒事

一　未處分所領相論配分事

右、相論是非不得分多少、被付一人之後、其許

状未有安堵奉行人之賤也、同下文施行事以配分

状安堵奉行人御下文被成下之時、可配分給人

一　諸人訴訟事

早速可有其沙汰之由、一同被仰諸方奉行人

一　自寛元々年至康元々年御成敗事　文永八ゝ十評

以上五ヶ條被仰出之

右、於自今以後者、准三代将軍并二位家御成敗、

不及改沙汰矣

一　質券所領事　文永十二評定

今日以前分事、不論質券見質、雖不弁償残

止錢、可被返本主、至領知者、被成下文者不及改

沙汰、但正嘉元年以来御下文者、就理非被許之

條非制之限、入質之地者、今年中以後可返之

西國雜務事、注進状繁多相續之間、雖被沙汰

自然依経年月、為令煩訴人歟、然者、於自今以後者、殊

重事外、不可注進、直令裁成敗也、依仰執達如件

正元々年六月十八日

武蔵守　判

相模守　判

陸奥左近大夫将監殿

一　依遠背地頭等不召置庄官百姓等事

右、自今以後、志不及召試其身、所被行罪科也、所

遁者、不可居住其所、早可追出也、可被下知之状、

依仰執達如件、

延應元年七月廿六日　　前武蔵守　判

一　右原左衛門五郎高家与鎌倉住人慈心相論質物事

右、訴陳之趣、枝葉雖多、所詮、以件質物、今入置

無盡銭質物之處、慈心抑留之由、高家陳申之、

一倍已後經數年之間、非沙汰之限矣者、依仰下知如件、

弘安二年十一月廿日　　平　判

散位藤原朝臣　同

沙弥　同

條々

一　評定引付評儀漏脫事

近日多以有其聞、頭人以下存略之、不令沙汰、漏脫之條、

無所遁之、以其人之被處罪科、訴人申状、於虚

誕者、可被行不實咎、

一　引付衆并奉行人引汲訴人事

背道理、令引汲之儀、於有其人、随見及可注申、

一　引付勘録事

止二途三途、可勘申一途、

付内外致沙汰、可注入事

仇進權門状〻陳段載式目〻處掟致只頗背
制法之旨也、如此之輩者以人之上下可付沉、注進交名
一　當参訴訟人事
頭人連〻注進交名、或貧道無縁并雖卑賤
及遠國之仁者急速可沙汰之、奉行人緩
怠殊可令加精好
一　頭人并奉行人私手讓子細不申沙汰事
訴人愁申以人之時者不能奉行人也、返答勸
訴奉行人之日者可申以人之上、構〻不申行
者止此儀、頭人一向可加催促

一　掉權門不申切事
雖為理非顯然、掉權門不申切者、早令讒訴之
不掉人不依事、無違怠之儀可被其沙汰
一　安堵奉行事
稱右調訴陳状、流送年月之条、被為懷状
顯然者早成與御下文、於有子細事者即冊
賦出可付
一　表裏證文事
貧道御家人等相逢富有之輩、内即書讓治
却質券状外示誘取親子契約之讓状之
存之趣、於謀〻至也、如此之儀、或与奪或一為闕所

一　頭人退座事
以人訴訟并退座之沙汰既被賦之分者可為他
引付自今以後可守此旨

一　六波羅并鎮西守護人注進状事
訴人雖不参向随到来早速可申沙汰之
固可守此旨且先之陳有定下之沙汰之後令参

一　之遠犯輩事不注申之者以人可被改易縁處

一　廿ケ年以後訴訟事　参照三八七評
或構謀書被押領之由訴之或掠給御下文知
行之条不可依此式目之旨構申之輩雖有其數
不論理非詞相叶此儀先自今以後随有文書之
訛謬過廿ケ年者守式目趣不顧理非被当
知行之年紀可有御成敗

一　令逃雑人各分限事
右拘置人下人之處本主人与雑人遂問注之日地頭
為雑人方人以代官雖遂對決任相傳可召渡之
由蒙御成敗本主人行向欲請取之處於有其庭
目後因彼奴令逃失者仍差日限不弱出于其
内者可有咎之由雖被仰含于今不尋出之
各分限傍例不審依本主人有道理者弁其
代之外不可有別科依本主為頭惣之儀事者
不及沙汰依欲

同任書返答　　執筆　長田

依不償負累爲質物被押取子息所従等雑
人事
如式目者奴婢雑人事云其沙汰過廿ケ年者不
論是非不及改沙汰云々者被押取質人之後不
經訴詔不敢其弁空過十ケ年之負物者被
一倍之弁可被糺返質人歟

一
可被止鎌倉中僧徒従類太刀腰刀等事
右僧徒之所従常致闘乱多及殺害云々武士郎
従猶以不及如此之狼藉何况於僧徒下従守
之則好而召仕武勇不調之輩専不和楽
遏之故也自今以後者僧徒之児共侍中間童部
力者法師横雄剣兒腰刀可停止之若背此制
止及刃傷殺害者宜被處主人於過怠也存此
旨不可違犯之由可令相觸供僧等給之旨所
候也仍執達如件
仁治三年三月三日　　前武蔵守　在御判
大御堂執行御房
若宮別当御房
大夫法橋御房
追仰
件輩剱刀者付小舎人随見合被取之可施

一　大佛之由被仰下之間可被仰関其旨依也
勝長壽院僧房連々有闘乱事度々及殺害云々
武士郎従猶以不及如此之狼藉何況僧徒之類
乎是則好而令仕武勇不調之輩専不加禁遏之
所致也加之三昧僧等偏好事酒宴併謀其
節之由有風聞非啻破戒行剰背為常之
法自今以後僧徒之児共侍中間童部力者法
師横雄剣差腰刀一向可停止之若猶不拘制
止及刃傷殺害者宜被処主人於過怠且存
此旨更不可違犯之由各可令相觸給之状依
仰執達如件

仁治三年三月三日　前武蔵守

謹上　大蔵卿僧正御坊

追申　同前

一　御恩事
右先度如被定置闕所不定之前差其所於
望申之輩未事者不能沙汰但定闕所之
後者非制之限矣

一　寛喜三年六月九日　宣旨
近曾山僧神人等寄事於両之沙汰有振舞之
風聞其旨趣有由緒経上奏可随理非而或
稱寄附神領押妨甲乙庄園或号供用

一
物類遠近之屋舎殆有施恥辱者又有及侘
傺輩為世為人不可有不禁自今以後可令
停止若背風俗於致狼藉者縦雖為神人
宮仕争遁皇憲朝章令解其職仰有司
并武家速糺罪過則當禍及於在家之責負
累物者寄之緑林於行路點定運上物者准之
白状早任其憑可行其科者断罪之至及得
語人宜下知本社本寺守此旨厳制莫失堕矣

一　諸社祭之時非職之輩好武勇之類礫飛之
次刃傷殺害条固可被加制止而依令禁過此
事世間飢饉之由京中雑人風聞云々

一
春時在京之時殊雖加制全以無其儀是則好
武勇之輩寄事於左右令構申狼藉甚不足
信用但於礫飛者非制之限至武藝者可
停止之由不依也仍執達如件
寛喜三年六月廿日
武蔵守
相模守

一　御使

一手　宗監物孝尚　十ヶ国
河内　摂津　伊賀　伊勢　尾張
近江　丹波　若狭　越前　美濃

一手　治部丞實成　九ヶ国

山城　丹波　丹後　但馬　因幡
伯耆　出雲　石見　長門
一手　左衛門尉朝定 十一ヶ国
播磨　美作　備前　備中　安藝　伊与
土左　阿波　淡路　紀伊　和泉

政所奉行成敗事

一　飢饉春養、自寛喜三年至同四年秋為春養
貞永元年也

一　取流子息事、犯科以前生子者、任男女子之例
可被付之

一　死去事、付沙汰之後死者、当時責直可弁也　堺

雖下人事、如去四月廿日御教書者、於地頭所従
之事者不及改沙汰、自今以後可令糺返之、
至百姓下人者、為十ヶ年内者可返与之、
而地頭所従与百姓下人令分別者、還有沙
汰之煩歟、云居住之者、云地頭所従、云百姓
下人之事者、共以不及沙汰、至自今以
後者相互可令糺返、早守此旨可被加下知之状、
依仰執達如件、
寛元二年七月七日　　左近将監
太田民部丞
京都問注記

一 可被書問者署者事
一 両方不進證文者、各可封継目事
一 同文書目録巨細可被注之
一 庄園領家事
　 除被載本社之外、不被注領家之間、被渉不審
　 同注記端作注不載之申詞銘之後々に
　 可載之也
一 正地以交名可載事
　 其庄地以代某載（天）不書正地以名字之間預
　 渉不審、先地以其代某与正負代支共可
　 被書之

一 条々名別可立篇目事
一 文之内相交之間、沙汰（怠之）之時難得沙汰心一事ヲ
一 文之（矣）両方申状得意別々可被書別也
一 僧徒裹頭令横行鎌倉中事、可令停止之由
　 可被仰保々奉行人
一 念仏者事
　 於道心堅固輩者不及異儀、而或喰魚鳥、招
　 寄女人、或結党類、恣好酒宴之由、遍有其
　 聞、於件家者仰保々奉行人、可令破却之、至其身
　 者可被追却鎌倉中也
一 不可居住町人并道々輩事

号権門之威消人訴訟之時或不従奉行人之
催促或語取権門之書状好非分之濫訴以後
一向可停止之、如此族宣下之後有犯者可被行科
断也縦雖不召仕彼輩之時猶知音人口入之条
甚不可然、但付縁辞去　誂作要事不及制
止之

一　侍所雑仕小舎人朝夕雑色中間費殿執当
雑仕守殿以正月并弓場始之時行向諸人宿
所事可停止之、但未従奉行人之許事
非沙汰限

一　鷹狩事

一　社領内有例供祭之外可停止之、寄事於
左右不可煩他領

一　雙六四一半目已下博奕事

一　材木請賣事

已上可停止之

一　在京武士乗車横行洛中事
随可停止之也、被仰六波羅也

一　在京御家人乗車横行洛中不従之甚狼
不穏便之間、可被出仕之時召具之甚有其闕
事、嘗者也不穏便、早可停止之旨、今下知給也
薗亦関東御家人中蕪差事一被停止可被

存其旨之状、依仰執達如件

延応二年三月十八日　武蔵守

相模守殿

一　諸国庄々地頭中、稱非法濫妨、出来之
時、對捍兩方為是非、於六波羅可決之、預所不可
遂問注之旨、被下知之處、擁領家地頭代官之
對捍不令參決之条、實以甚不當也、雖為
代官争不令難渋哉、自今以後、於道理者
不從催促之輩者、殊可有御沙汰也、定
有後悔歟、以此旨可令觸知之状、依仰
執達如件

嘉禄三年閏三月十七日　武蔵守

相模守

掃部助殿

修理亮殿

一　西国庄公雖補地頭、或無本補之中、依領
家預所訴訟、或遂一決被裁断、或證文相下
知事不重時、朝時感雖令施行、正員及代官
不兼行之族、有其數之、且御成敗似不
事行、且諸人之訴訟不落居之条、旁以
不便也、於自今以後者、令下知之上、尚不叙用者
可被注申也、傍輩向後相鎮之様、殊有沙汰
討定後悔出来歟、通可觸仰之

状、依鎌倉殿仰執達如件、

寛元二年十一月七日　　武蔵守
　　　　　　　　　　　相模守

駿河守殿
掃部助殿

一　佛神事田内加山徴未事
右、於迄田可引募給田加山徴之也、一同御下知可從者、於除田内者可令停止也、

一　三ケ日厨事
右、同可令停止也、

一　撿注雑事内地頭剰取事
右、任先下知可停止也、

一　五節供事
右、可停止也、先下知畢、而令地頭面々之所半郷非分理、號三月五月九月分之一向不入為地頭自入之、年貢歳末節料者地頭之分也、

一　雜補地頭注出新田一向可進止否事
右、如本田、

一　山畑事
右、領家地頭各可收半分、須以此家之守此旨可被成敗也、通文義掌事書、此下知奉行令違乱之者、更不可兼之状、依鎌倉殿仰執達如件、

寛喜四年卯月七日　　武蔵守
　　　　　　　　　　相模守
駿河守殿
掃部助殿

一　預所名田可為公田否事
右仮令以預所名田内可為公田之由預所書
去文畢一二代歟其後預所今悔之廃去文之
上者可為公田之旨地頭代令申之雖公
田於有限預所者可為預所進止也

一　預所検注以後地頭耕作田事
右預所重不遂検注之以前者可依所当之由
預所申旨頗有其謂歟然而地頭令和与
於今減斗代所当者不及子細歟但自本
不遂有限検注時者可為公田也地頭令進上
御年貢者可依本所和与也

一　畠地子二ケ度^春麦地頭可取否事
右領家二ケ度被収納之上者地頭可取所当之
由所申雖有子細十一町別給畠漏到五段加
徴之外不可有違乱也

一　御教書一両条訴状数ケ条事
右自今以後者可被成分也就御教書可
沙汰也

一　不載式目御家人事

右新補地頭之内下司職之輩者大
番一役別不可催促、亦云地頭云下司以下
在官自本為御家人者可催之、若不所
領有相違者不及駈催也

一 本司跡事
右地頭今更令違乱者、如先不可相違也、
令下知給

一 出作治後可被召知行由所申間事
右為没収之後於理非顕然事者追可被下知

一 三ケ度召符以後不参決事
右無其子細於不随召者可被下知、若又随

一 今成敗論人等證文令申者可為御沙汰也

一 點定物事
右點定物者為狼藉基之間先糺返之給
御沙汰之由下知先畢、依之尋明之後任道理
可被弁旨雖令成敗無其沙汰之条為論人
尤不便也、自今以後者件點定物出来者先可被返
付本主、訴人論人両方付對決明其理非可被成敗也

貞永元年十二月十九日　武蔵守
相模守
駿河守殿
掃部助殿

一 本不輸所之地頭方公事可勤仕否事

右或弁済所当於国司領家、令勤仕公事
於寺家社家所々在々、又弁済所当於国司
令勤仕公事於権門之通地在々、其内於
人役者、大略令勤仕地頭役歟、至于神領
半不輸者、未切相論、作何様可被
仰下候歟
押紙云、雖神領之半輸、随分可勤仕之、但不
可准普通之所、又厳重異他之所、依補地
頭本所役可闕如者、任注可被止地頭之綺
止之例也、争随分限不勤哉
一　本司跡名田畠事
右本司自承久乱逆以前、譲与女子、或付属他
人名田畠等、此内沽却地在之、本司依合戦被没収、其跡新
地頭給之、而彼田畠雖譲与他人、依為本司之
跡混領之由、地頭申之、又当時領主者不可然之由
申之、可和下知状、第分明可被仰下候歟
押紙云、承久以前各別之所、新地頭不可混
合也
一百十七
地頭所務内百姓犯科跡事
右自本者号地頭一向進止、令押領之、今訴訟
出来之時、所詮可致半分沙汰之旨、被下関東
御下知候之間、雖掌者先々地頭押領分毎

半分充可領知不然者成百姓名両方一人宛仕之
由申之地頭者於京之領知分否一向可領知也自
今以後可被半分沙汰之旨申之何様可以式
也、被仰下候之
　押紙云可為半分之由被定乎不可論御
　下知之前後可致半分沙汰也

一百七十八 於渡部或積入海号員累点定諸方運上物
令致煩費事近多有其聞甚不隠便早可被
加制止也但彼追為宗御家人中定有不知之
族歟、被仰付彼輩為顕其類不可致阿容也
兼又彼人々京都警固事并輩之沙汰
令觸催時若遁避之輩者可被注申交
名凡不可限渡邊於運上物点定事者随聞
及可令停止給之状依仰執達如件
　文暦二年五月廿三日　　武蔵守
　　　　　　　　　　　　相模守
　駿河守殿
　掃部助殿

一 京都遂向注之時雖為被葉之詞可被書付
之由訴人令申之於被葉者也其詮歟而不書
之者訴人定令貽鬱訴人等申状可令書付
給之状如件
　七月廿三日　　武蔵守

駿河守殿

相模守

掃部助殿

一百八十 西國御家人中於所領知行之輩者、随守護所催、可勤仕京都大番之處、致自由對捍、空渉日月之族、有其聞、於自今以後者、就守護人注申、為償其過怠、随假令分限、可令付清水寺橋修理拾之状、依仰執達如件、

文暦二年正月廿六日

武蔵守

相模守

一百八十一 西國住人等号神人、擁事於左右、寄物於物切物之沙汰、致狼藉、同守護所地頭代等及相論之時者、忽及喧嘩云々、不致沙汰定訴訟甚不便也、神人於致狼藉者、可被解却神職、若非職之輩募神威令濫行者、可被處罪科也、可被觸申別當貫首也、祢向後自由濫吹、尋取神人交名并在所注文、可被召仰守護人地頭等、随訴訟、於事為致損便、之沙汰、存此旨可被申沙汰之状、依仰執達如件、

天福二年三月一日

武蔵守

相模守

駿河守殿

一百八十二 貞應二年四月三日御下知

付不領致訴訟之輩者、語武士寄附之間、敢

不糺理非狂惑之由聞食、事若賄賂者甚以
濫吹也、随聞及随可加制止、於不拘仰者注交名可
言上也、兼又於挙利者、雖経年序、不可過一
倍之由、度々依被仰下、宣旨代々将軍家成
遣下知於諸国畢、近日武士為凡年利其例
於末々之由所披露也、若又有不用之輩者、注
交名可令言上也

一（百七十一）在京御家人者、大番役不能勤仕、可令存其
旨給之状、依仰執達如件
貞永元年十二月廿九日　武蔵守
駿河守殿　相模守

一（百八十四）西国守護代等事国中所々犯人等事
右国中犯科事、於本所之時、自本守護入部之
地者不及子細、其外権門勢家神社仏事之領
所不入部、於其所、可尋明犯否之由、遣之
時、一日路或二日路如此依之間、其場者剣或
野中或於山中、擬尋明之間、往反不輕、亦於
事非云煩所詮被置守護人事、為如此事也
於守護所糺明犯否之時、於為賄者不及子細
若又為賄犯者其時遁本下令請取之時者
也於場可請取之由可被仰下也
押紙云先々所沙汰、輒不可改、任先例於場可

令糺定也

一 百八十五 号先々不召渡守護所、直遂遣犯人於京都

右此条々先可被定下候也

押紙云不召渡守護所、直可令進関東也

一 百八十六 為守護人号札科人跡没収、不領田畠事

右此条々自大将家御時至于当時御式目

守護成敗条々仁雖不被載之、動令没収事云

本没収云新没収甚非違之由、承候之間、難叛

人之跡猶以不可有守護進退候処、於其以

下札科人跡所、令没収之後何十ケ年以

前事者、非御沙汰之下者又何様可候哉、下モ可

被定下也

押紙云自関東不給之、可停止標領也

一 百八十七 京中強盗（盗ヲ凡云）殺害人事

右此条可為使庁沙汰、去年被仰下候畢

而於武士者、供可被沙汰之由、自殿下被仰下

候之間、須可依武

押紙云武家不相交之、難事行者随被仰

下可有沙汰也

一 百八十八 守護成敗事

右先号沙汰付式目之外被更沙汰事候之

押紙云不可依旁之例、守式目可被沙汰也

一　畿内西國堺相論事
右寺為領家國司沙汰之由被仰下半而於可
差遣六波羅使之由被仰下之條定随所之
様時儀候之可令存知子細之旨兼委可
被仰下候也
押紙云可為本所沙汰之由被定半雖於地
頭不相伴不事行者随領家國司命一
相叓

一百卆 京都大番事被定月宛之處習番衆遅
〻之間或衆勤越之条尤不便也一月令遅参
之輩者二ヶ月可勤入也寺此事沙汰可令精

好給之状依仰執達如件
文暦二年七月廿三日　武蔵守
相模守
駿河守殿
掃部助殿

一百九十一 近年四一半之徒黨興盛之偏是盗犯之基也
如然之輩無左右擬召取者根藉之訴訟出来
歟於京中者申入別當以保官人可被破却其
家追出京中本所同有沙汰可被停止之
武又於野山中者之之随見及可搦之凢随
被召禁中給其身可令下向東也并又
銭切事同伺搦可被下進関東之状依仰

執達如件

延應元年四月十三日　　前武蔵守
　　　　　　　　　　　修理大夫
相模守殿
越前守殿

一百九十二 所召置京都犯人事 付大番衆并下向人之便宜可被下 進關東也

一百九十三 武士召取犯人住宅事
為鎮狼藉雖被召取其身至住宅資財者別
當殿觸申可為保官人沙汰於被遣者觸
本所可為被沙汰也

一百九十四 僧徒兵仗禁制事度〻被下　綸旨畢而
動違乱之輩出来云〻尤可有其制止之也
申入所〻貫首別當殿後者為自由濫吹
之任法可令被沙汰之狀依仰執達如件

延應元年四月十三日　　前武蔵守
　　　　　　　　　　　修理權大夫
相模守殿
越後守殿

一百九十五 諸社神人等付在京武士宿所或振神寶或
致狼藉事動有其聞事實者尤不便也
於理訴者縦雖不濫惡何云其沙汰哉云
沙汰云永為嚴密停廢可被召下張本於關
東也存此旨可被申沙汰之狀如件

延應元年四月十三日　　前武蔵守

相模守殿

越後守殿

修理権大夫

一 百六十六 諸社神人狼藉事、就甲乙之訴訟糺明之後、罪科難遁之時、雖相觸本所、不事行之間、至煩于成敗云々、尤不便也、狼藉輩出逃方者、解却職、随召給其身、可被進関東也、凡三ケ度相觸之後、猶不叙用者、可令注進給、依他事雖訴訟出来、不可有御沙汰也者、可被存其旨之状、依仰執達如件、

延應元年四月十四日　前武蔵守

相模守殿　修理権大夫

越後守殿

一 百六十七 人倫賣買事、禁制重之、而飢饉之比、或沽却妻子眷属助身命、或容置身於富徳之家、渡世路之間、就寛宥之儀、自然沙汰来、近年甲乙人等、面々之訴訟有煩于成敗、所詮於寛喜以後延應元年四月以前事者、訴論人共以京都之輩者、不能武士口入、至関東御家人与京都族相論事者、任被定置之旨可被下知也、自今以後一向可被停止賣買之状、依仰執達如件、

延應元年五月一日　前武蔵守

修理權大夫

相模守殿

越後守殿

一 御家人之中、御等任官事、自今以後可被停止也、所望之時、関東挙状可申也、猶申者能々且糺明主人、且相觸、重時可被申任之旨、兼可被申置官途人已下公事奉行人之状、依仰執達如件

延應二年三月十八日 前武蔵守

相模守殿

一 百九九 新補地頭得分田畠加徴事

本年貢一斗已上事、先日被仰定下年於一斗之所出可為三分也

一 二百 篝屋用途、勤仕之輩過分事

於謀叛殺害人者、可召渡其身、於当議所自余事者、都以不可交沙汰也

一 二百一 以山僧補代官事

於地頭者可停止也、頭所同可停止也、但雖非山僧之家、為山僧之領者、山僧之家不能禁制也、但離山之後経年序帯沙汰之、但令浪人非法者、可申事由、以不然之、可令存其旨之状、依仰執達如件

延應二 六 十一 前武蔵守

一 京都大番衆事、道有限間、私寄事於左右、懈怠之輩在之、假令一ヶ月令遅参者、為其過怠可被充宛作篝用途銭拾貫文、其已下日数者以之可被准充之状、依仰執達如件

仁治三　十一　廿八　　前武蔵守

相模守殿

一 二百三 寺補跡不之検断事

右、可被任先例也

一 二百四 厨雑事等事

右、不論寺司新司、一向停止之、御下知先年但至

一 二百五 馬草并薪以下雑事、在地沙汰之限

人倫売買事

右、人勾引并売買仲人之輩者、一段可下関東、被売之類者、随見及可被放免、其身也、且以此旨可被触路次関々也

一 二百六 諸社神人并神官等、令書起請文時、於他領社不可書由事

右、於京都者不嫌自社他社、於山野社一被書也

一 二百七 可被行罪科由被載下御下知状事

右、自今以後者、一書載子細於分明也、仰鎌倉奉行人等、以前条々、被存其旨之状、依仰執達

如件

仁治元十二十六　前武蔵守

相模守殿　越後守殿

一 二百八 諸人訴訟事、遂對決、被進申詞之處、或可令覆問事不被問之、或一方文書目六之外加増之、或不付文書之正案、文不封継目録、或進問注記於關東之由、雖返答、彼記未到來、徒送年月、仍評定之時、雖散疑殆之間、御成敗煩也、兼亦終問注之篇、雖讀其記、一人不聞及之、此條甚無謂次第也、自今以後者、聞披御賀、知其趣、若有不審者、尋究子細、無御成敗煩、可被注申之

状、依仰執達如件

仁治二三廿　前武蔵守

相模守殿　越後守殿

一 二百九 覆問事

同注記調進、同可存知之

一 二百十 可被問證人事

右、無条就同注記之詮句、評定之時不審不貽之様、同明之可被注進也

一 二百十一 文書調進事

右、巨細取目録、一被副進之云、不足云加増、是則奉行人緩怠之故也、加之、於進上正文者、不可及子細、至取

一　進発文書挟合正文由毎枚以奉行人令平跡可
書文書之端也兼又継進文書之時訴人迄封続
目先奉行人同毎継目可加封判於政所方文書也

一　関東進問注記未到事
右都鄙之間奉行人之懈怠先且於路次令紛失紀
実以怳不審自今以後以月限可付注進之
有自関東又随到来可被出合題状也

一二百十三　令撰問注記各可被関枚子細事
右云関東進記録云京都成敗記録是令関別
其記相爲之趣一被存知也兼又於不進問注記
一篇之中龍乗之書流之間落浮定之時雖讀上
之輙難分別其子細自今以後番始問注之時取為
篇目先一途之中書問答之後文移他篇毎途同
一書令也
以前条之依仰執達如件
仁治二　六　十五　　前武蔵守
相模守殿　　越後守殿

一二百十四　西国海賊事
右国之被下知之趣於神社件兵士事者有
捍之輩者為守護人之沙汰可被注進交名也於
同船事者依其咎令没収令撫進之輩可宛
給也其子細被仰合清賢也

一二百十五　笠冊火夏間可被成燈爐否事

一二百十六 大番衆令逃失召人罪科事
右随召人軽重可行罪科之由、式目先日被定置
畢、然以其趣令加下知之処、関東御家人争不
叙用哉、計約其科也、若又不弁別之輩可
被注進交名也

一二百十七 殺害人事
右雖為使庁沙汰、人〻重犯之輩者申給之
可行所当罪科也、御下知先畢、早任被状可被
申沙汰也〻
仁治二　六　十　　　　前武蔵守
相模守殿　　越後守殿

一二百十八 男女子息事、十歳内外被付父母、十歳以後者
就年紀一〻令成敗給也、但是為関東御家人之子
息也、於京都族者不及口入之状、依仰執達如
件
寛元元　十二　廿二　　　　武蔵守
謹上　相模守殿

一二百十九 挙銭利分事、不及私之見任　宣旨之状
可令成敗給之状、依仰執達如件
寛元二　六　廿五　　　　武蔵守
謹上　相模守殿

一二百廿 養子事
謹上　相模守殿

身進退者不可及賣買、以身可為奉公也

一二百廿一 寛喜以下飢饉養助事
無縁之非人者不及御成敗、於親類境界者一
期之間雖令進退、不及賣買、又不可及子孫
相傳也

一二百廿二 人倫賣買直物事
於御制以前事者、本主可被糺返、至御制以
後沽却者、不可被糺返、至物本主分直物者可被
付祇園清水寺橋用途、又於其身者不可返給
本主、可被放免也

一 西國守護人奉行事
於鎮西者依為遠國、不相鎮狼藉之間、任大将
家御時之例、可致沙汰之由被仰下畢、如本可
依御式目、其外西國者任被定置之旨、可被沙
汰之由可令下知給也

寛元三　五　九　　武蔵守
謹上　相模守殿

一 京都於御沙汰之間、問注奉行人等恣入縁
脱張合、各勤之由、取作之条、以外緩怠、作自由志
非以時付、着到毎月可注給、依仰之旨之
仁治二　十二　　武蔵守
相模守殿

一 関東御家人以京都住人或代官或為雑掌
召仕之處件輩非其所沙汰付他事依下
人沙汰令申訴訟事於其所事者乍一令申
沙汰以彼召仕代官京都事并縁者親昵
於執申者不可及沙汰但自身上事者随浅深
依時儀可計沙汰也

一 或京都狼藉人或武士下人逃籠(引入)権門之間依
令申沙汰自其所被致之時彼輩属諸方致
沙汰事被付沙汰之時其科難遁之間彼狼藉
人随其所属権門之条無其謂所詮付初所
可有沙汰

一 就被下御下知状令施行之處被申関東之
間暫可柳之由自責所被仰事善悪就御
下知所令施行也被申子細於関東条不及支
申依其不能核施行之由可被返答也

一 奉行人等可令存知事
右雖為同状可相尋本奉行也本奉行人
若有他行事者前と有沙汰者事被訴人
書状一々令申沙汰也於自今以後者令遠背此
旨有参差事者可令止六十ケ日出仕之状
如件

寛元二 二 六 在御判

一　故武蔵前司入道殿御時御成敗事切畢等
以懸物状可有御沙汰之旨一反就之〻有内儀
致文證據両様之〻非〻口傳者雖知者也又事切之
時有被残子細云〻五十一ヶ条内御沙汰就式目端
書各奉行人有意言　本文意見上〻書歟

一　諸國守護人并庄〻地頭等偏如不輸私領抑
沙汰或追出預所郷司或雖自相交上司不及所
當弁済加之以吹毛之咎損亡民等自去秋
冬依院宣并殿下御雖被禁肩更以不承引〻
因〻紀真偽令注文如是相模守武蔵守相分
國〻代官一人可被相副也尾張國先為入部
之始定代友下向〻相散也御使者五月會神
事以後即〻進發者御旨如此仍〻〻
　　貞応元五　廿八　　陸奥守平
追申
國〻代官者器量相計可被定遣也又経廻
計略者為在廳沙汰訴訟所〻可充之子細御
使被仰畢

一　諸國地頭所務事兼久兵乱以前本地頭者有
所務之先例更不〻有新儀同兵乱以後新
地以者被定置率法畢何背彼状哉然則於自
今以後者縦押領之後雖過廿ヶ年不〻依年

記本地以者任先例、新地以者守寧法可被沙
汰之也、次被裁許也、存此趣之状如件
寶治元　十二　十三　　左近将監
相模守
相模左近大夫将監殿

一　諸人訴訟事、惑可遂對决之由被仰下、或可
召下其身於関東之旨有御下知之處、催促雖
數ケ度、論人遁避之間、六波羅下知稱不事
行面々参訴之条、何様事候哉、且糸之目録
遣之、子細作之、凡此事細々二被注進之處、
不帯其状之間、実否分明之上、併猛悪吹
毛之基也、仍於雜沙汰之輩者、自今以後不日
就被注進、文召殊有御沙汰之状、依仰執
達如件
建長五　四　廿五　　相模守
陸奥守
陸奥左近大夫将監殿

一　向注難澁輩
右於遠國者、被下召文之後無故至于五月[百五十日]不参
對者、就訴人申状、有其沙汰、至于近國者、随召
文日限、有沙汰也、次兩方参對之後、遁避問注
空過二ケ月[六十日]雖不遂其節、直可有御成敗也

仍執達如件

建長七　三　廿九　　相模守

陸奥守

建長五年七月十二日　宣旨

一　可興行諸社幣物不法事

右以聖朝重敬神為本資相續治世為先而

祈年次祭神人令食以諸社祭幣帛供神物

等追年有不法之聞偏是有司存擁怠而不備

職掌吏專難澁而加忘式条縱雖非本

教守建久二年符旨慥令遵行祈年穀以下

伊勢幣帛令所納物延年季免國々等猶

致對捍當日晩陰絶以進濟因茲陳但之營入

夜景蔟遣之儀送半更神事之陵夷職

而斯由自今以後專存如在殊致謹慎

一　可慥進發同使事

右請取幣物置私宅徒過日限付本社之由有

其聞四位五位守結番慥令勤仕不誤行程不

遠日限雖為遠所可参着

一　可為諸寺執務者以四ケ年任限事

右有封之寺已有治為致置執務者為令莊嚴

也起舉日切稱條治力補任之後更無其實只

私用資財徒破壞堂塔因茲負觀府以四ケ年

為遷替期若有殊切者可被延任於致緩怠者
不伏滿可被改其職

一 可令停癈諸社新加神人事

柳諸社〻氏人數加增格條所制科法不輕各
仰本社捴官等於本神人者令注進交名并證
文至新加〻輩者慥解其職

一 可令停癈公家并諸院宮以下新加供御寄
人等事

柳為募其恣以競之因茲都鄙之間民庶
有煩各仰本所於往古根本輩者注交名至
于新加者慥以從停止

一 先例

故大將家御時梶原之郎等依令取澁谷次郎
乗馬口之咎賜彼下手人二人澁谷次郎斬
首畢

一 故修理亮殿在京之御時野本四郎之
郎等四方田左衛門尉依自馬引落之咎雖給下
手人猶貽欝訴不請取之間野本四郎左衛門尉
彼下手人行斬罪然而四方左衛門尉猶依令憤申
野本四郎左衛門尉被召放津國守護之上被召預其
身於肥田八郎左衛門尉畢

一 當御代澁谷小平太子息二人相共罷行萩野之

處稱令棄被盗馬之由本間左衛門尉後見一人
本間御母之郎等一人而小平太自馬令引落之
間依彼咎賜件下手人於小平太之間即令斬首畢
一鎌田入道依苅村邑武藤馬入道田一段十歩之咎
被付鎌田入道田十町於馬入道畢
一酒勾六郎入道依苅田舎弟田小之咎被付五町於敵
人畢
一黒酒左衛門尉依苅河越次郎田二段之咎被付三百
余町於河越次郎畢
文永六年十一月十四日　被仰出之
一武州新羽郷地頭大見肥後三郎次郎定村遺領
事
定村婦子又次郎頼村与後家尼氏（頼村継母）相論之時
頼村申云定村之中陰追出籠僧打留念佛之条
違罪也云々尼氏可被悪口罪科之由依令訴申
被付論所於氏女畢云々
正應三
三番引付
奉行　嶋田民部大夫行兼
頭人　遠江入道殿（道西俗時章）
一出羽國平泉寺内毛越圓隆寺
神社佛寺領不依年記御成敗所々　鳥羽院御願

六口供僧田三十六町供料六丁柏崎在之而地頭四方田
三郎左衛門尉景繩父子四十余年令押領之處供
僧近年訴申之刻被改押領被付供僧畢
奉行　雜賀孫次郎云々

一　熊野御領倫前小鳩庄田畠越境地頭加治太郎
左衛門尉押領之四十余年之處以円隆寺御
下知為例訴申刻被改押領被付社家畢
奉行　兵庫六郎

一　三嶋社領伊豆國糠田郷留士左衛門入道行阿小
条入道殿御時掠給御下文及九十余之處西
大夫盛繼訴申子細之刻被止行阿之押領當
御時盛繼預御下知畢
奉行　三嶋左衛門尉

一　伊勢國道前三郡政所者雖經七十年依申状
子細本所家御成敗畢

一　下総国萱田神保御厨者雖送數百歳依為
神領預御成敗畢

侍所京都大番役事

一　雖未役国未役人有其沙汰可被結定年限

侍所悪黨人事

一　可被鎮沙汰之由可被仰守護人猶致緩怠
者可被處罪科

一　同所并檢非違所召人事

浮沉輕重急可有沙汰

新御式目

一　寺社領如舊被沙汰付被専神事佛事被止

新造寺社可被加古寺社修理事

一　御祈事被撰器量仁被減人數如法被勤

行供断無懈怠可被下行事

一　可有御學問事

一　武道不廢之様可被懸御意事

一　内談三箇条可被聞食事

一　被定申次番衆諸人參上之時急申入可然

一　人々可有御對面其外可有御返事

殿中人々毎日可有見參事

一　可被止僧女口入事

一　毎物可被用真實之儉約事

一　殿中人礼儀礼法可被直事

一　在京人并四方發遣人々進物一向可被停止也

其外人々進物可被止過分事

一　可被止雑掌事

一　可被止造作過分事

一　御行始御方違之外人々許入御可有猶預歟

一　依諸人沙汰事殿中人不可遣使者挟奉

一　行人許事
一　知食奉行廉直可被召仕事
一　可被止臨時公事
一　御領御年貢毎年被遂結解可被全御得分事
一　九国社領之甲乙人賣買如舊可致沙汰事
一　自今以後被止新造寺社可被興行諸国之分寺一宮事
一　可被行倹約事
一　闕所雖出来所領替巡固舊地頭可有御息事

一　越訴事可被定奉行人事
一　鎮西九国名主可被成御下文事
一　在京人并四方発遣人所領年貢可有御免事
一　御年貢定日限可被徴納若過期日者可被召所領事
一　臨時公事不可被充御家人事
一　可被止大御厩事
一　出羽陸奥外東国御牧可被止事
一　路次送夫可被止事
一　垸飯三日之外可被止事
一　御評定初五日直垂折烏帽子

一 御的七日直衆立烏帽子
一 屏風障子繪可被止事
一 衣裳繪可被止事
一 御所女房上臈者二衣下臈者薄衣
一 贄殿御菜於浦々所々不可取事
一 念佛者遁世者凡下者鎌倉中騎馬可被止事
一 関東御領事非御家人并凡下之仁或稱相傳号請所或帯沽券質券等多以領作之由有其聞尋明越中國越後國之當知行之交名田畠在家員數可被注申之状依仰執達如件

弘安七年五月廿日　駿河守　在判

尾張入道殿

一 河手事
一 津泊市津料事
一 沽酒事
一 押買事

右四ヶ條被禁制也於河手者帯御下知之輩有不及子細之由先日雖被仰下同被停止乎守此旨可被相觸越中越後兩國若令違犯可令注申給之由被仰

下作也、仍執達如件、
二階堂ゝ時越中越後守護也
弘安七年六月三日
信濃判官入道行一
沙汰　在判
肥後宮内左衛門尉殿

一　沽却質券地他人和与所領事　弘安七　五　廿七　評
御家人等以所領或沽却入流質券或和与
他人之時雖載子細於證文有限公事者相
加本領主跡可被致其沙汰至年貢等者随
分限可進済

一　諸人所領百姓負物事
就訴人申状被懸負人在所之間有難渋輩之
時不知子細之領主致非分弁欤於自今以後者
或領主或代官非加罸不及尋沙汰

一　寺社御寄進所領事
令興行佛事神事為不退御祈祷奉
寄之處別當神主一向知行之不及其沙汰云々
早尋明年貢之分限可被充置之用途等
鎌倉中急速可申沙汰由可被仰引付

一　訴訟人代官事
為諸人代官致沙汰之輩甚不可然今停止

一　召文問状事
引付頭人可下奉書

一　引付評定事

二方止寄合之儀一方一日七ヶ条可申沙
汰

一 訴訟人輕服事
或已召决兩方或就訴訟状等欲有沙汰之處陳
難澁之仁俄構禁忌云々雖輕服出來不可有
沙汰憚

一 引付衆并奉行事
右引付衆殊專清潔可勵忠奉行人爲廉
直致忠勤者尤可被賞翫挾折心現私曲者
永不可召仕仍引付忠否奉行曲直頭人
不憚于人不存後悤連々可注申也引付外

一 奉行人政所問注所執事
可申沙汰矣

一 守護人并御使可存知条々
夜討強盗山賊海賊殺害罪科事
於御家人者召進其身於六波羅可令注進所
領至非御家人凡下輩者随所犯輕重可有
罪科淺深也兩人相儀可令計沙汰々

一 悪黨由有其聞輩事
所犯之条雖無分明證據有風聞之説者相
尋地頭御家人之處同及之由差申者於御家
人者可令召進六波羅至非御家人凡下輩者

同可令計沙汰

一　博奕輩

為守護人御使沙汰可加禁遏有違犯之輩
者於御家人者可被召所領也非御家人凡
下輩事同前

一　依難遁罪科捨本在所逃去他國悪黨
事
國雖令各別本在所相觸事由先相召渡之
余黨同事可致其沙汰

一　就犯人在所可斟酌事
於本所一円之地者可召渡犯人之由可相觸彼
所若不叙用者可注申事由至關東御
分所者守護之締雖無先例於今度者
可致其沙汰

一　獄舎事

一　官食事

一　兵士事

以上三ケ条為守護役可致沙汰

御新制　倹約事

元三将衣可用一具五位以上将衣可用穀止
單可為推浅黄并地白直垂帷不可入紺見女
房裳止精好可用麁品同衣小袖浮線料綾三文
格子以下態織綾止之可用筋并染綾練貫等但
凡下輩者不可許之上童表女止重袙可為薄
袙力者狀衣束帯浄衣可為直垂凡下北輩為帽
子懸足代衣可止之

物具事

鞍具止重文可為遠文色革表數水駒皮切
組緒取付可止之太刀纏也神事并晴時之外夬
餝事可停止之椽并洗燈臺炭取可止金物

疊事

寢殿之外可止高麗縁　自明年正月可被行

政所御帳文

一所當公事對捍輩事

右支配寄子等之處對捍之間惣領勤入之訴申
之時有其沙汰或以一倍令弁償之或依時儀雖被
裁許所詮於前々分者以一倍可致弁自今以後者
未済之条無所遁者以彼所領可被分付惣領但惣
領寄事於左右致煩者可被仰付穏便之輩者
依仰執達如件

弘安七年十月廿二日　左馬權頭平朝臣

陸奥守

一 二百六十一 遠江國　佐渡兩國惡黨事

守護人無緩怠可令沙汰於御使者明春可令歸
國也就白状相副子細於地頭之處兼日遁電之由
依令申不及其科沙汰此日来經廻之惡黨今逃
散之其所地頭致清廉沙汰者何可令退散哉是又
領主雖難遁其科自今以後者至如此所者地頭可有
罪科次押買迎買沽酒以下事禁制条々先度被
仰下畢云彼云是於遠江之輩者可令注申不注
進者守護人可有其科之状依仰執達如件

弘安九年三月二日　相模守 御判

陸奥守 同

一 二百六十二 本所并國司領家所當年貢事　正應三　九　十　九評

領主等致未進對捍之条無謂任被定置之旨一、
致其沙汰之由可被成御教書於六波羅以此趣可
被仰五方引付歟

一 二百六十三 自康元々年至弘安七年御成敗事
於自今以後者不及改沙汰歟

一 二百六十四 諸人訴陳問状事
訴状為非據者不可賦之由可被（仰之）問注所歟尋明
可成御教書之旨可被仰五方引付奉行人歟

一 二百六十五 政務事　正應六　五　廿五評
任先例可被召評定引付衆并奉行人等起請
文且不可取賄賂之由可被召奉行人誓状於
無足之輩者可有御恩至廉直之仁者可被
賞翫歟

一 二百六十六 庭中事
被召先事書并本奉行當日可有御沙汰
論人令當参可陳申之由申之者可被閣食歟

一 二百六十七 領家地頭中分事
於新補地者被折中之處限于本補不許容之
条先御沙汰不可然向後者随事躰可被中分歟

一 二百六十八 惣領罪科之時各別相傳輩分被混領事
雖不帯安堵御下文各別證據分明者可被返付
之由可被仰本引付歟

一 二百六十九 可為御家人事
曽祖父之時被成御下文之後、子孫雖不知行所領、為御家人可令安堵歟

一 二百七十 弘安七年四月以前成敗事　永仁二七二評
同時致越訴給書下之輩者、可有其沙汰、次弘安七年四月以後書下内、先下知無相違之由落居并未断事、可被弁置也、以前成敗依違之由載訴事、惣可有沙汰歟

一 二百七十一 御下知以後御教書可為一ケ度事

一 二百七十二 不可成還御教書事

一 二百七十三 法光寺殿御代御成敗并弘安八年没収地事
賞罰共不可有沙汰

一 二百七十四 同十月日評
本所訴訟事、雖蒙裁許、未充給替於当給人之間、不及知行之由、多有聞、預裁許之輩、任先下知之旨、可令糺返之、但当給人所領一ケ所之外、不知行者、有御計替於当給人之後、本主可知行之、為二ケ所者、速可令糺返也

一 二百七十五 所当以事対捍輩事
右以事等、庶子対捍之時、惣領経入合、以五十貫可分付田一町、先日雖被定下、為惣領無其益之間、庶子依不憚難渋之科、可被裁許、令遂肖

輩者可被召所領也、且聞状一ヶ度後可被成一
倍下知、其後令遠期者、可被収公所領之状、依仰下知
如件

永仁二 七 五

陸奥守平朝臣 在判
相模守平朝臣 在判

一 二百七十六 直被聞食、被弁是非、許諾事 永仁二 十二 二評

奉行 豊後権守倫景 明石民部大夫行宗

不可有御沙汰之由、先日雖被定法、永止後訴者、各
含愁欝欲企越訴事、非制限

永仁二 十二 廿五評

一 二百七十七 臨時役事
不可充催之

一 二百七十八 公事支配事
任先度評議之旨、可有其沙汰

一 二百七十九 貢物事
明年至西収可閣之

一 二百八十 可諸国興行事 永仁三 五 廿九 評
糺明寛元之例、被分付下地、否可有御沙汰

条々

一 二百八十一 造作事
一 修理并替物用途事
一 垸飯役事

右三ヶ条充課百姓事、停止之、以地頭得分可致沙汰 云々

一　五節供事

右宛課百姓等可令停止之矣

一　可令禁制人賣事

右稱人商專其業之輩多以在之云々停止違犯輩

者可捺火印於其面矣

一　沽酒事

一　六斎日二季彼岸自八月一日至十五日殺生事

右兩条固可令禁断矣

以前条々背制法之輩者可被處罪科之由可相觸

尾張國中若令違犯不守護地頭同可有其科之状

依仰執達如件

正二　三　廿二

陸奥守　在御判

相模守　同

一　二百八十二　越訴事

右筆二郎左衛門尉　行蔵之

永仁五　三　六

右自今以後可停止之但有評定令落居内於余残事

者本奉行人可申沙汰

一　二百八十三　質券賣買地事

右於向後者不及沙汰但被成安堵御下文并下知

状令者今更不可有相違

一　二百八十四　利錢出挙事

右不及尋成敗下知以後縦雖帯子細非沙汰之限

一 二百八十五 買地作毛事

一 同 同地直銭事

両条被成下知之不可有相違

一 二百八十六 替銭事

一 二百八十七 利分者任證文可有其沙汰

一 借物事

可有其沙汰

以前四ケ条去月廿一日内評定

一 借物事可有其沙汰　但可加利分之由書載證

一 二百八十八 文者不及沙汰

條々

一 正安二 十七 十九 但馬前司注之 召文事止問状御使催促共可為之ケ度事

一 召文事停止国雑色可被仰当国守護并近隣

地頭沙汰人等事

一 指引付可有御下知取捨事

一 評定事書頭付并結月封事当日可令申沙汰事

一 急事外指引付座不可書御教書以下事

一 自評定被勘返沙汰事不日加談儀後日評定可

覆勘申事

一 頭人并開闔仁退座沙汰事

可渡他方引付事

一 諸人代官除退座分限可令停止事

一　對向時一方人數兩三外堅可禁制事

一　京下并無足訴人及經年庸沙汰事

急速可申沙汰事

一　清書仁令書上御下知者頭人封裏直可下訴人事。右イ条々

法事一所被書之事早守此旨可被成敗之状依仰執達如件

正安二年七月五日　陸奥守　判

相模守　判

上総前司殿

一　正安二　七六　傍使来者着時在所并向合法事任先例可令斟酌矣

異防禁条々以大蔵五郎入道恵廣依田五郎左衛門尉

行盛一所仰含也者依仰執達如件

正安二年七月十日　陸奥守　判

相模守　判

上総前司殿

一　条々

一　二百八十九　西国堺相論事

任弘安八年御教書可致其沙汰且案不被守下之

一　二百九十　讓所領妻女事

任式目可有其沙汰事

一　二百九十一　七十以後讓事

不可有其難矣

一　肥後国日向野道山次郎惟房与野依越前房恵信

相論賄賂事

任式目可令成敗矣

一 二百九十二 肥前国五嶋内國嶋前任人良全謀書事
有所職者可被改替、無所職者可被罪科之事
可申入公家之由、相觸六波羅矣

一 二百九十三 搆不實致盗訴輩事
右、詐僞罪名不輕之處、近年致盗悪之輩、動企謀
訴、為世為人不可不誡、然則訴詔之趣甚於曲者、可被
没収所領、無所帯者、可處流刑、至郎従以下者、可召
禁其身、但随事之躰、可有輕重歟

正安二　七　七

一 二百九十四 評定衆殊可致忠勤之處、多以不参云々、甚無其謂
於如然者、嚴密可被注進之状、依仰執達如件

正安二　七　七

陸奥守　御判
相摸守　同

上総前司

一 二百九十五 西國堺相論事
以弘安八年六月十一日被仰六波羅条々内、於領家一人
之所有地頭知行事者、任舊儀可被沙汰、次関東
御一門御領与京都御領堺事、可為聖断、条々不一、
違式目之文云々、条々法事、所被書遣也、早守法
可被成敗之状、依仰執達如件

正安二　七　五

陸奥守　御判
相摸守　同

上総前司殿

一 条々

一 二百九十六 可被崇敬仏神事
九州為宗寺社破壊以下所遂検見且可令注進
損色之由被仰使者也但於遠所者使者検見為
難治者可斗沙汰

一 二百九十七 次香椎社造営事
筑前国臨五ケ庄為料所可造営之由被定下年紀
之処于今不終其功云々所詮未作之分限云当社之所

一 二百九十八 七可尋注進
次肥前国河上社事
如高木 伯耆亥六家定代申状者当国沙汰未
被寄附之処或奉行人備用或領主未借間有名
云実云々仍云修用云未進随徴納之急速可令造之

一 二百九十九 城郭事
次岩門并寄府梅城郭々々為九州官軍可得
其揖云々早為領主等之沙汰可致其揖云々

一 三百 寄役所役自由合戦事
縦雖抜群之忠不可被行其賞所詮随大将命
可令進退也厳密可被相觸九州守護并
御家人以下輩也

一 三百一 兵粮米事

一　荒々下行無其庭頗殊加療條可令注進
　壱岐国結番事
一　為隣人煩費甚之由有其聞仍同前
　兵船事
一三百二　海上合戦更不可有其利頗同前
　大隅　日向　両国役所令津役須事
　荒廃雖除之為要海々船充壱岐国
一三百三　引付記録当日可令書事
一三百四　沽却地事
　於不載国名字於證文之地者紀返本銭可令
　無返地主也

追加（裏表紙）

式目追加条々

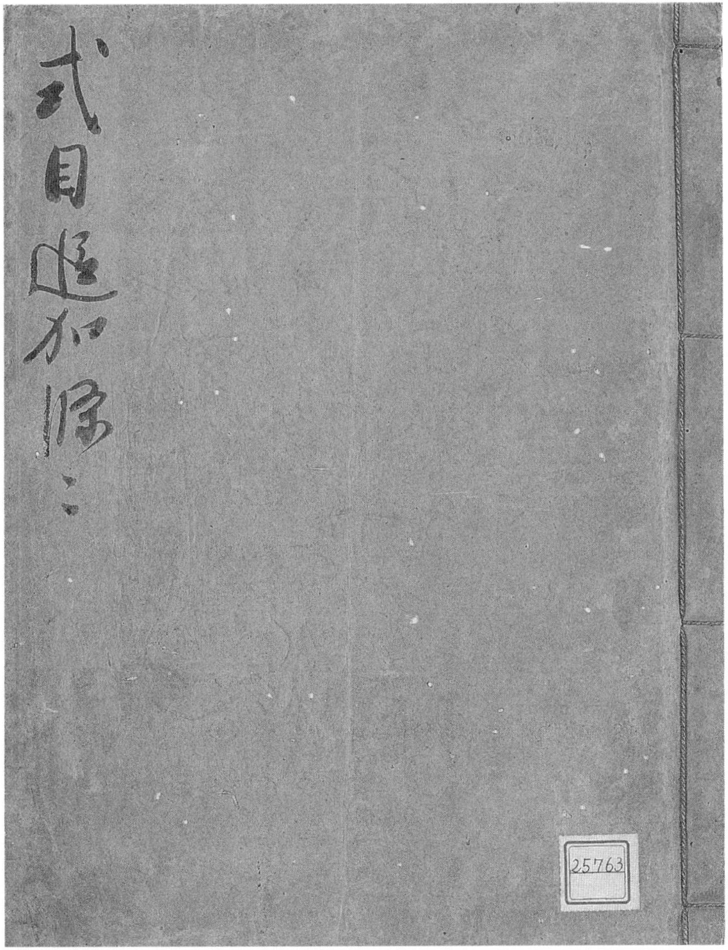

式目追加条々（表表紙・旧題簽）

式目追加條々

一　貞應嘉禄以後盗賊贓跡所領事　天福元 八五評
右縦雖擒取其身於所領者不及没収可致
返付本所但蔵置罪悪當黨雖觸子細至拘惜
者為懲狼籍尤可以補地頭也

一　畿内近國并西國堺相論事　嘉禎四年閏 九一被定之
右共以為公領者尤可為國司之成敗於庄園
者為領家之沙汰經奏聞可蒙聖斷而地
頭亦任自由相論之條慥可徒停止之事

一　依藝能被召仕輩所領事

右或譲渡他人或非器量之輩相傳之條
無其謂之由議定之先了仍付器量可令相傳也

一 盗賊贓物事　嘉禎三四廿許

右已依贓物之多少被定罪科之軽重了假令
銭百文若二百文已下之軽罪者以一倍令弁償
可令安堵其身三百文已上之重科者縦雖行一
身之科更莫及三族之罪者於親類妻子并所従
等者如元可令居住本宅也次同宿所家主懸罪
科否事不知其意者不及家主罪科之由定之
経其沙汰乎

一 所領置質人令逃失罪科事　同七廿許

右預置謀叛人之處其質人招令逃失者依為
重事可被召所領也其以下者不可處重科随
軽重可被行過怠也所謂寺社修理亦是也但逃
脱之後為令尋求三ケ月者可被延引若三ケ月
内不尋出者随事躰可有其沙汰也

一 以田地所領為雙六賭事　文暦二

右博戯之科禁制雖重而近年非啻背制符
剰以田地為賭之由世間有其聞自今以後可慥
停止若猶令違犯者早被處重科可没収其

賭矣

一 新補并本地頭不叙用御下知事

右新補地頭者云本司之跡云新補之率法不可

混領両様之由被下知之處不叙用其状猶令

違犯者改易其所可被宛行勲功未給之輩也

次本地頭之輩或背先例或違父祖例之由訴詔

之時不從御下知者召其所可宛行官仕忠勤之

輩并所知之替也

御祈祷勤仕人々跡事有如先条之子細者召

其所可宛給御祈祷勤仕之仁已上三ケ条就此

式目所々訴詔定多出来歟委細記明可有御成

敗也

諸堂供僧未或臨病患附属非器之弟子或立

名代之後落随世間猶貪其利潤事 暦仁元十二 七兵庫頭奉行

右云彼云此共以背佛意也縦雖為師譲不可許

非器之輩縦雖為器量之仁不可被用盗僧之

譲於自今以後者固守此炳誡擇清器抜群之輩

人譲之専可戒行敢不可違越矣

一 御恩所領入質物質券事 延應二四廿許

右沙汰出来之時過半分已上致弁者差日数令

弁償可被糺返券契也不足半分者可充給所
領於他人也
一　敵對于祖父并父母致相論輩事　延應二五十四　評定
右告言之罪不軽之處近日間有此事教令違犯
之罪科是重自今以後可令停止若猶及敵對
者慥任本條可被行重科　信濃国落合後家尼与子息相論之間被定之了
一　本司新補両様混領事　仁治元十一廿三　評定
右被召所領者就之所々許詐無盡期也仍可被
召篝屋用途也但随其所之多少可被召之假令
五十町所者可被召錢五十貫文但地頭得分也

事於左右不可成土民之煩
一　諸人許詐對決時進懸物状事　仁治二八　廿八評
右甲乙人許詐之時遂對問之処或不預裁許之族
為散鬱憤稱懸物棒押書或所半為非據者
以論人所領可充給敵人之由相互載其状之間
各任貪欲之心恣好喧嘩之論歟自今以後進懸
物状之時於致濫許者早以所載懸物之所領
可充給他人之旨可令書載也
一　不蒙御免許企遁世獲猶知行所領事　仁治二　十一十七
評定

右或為老耄或依病患以所領所職讓与子孫給
身暇企遁世者普通法也而未及老耄無指病惱
不蒙御免無左右令出家猶知行所領事甚背
公所行也自今以後如此輩處于不忠之科可被召
所領也但兼日以子孫幷養子為代官於致奉公
者不及子細歟猶為遁世儀稱養子至令吹挙者
不能叙用兼又乍浴関東之御恩居住京都幷
他所不致宮仕者同以不可領知其所職本自祗
候京都之輩領関東之御恩者非沙汰之限焉
諸國新補地頭得分條々

一 本年貢外半分事
右於田地畠者十一町別給田畠各一町加徴段別
五升者為正税官物内之条勿論也至山河海所出
者除本年貢之例外可致半分沙汰之由御下知
先了而今地頭者以神社仏寺上分本家領家
之召物為本年貢由申之雑掌者預所定使得
分皆以年貢内也不可割分之由申之云々以預所定
使得分号年貢者以何餘剰可致半分之沙汰哉
地頭所申非無其謂焉
一 本司跡名田事

右地頭者以件名田内引募新給田其残者并
済所當不可勤公事之由雖掌者給田之外者
如百姓可弁勤所當公事之旨申之雖免事不蒙
領家預所之免許任自由不及立用雜掌之所申
有其謂歟然者於給田之餘剰者可令弁勤所當
公事矣

一　兼代事

右地頭分可割分哉否之由雖載篇目両方申旨
子細不詳但随其所皆有差別於為山所出者除
本年貢之外可致半分之沙汰至為在家役者可

一　依在家煩訴訟事

苧在家役麻樹木五節供以下事

右地頭者無物可被分充之由申之雜掌者新補
率法条々之外也雖一塵不可相交之由申之云々
除本領家年貢之外可為半分之沙汰也然而於
無領家定使得分之所者不可及地頭得分之沙
汰但至五節供者一向可令停止地頭口入也
次白苧事者先々御成敗之所々者非沙汰限矣

一　地頭方厨事

右長日厨事一向可停止之由御下知先了仍不

及旲儀矣、以此旨可被加下知之状、依鎌
倉殿仰執達如件
寛喜三年四月廿一日　　　武蔵守平判
　　　　　　　　　　　　相模守平判
極楽寺
駿河守殿
江馬越後入道
掃部助殿

一　諸國新補地頭沙汰事
可停止非法之由、度々雖被仰下、猶不相鎮歟、尤
不便、十一町別給田、臨時別加徴、山河半分、本年貢
之外、把過人三分一已上、如此、但領家地頭令和与
就本司跡之所々者、非沙汰之限、拵寛之事、於犯過
致所部之煩、費多々之、假令於錢百文已下之盗犯
者、以一倍令致償、可安堵、其身至于百文已上之
重科者、雖搦取其身、不可煩親類妻子所従、
如元可令安堵也、謀叛夜討殺害者不及寛宥、自
今以後、若以少事令追捕民烟、及乱罰其數之地
頭者、随領家預所住民之訴、可被改補、所職縱
雖為先祖之本領、又雖為勲功賞、永不可充行
其替、然者兼可令思慮也、普先可令觸廻給、内
記明、把否未秋冬之比、可被差遣巡撿使、其以前
許詔出來者、尋決兩方、可被注申罪科、無所遁

者可有御沙汰之状、依鎌倉殿仰、執達如件、

寛喜三年五月十三日　武蔵守　判

相模守　判

駿河守殿

掃部助殿

下

可早守　宣旨状令禁断條々

一　可令搦禁勾引人并売買人輩事

右嘉禄元年十月廿九日　宣下状偁、略人之罪、和誘之科、章條之所差、裕恪不軽、両事之禁、相犯之輩、時俗積習、今未懲改、慥仰京畿諸国所部官司、未可令搦進、彼輩知而不糺、与同罪者

一　可停止博戯輩事

右同状偁、近年遊蕩之輩、博戯之處、不限度数、賭以宅賎、賭買之間、喧嘩殊甚、興宴之思、豈及闘殺、雑律之文、已准盗、偏宜仰撿非違使、且令處其科、抑意銭之好者、懸戯之由也、当時盜吹起従断事、一切加禁遏、同令断罪者也

一　可禁断私出挙利過一倍并與銭利過半倍事

右同状偁、出挙之利、令捨相存、而下民之輩、至于過期

廻利為本過責為先来経歳年忽及数倍殆煩王臣
家勤好諸庄園如斯之輩費在朝家早仰京畿諸
国且任弘仁違久指雖過四百八十日不得過一倍於挙
銭者宜限一年収半倍利縦雖積年紀莫令加増継
雖出證文莫令叙用若猶有犯者令負人觸訴
使庁紀返文書没官其物者
以前條事　宣旨到来即下知先了守此状永可
令禁断焉　宣旨之旨其篇目雖多於件三ケ条者
厳制殊重若有違犯之輩者不日可注進交名
者依鎌倉殿仰下知如件

嘉禄二年正月廿六日　武蔵守平
相模守平

條々

一　丹後国新補地頭所務事
右於野畠者任国例可為地頭分也但有本年貢者
守先例無懈怠可致沙汰也
次国保司跡事如本司之時可為地頭収納也至京保
司跡者地頭不可管領之可為京下収納使沙汰也

一　諸国新補地頭得分内畠加徴事
右不論多少可取段別五升之由新地頭雖申之假令

本所當一斗已上之所者尤可為五斛一斗已下之所者以三
分之一可為地頭分也　已上二ヶ条内笠舞屋用途勤仕所々犯人事一
以山僧補代官事　延六ノ二六廿一　有別紙

一　同白丁并菜代事

右國司領家自元於不召之所々者新地頭始不可取之

一　宿々早馬役事

右巡役當番之單宿所遼遠之時急事御使遥行向
其所加催之間依歴時刻不慮違引云々自今以後尤
可儲置宿中也且可存其旨之由可被下知宿々也

一　依諸人訴訟被下御教書於六波羅之處施行
上下給本御教書否事

右為訴人後代之證文尤可返給之

一　於六波羅可遂沙汰之由依成御教書可遂其節之
由雖相催地頭等不於沙汰関東可遂由令申事

右任御教書於京都可遂行也而地頭令難渋者可
有其科之由兼可令相觸地頭等也

一　於六波羅可有成敗國々訴訟事

右東國者限尾張國北陸道者限加賀國可被成敗也

一　依諸人訴訟直被遣御教書於守護人地頭等
之上可成給六波羅施行否事

右雖非遣六波羅之状為後日之證文尤可成給也

一 京都刃傷殺害人事
右為武士之輩於不相交者可為使廳沙汰也
一 犯人断罪事
右為夜討強盗之張本所犯無遁方者可被行斬
罪也是則為相鎮傍輩向後也其外至枝葉之輩
者可召進関東可被流遣夷嶋也
以前條々存此旨可令致沙汰給之状依仰執達如件
文暦二年七月廿三日
武蔵守判
相模守判
駿河守殿
掃部助殿

一 諸國庄公預所地頭相論之時紀〈糺〉定之両方之處於地
頭者被處罪科至預所定使者雖有非拠不及沙汰
之間依無所恐遠國之所務嗷々之定及論違々不絶
歟然者為断向後之濫訴預所定使未有非法之時者
可被改易其職之旨兼可被仰下之由可被言上二
条中納言家之状依仰執達如件
文暦二年七月廿三日
武蔵守判
相模守判
駿河守殿
掃部助殿

一 以山僧補預所并地頭代事

相牙喧嘩之基也仍於補地頭代官者一向可令停止
之由被下知了若令違犯者随聞及可被注申也補頭
所職事同可被止之旨可被觸申本所但至山門領頭
所職者不可及子細歟可被存其旨之状依仰執達如件
延應元年七月廿六日　前武蔵守判
修理権大夫判
相模守殿　越後守殿

一 諸國地頭等以山僧并商人借上輩補代官事
右爲令當時之利潤不顧後日之煩貫以如此之輩補地
頭代官之間偏忘公物之備只廻私用之計因茲新儀之
非法不止本所之欝訴無絶前々者代官有咎之時正員
被加誡歟而其代官等更不見懲歟於自今以後者随罪
科軽重可被行重科也然則以如然之輩補代官事一向
從停止之由兼可令加下知給之状依仰執達如件
延應元年九月十七日　武蔵守判
修理権大夫判
相模守殿　越後守殿

一 雜人訴詔事相令國々被付奉行人早下而奉行人度々
雖相觸不事行之時申成御教書之間廷翁之訴人
數返往反経日月云々尤不便於自今以後者都以不可申成御

教書以奉行人之奉書可加下知也三ヶ度不令叙用者可
改（注）申事由且為懲傍輩之濫吹且為慰離人之愁訴
可被行罪科可被存此旨之状依仰執達如件
延應二年六月十一日　　前武蔵守判
（康時）加賀民部大夫殿

一　諸人訴訟事差奉行人可被召決之由雖被仰下云
先々成敗事云理非顕然事子細分明者不及對決
之由先日被定置畢存其旨相觸奉行人示委加了
見可被申沙汰之状依仰執達如件
寛元々年五月十七日　　左近将監判
加賀民部大夫殿

一　故武蔵入道殿之時有御成敗事訴訟人不進懸
物之押書者縦可遂問注之由雖有書下不可被召決
之由所被仰下也可令存其旨給仍執達如件
寛元々年八月廿六日　　武蔵守判
加賀民部大夫殿

一　訴訟事有評定事入見参可施行之由被仰下之後
御成敗遅々尤不便自今以後奉行人任事書早々可被成上
御下知状也若又御下知状与事書於問注所令勘合事書
無相違者可被下也両条可被存知此旨之状依仰執達如件

一　寛元二年九月廿五日　　武蔵守判

加賀民部大夫殿

海路往反船事　式目以前事注之

右、或漂倒、或遭難風、自然吹寄之處、所々地頭等号寄船、無左右押領之由、有其聞、所行之企太以無道也、縦雖為先例、諸人之歎也、仍以非據、可備證跡乎、自今以後、随聞及、且令停止彼押領、且可被糺返損物也、若猶遁事於左右、不被拘制法者、可被注進交名之状、依鎌倉殿仰、執達如件、

寛喜三年六月六日　　武蔵守判

相模守判

駿河守殿

掃部助殿

一　起請文失條々事

一　鼻血出事　　　　　　一　書起請文病事　但除本病歟

一　鵄烏矢懸事（糞ィ　カカル）　一　為鼠被食衣裳事

一　自身中令下血事　但除楊枝時并月水及痔病　一　軽重服事

一　父子罪科出来事　　　一　飲食時咽事　但以被打背程可定失者

一　乗馬斃事

右、書起請文之間、七箇日無其失者、今延七箇日、可令參籠社頭、若二七日中猶無失者、就惣道理可有御成敗

敗之状依仰所𫟪如件

文暦二年閏六月廿八日　左衛門尉清原季氏

左衛門尉藤原行泰

前書允藤原清時

一　西國御家人所領事

右西國御家人者、自右大将家御時守護人等注交名、雖令催勤給、関東御下文令領知所職之輩者不幾、依為重代之所帯、随便宜或給本家領家下知、或以寺社惣官下文令相傳歟、而今就式目多違乱出来、是則兼久兵乱之後重代相傳之輩中雖斷心之族、擬新地頭之所務、奉蔑如國司領家之由有其聞之間、為断如然之狼藉、唆於本所御成敗事者、不及関東御口入之由被定畢、就之何忽可及御家人之悦係乎、但為本所現奇怪、甚者可謂而論歟、然者許詔出家之時、各觸申本所、可被注申罪科之有無於関東也、兼又於自今以後者、被觸仰子細者、可尋沙汰之由、面々可被申置也、抑雖假名於下司職、其身非御家人之跡者、守護人更不可令催促大番役、若兎催其役者、可為本所欝訴之故也、存此旨可令致沙汰之状、依仰執達如件

天福二年五月一日　　武蔵守　判
相模守　判

一　駿河守殿
陸奥国郡郷所当事
以被准布之例、沙汰人百姓等私忘本色之備、好銭貨、所
済之間、年貢絹布追年不法之条、只非自由之企、已公損
之基也、自今以後、白河関以東者、可令停止銭流布也、且於
下向之輩所持者、商人以下、慥可禁断、但至上洛之族所
持者、不及禁断、兼又絹布之麁悪、甚無其謂、早存旧所
当本様、可令弁進之由、可令下知給之状、依仰執達如件

暦仁　年正月廿二日　　修理権大夫　判
武蔵前司殿

一　冨士下方内諸社供僧職事
或俗或女称相伝之由、令雑補之間、譲与之者語僧
侶立代官之事、次第敢非正儀、且故殿御時有御沙汰
可停止之由、御下知先了、其状争令黙止哉、早任先御下
知之旨、停止男女之相伝、可補器量之僧徒之由、普可被
相触之、若猶不叙用之輩者、併可被注申交名也

一　同供僧并神官等、雖式目不参社々之事、若寳貝者甚
自由也、有限禁忌触穢遠行之外、不相従神事之輩

者可被注申科由、為有別御計也、兼又乍引募神
田講田社役令闕怠之類、同可被行過失
一 供僧并近来之念仏者之所行、不顧觸穢之身参社
之由、粗有其聞、事実歟、早加禁制之詞、同可被停
止之矣
以前條事、以此旨可被相觸之由也、仍執達如件
寛元二年十二月二日
左衛門尉清原季氏判
左衛門尉藤原行泰判
圖書充（允）藤原清時判
冨士下方政所代兵衛六郎殿

一 諸國郡郷庄園地頭代、且令存知、且可致沙汰条々
重犯 山賊 海賊 夜討 強盗
右、罪科者、重科也、不可不禁、須處罪科、但重犯者、贓
物令露顕、證據分明之罪事也、以嫌疑無左右搦捕其
身、及拷訊責取厭状、稱白状令断罪之条、甚不可然、
若背此儀、致理不盡之沙汰者、云地頭代、云沙汰人、可令
政（改）易其職也
一 殺害 付刃傷人事
右、如式目者、依口論犯殺害者、其父其子不懸咎云々、
而如風聞者、寄事於左右、至于親類所従、亦稱警

被管令處罪科之所行之企甚濫吹也然者於刃傷
殺害人者可召禁其身許也至于父母妻子親類所從
未者不可懸咎如本可令安堵也

一 竊盜事

右錢三百文以下者任式目以一倍致其弁可令安堵三百
以上五百文以下者可行科料貳貫文也但於贓物者可
返与被盜之主六百文以上重科者可爲一身之咎不及親
類妻子所從未之咎背此儀致過分之沙汰頗非撫民之
法須改所職但雖爲少犯及兩度者可准一身之咎焉

一 放火人事

右准強盜可禁遏矣

一 牛馬盜人之勾引事

右罪科是重雖可令處重科就寛宥之儀可召禁其
身許也但此犯及兩三度者妻子不可遁其科次人勾引
事於親子兄弟未者非人勾引之儀不可懸其咎焉

一 取流土民身代事

右對押有限所當公事之時爲令致其弁令取身代之
条定法也而或少分之未進或以吹毛之企取流身代之条
尤不便也縱雖禁懸年月償其負物請出彼身代之
時者可返与之又無力于弁償可令流質之旨其父其

主令申之時者相計身代直之分限相誅傍郷地頭代
給与彼直物取放文之後可令進退也

一　諍論事
右土民之習雖令挙擢於無其疵者不處罪科而遠
遠之地頭猛狂之輩或稱鬪諍或号打擲致民煩之
於自今以後者専致撫民之計宜止無道之沙汰矣

一　土民去留事
右宜任民意之由被載式目之下而或稱逃毀抑留妻
子資財或号有負累以強縁沙汰取其身之後如相
傳令進退之由有聞事實者甚以無道也若有負物者
遂結解無所遁者任負数致其弁不可成其身以下
妻子所従等之煩焉

一　博奕輩事
右任禁制之旨一向可停止之若有遠犯之輩者可召進
其身許也不可及妻子所従等之煩況不可抑留田畠資
財雑具矣

一　奴婢相論事
右無其沙汰過十ケ年者不論理非不及沙汰之由被載
式目之下而所領知行之間召仕百姓子息所従等之後過
十ケ年永令進退服仕或令移他所之時号所従懸煩

云々事實者無其謂、付田地并住百姓子息所從等
事、縱雖歷年序、宜任其謂、付田地并住百姓子息所
從等事、縱雖歷年序、宜任彼輩之意

一　密懐他人妻事
右、同所被載式目也、但名主百姓等中密懐人妻事、風
聞時不紀明實否、證據不分明之處、無左右處罪科
之條、甚不可然、若訴人出家者、召決兩方、尋明證據、無
所遁者、名主輩者過料貳拾貫文、百姓等者過料五貫
文、充行之、女罪科、以同前焉

一　可致撫民事
右、或以非法、上取名田畠、追出其身、或成阿黨、煩民烟
奪取資財之由、有其聞、所行之企、甚非政道之法、凡以
少事不可致煩費、專致撫民之計、可成農作之勇矣

一　令書起請文詞事
右、依讒言有相論、令書起請文之時、稱祭物料、令責
取絹布已下物之所行之企、甚無其謂、縱為先例、永可
令停止之、以前條々守此旨、且致其沙汰、且可存知、雖一
事違背此旨、於致非法者、可改所職也、沙汰人等可注申
地頭代之非法也、若憚權威、恐地頭代、至見隱聞隱者
可為同罪、以實正令注申之輩者、可有勸賞也、兼又

於大事沙汰者寄合傍郷地頭代沙汰人名主未相牙
加談儀可致其沙汰之状下知如件
建長五年十月一日　相模守
陸奥守
一　左辨官下　五畿内諸国
應自今以後庄公田畠地頭得分拾町別賜免田壹
町并壹段別充加徴伍升事
右頃年依勲功賞居地頭職輩各起涯分恣侵壹
目茲云國衙云庄園寄事於彼濫妨懈勤於其乃貢
是非相貸莫偽弁雜熙然間無心之佛神事空以淩
替有限之公私領不辨地利天下衰弊職而斯由方今
四海既定萬方靡然誰輕宗廟杜(社)稷之重事誰掠五
畿七道之濟物然則一為休庄公之愁訴一為優地頭
之勲労従折中儀須定向後法文武之道捨一不可之謂
也左大臣宣奉　勅庄公田畠地頭得分十町別賜
免田一町一段別充加徴五升於自今以後者嚴守制
符宜令遵行者諸國宜承知依宣行之
貞應二年六月十五日　大史小槻宿祢
中辨(辨)藤原朝臣
去七年兵乱以後所被補諸國庄園郷保地頭沙汰條

一 〻得分事
右如　宣旨状者假令田畠各拾壹町内十町領家國
司分一町地頭分不嫌廣博狭少以此率法免給之上加
徴段別五升可被充行云々尤以神妙但此中本自帯
将軍家御下知爲地頭輩之跡爲没収職於被改補
之所者得分縦雖減少今更非加増之限是可依舊
儀之故也加之新補中本司之跡至于得分尋常之地者
又以不及成敗只勘注無得分之所々守　宣旨今計充
也仍各可賦給成敗之状也且是不帯此状之輩張行

事出家者可被注申交名隨状可被過断也

一 郡内寺社事
右件寺社者多是爲領家進止歟若又加地頭氏寺氏
社者私進止歟所詮任先例令更不可致自由新儀

一 公文　田所　案主　惣追捕使　有司未事
右件所職随所或在之或無之名雖非一様所詮任先
例於領家國司進止之職者地頭更不可妨若又乱逆
時依爲指犯過雖兼帯其職如舊從領家國司之所
務

一 山野河海事

右領家國司之方地頭以折中之法各可致半分之沙汰
加之先例有限年貢守本法不可違乱

一　犯過人糺断事
右領家國司三分之二地頭三分之一可致沙汰也以前伍
ケ條且守
宣旨之旨且依時儀可令許下知也凡不帯此状之輩若
寄事於左右猥張行事出家者領家國司之訴訟不
可断絶随交名到来可令過断也以此旨兼普可被披露
也者依旨如此仍執達如件
貞應二年七月六日　　前陸奥守　判
相模守殿

一　新式目以所領入質券令賣買事
右御家人等以所領或入質券或令賣買之條爲佗
傺之基歟自今以後不論御恩私領一向停止沽却并
流之儀可令弁償本物也但非御家人輩被載延制
應制之間不及子細歟

一　以所領和与他人事
右爲子孫讓他人之條結構之趣甚以非正儀不謂御恩
私領向後可被召彼和与之地也但以一族并傍輩子息
年来令收養者非制之限云々

一　離別妻妾知行前夫所領事
右有功無過之妻妾雖被離別前夫不能悔返所譲
与領之由被載式目已下而離別之後嫁于他夫猶知行
彼所領之条為不義歟自今以後於嫁他夫者早可被
召上所譲得之領也

一　次非御家人之輩女子并傀儡白拍子皮凡卑女之誘
取夫所領令知行者同可被召之但為後家有貞節者
非制之限

一　賣買質券所領事　元亨
右給御下文者不及子細雖不給御下文過廿ケ年者
不及沙汰　　次本物事先可糺返之
次本所進止所職事依其所事御家人未致許諾之時
於六波羅令執沙汰之分限有定准歟可随其左右也

一　質券地同作毛事　文永五　八十　評
或不弁本錢之以前押作所領或雖弁本物不請取之令
領作云々云彼云此太無道也然者本主雖押作之不弁
本物之以前者至件作毛者可為錢主之進止又錢主雖
耕作之弁本物之後者於作毛者可為本主之進退也

一　文永四年式目三ケ条以所領入質券令賣買事
以所領和与他人事以上両三ケ条被弃破已下早

一 可被存知其旨之状依仰執達如件

文永七年五月九日

相模守 判

右京権大夫 判

一 諸事許詔事　弘安四　四　廿三　評

頭人掌目録糺年紀可有申沙汰

次許陳状縦雖為大事不可過三箇（問）答次遁避重禁

忌之由雖令自称不申證據者御沙汰不可有延引也

御判有之

一 恒例臨時公事間事或就政所或定頭人被仰下之

處給主并寄子亦稱令對押不遣其道之条無謂

然者頭人并政所先致沙汰可注申子細寄子并給主素

肯被催促致自由對捍者随公事之躰可被付寄

子所帯於頭人次政所經公用事於別納之地者可被

落例郷至例郷者可付政所但以不實於注申者政所

頭人可有其咎之状如件

弘安六年四月日

一 （御内）安堵事

得本主讓之輩申安堵之時成下文者定法也本主存

日之間成安堵下文歟自今以後一向可令停止之

一 所領年貢事

遠國者翌年七月以前令究濟可遂結解近國者
同三月中可遂結解縦雖無未進期日以前不遂其
節者別納之他者可落取所例郷於例郷者可令取
易所带也

一（御判有之）領内寺社別當供僧末事以鎌倉常住僧被補之処
恣貪佛神神用不遂修造令懈怠恒例勤之条甚
不可叶冥慮自今以後件僧徒補彼職事一向可令停
止但住其所興隆佛法勤行神事者非制限　次同執
務之仁引募料田小破之時不加修理及大破後申賜公
物可遂造営之由申之可令改易所職之状如件

弘安七年八月日

一 自嘉元至仁治御成敗事　正嘉二　二十評
右於自今以後者准三代将軍并二位家御成敗不及
改御沙汰云々

一 河手事　一 津泊市津料断事

一 沽酒事　一 押買事

右四ケ條所被禁制也於河手者帯御下知之輩者不
及子細之由雖被作下同被停止之上下守此旨可被相觸
相模國中（越中 越後 西国イ）若令違犯者可被注申之状依仰執達如件

弘安七年六月三日

駿河守 判

信濃判官入道殿

條々（十ヶ条 新御式目）弘安七 八 十七

一 評定引付評儀漏脱事

近日多以有其聞、頭人糺明之可申沙汰、漏脱之条無道
所者其人可被處罪科、訴人申出虚誕者可被行不
實之咎

一 引付并奉行人引汲訴人事

背道理有引汲之儀、勢者頭人随見及可注申

一 引付勘録事　以二通三通可勘申一通

一 付内外致沙汰口入事

一 執進權門状之条、被載式目之處、猥致口入、顛背制法
敗有如然之輩者、頭人以下引付衆可注申交名

一 當参訴訟人事

頭人連々注置交名、於貧道無縁并京下雜掌及遠
國之仁者、急速可申沙汰、凡奉行人之緩急殊可加精
好

一 頭人并奉行人相牙讓子細不申沙汰事

訴人愁申頭人之時者、可觸申奉行人之由返答、勤奉行
人之日者、可申頭人之旨稱之、不事行云々、止此儀、頭人一向
可加催促

一　憚權門不事切事
雖為理非顕然憚權門不事切之由令謳謌歟不憚人
不依事無違怠之儀可致其沙汰

一　安堵奉行人事
稱召調訴陳状徒送年月之条尤不便也為讓状顕然
者早書上御下文於有子細事者即可賦出引付

一　表裏證文事
貪道御家人亦相違富有之輩内則書渡沽却質
券之状外亦誘取親子契約之讓状云々之所存之趣姧謀
至也如此之地者或返与本主或可為闕所

一　頭人退座事
頭人訴詔并退座之沙汰既被賦處分者可渡他引
付自今以後可守此儀

一　六波羅并鎮西守護人注進状事
訴人雖不参向随到来早速可申沙汰
以前条々固可守此旨且先々雖有如此被定下之法無
沙汰歟令条々令違犯之輩事不注申者頭人可被處
緩怠

條々　新式目イ
寺社領如舊可被沙汰付専寺神事佛事被止新造寺

一　社可被加古寺社修理事
一　御祈禱事撰器量仁被嶽人数如法被勤行供ゝ料
一　無懈怠可被令行事
一　可有御學文事
一　武道不廃之様可被懸御意事
一　内談三ヶ条毎日可被聞食事
一　被定番衆諸人参上時急申入可然之人ゝ可有御對
面其外可有御返事ゝ
一　殿中人ゝ毎日可有見参事
一　御領年貢毎年被遂結解可被全御得分事
一　可被止僧女口入事
一　毎物可被用真実倹約事
一　殿中人礼儀礼法可被直事
一　在京人并四方発遣人ゝ進物一向可被停止之其外
人ゝ進物可被止過分事
一　可被止雑掌事
一　可被止造作過分事
一　御行始御方違之外人ゝ許入御可有猶豫事
一　依諸人沙汰事殿中人不可遣使者於奉行許事
一　鎌倉中奉行人廉直可被召仕事

一 可被止臨時公事ゝ
一 條ゝ公方
一 九國社領止甲乙人賣買如旧可被沙汰付事
一 自今以後被止新造寺社可被興行國分寺一宮事
一 可被行儉約事
一 在京人并四方發遣人ゝ所領年貢可有御免事
一 隨所随出来所領替迴恩旧恩勞可有御恩事
一 越訴事可被定奉行人事
一 鎮西九國名主可被載御下文事
一 年貢事定日限可徴納若過期日者可被召所領之
一 臨時公事不可被充御家人事
一 可止大御厩事
一 出羽陸奥之外東國御牧可被止事
一 路次送夫可被止事
一 御垸飯三具外可被止事
一 御的七日直垂立烏帽子
一 御評定物五日直垂折烏帽子
一 屛風障子繪可被止事
一 衣裳繪可被止事
一 御所女房上臈二衣下臈薄衣也

一　贄殿御菜浦之所ニ不可被取事

一　念佛者并遁世者鎌倉中騎馬可被止事

一　越訴事可被定奉行人事

一　鎮西九國名主可被載御下文事

一　引付衆并奉行人事　弘安七　八三

一　右引付衆殊専清潔可励奉仕奉行人為廉直致
忠勤者尤可被賞翫挿邪心現私曲者永不可召仕仍云
引付衆忠否云奉行人曲直頭人不憚人不存緩怠速
ニ可注申也引付外奉行人事政所問注所執事可
申沙汰矣

一　雑人利銭負物事
　不経訴訟過十ケ年者任式目不及沙汰

一　問注所申鎌倉住人利銭事
　不可懸地主以下部直可加催促
　弘安七年八月十七日

一　可為御家人輩事　弘安十　五　廿五　御沙汰
　祖父母帯御下文之後子孫雖不知行所領為御家人
　令安堵条先ニ成敗不可相違但依其身之振舞可有
　許否沙汰歟

一　諸人訴訟口入事

不謂親疎致口入之条無謂自今以後者祖父兄弟夫
婦子孫之外一向可停止也若令違犯者可被棄置件
訴詔歟

一　隠置悪党於所領内輩事　弘安九　二五
自身者関東祗候之間在国事不知及之由依令申之
前々遁罪科歟於自今以後者令隠置悪党於所領
内之由令露顕者身雖不在国可被召所領三分一也但果
住所領百日許居住之族雖為悪党不可存知之間鎌
倉参住之仁不可及罪科至代官者為在国之間依不
可遁其咎永不可召仕之若猶召仕者主人可有其科
也正員又令在国者雖為百日居住之浪人可被改所
帯

一　未断罪所事　弘安九　二　十四
其沙汰三十下
依罪科可注進所領之由被仰下之處或自然未注申之
或雖注進不合評定之分者本主可令安堵之旨去年沙
汰已下而無下知状者可為後日之煩歟早相觸守付可
令成下知之由可被仰付所

一　諸御領不作河成事　在御判
給主等就申子細加検見之處前々不作河成向当
不遂其節之間田数減少公損之基也自今以後如然之許

詔出来之時者可被遂實檢也次前ニ檢見所ニ同可有
其沙汰矣

一　所領賣買并請所事
以御恩之地相逢甲乙人或令沽却或号請所令充行之
間其地荒廢云云向後可令停止之令違犯者可被改所帯
矣
弘安九年八月日

一　讒者事
右致損人之族挿折心致讒訴致於如然之輩者永不可
召仕焉

一　口入事
右或募權門之威或稱縁者之由企口入之間奉行人成怖
畏之思致為世為人其科不輕有違犯之輩者同不可
召仕矣

一　諸人奉行事
面々被作付之処砌雖似有其沙汰終及緩怠之間還有
其嘲致自今以後不遣其道者可令處奉行人於罪科也
弘安九年閏十二月日

一　殿中奉公事
右他所奉公之仁亦寄事於左右違背本所或参候自
身或舉進子息致奉公不可然之間永可令停止也

一 評定時退座分限

祖父母　父母　養父母　子　養子孫

孫　兄弟　姉妹　聟（姉聟 妹聟 孫聟 同之）

舅　相舅　伯叔父母　甥

姪　従父兄弟小舅　夫（妻訴訟時可退座）

烏帽子と

一 関東新制條々

一 可如法勤行諸社神事等事

祭豐年不奢凶年不倹是礼典之所定也而近年
神事或陵夷背古儀或過差忌世費神慮難測
人何有益自今以後恒例祭祀不致陵夷臨時礼費切
令過差

一 可令有封社司修造本社

有封社者任代々符小破之時且加修理若及大破言上
子細者随其左右可有其沙汰之由被定置已下而近年
社司恣貪神領之利潤不顧社壇之破損匪啻不恐神

慮専可謂忘公平自今以後於背此法者可被改補
其職

一 （同年同月）可令停止神人加増并行事

神人者常陪社頭可従神役而散在國々以好悪
充満所々以致狼藉自由之企甚背物宜早於新加神
人者削其名以随停止至本補神人者忌事以可勤職
掌

一 （奉行侍所）放生會的立役事

一 同居随兵役事

一 若宮流鏑馬役事

一 二所御参詣随兵役事

以前條々就巡役被催促之時兎課被用途於百姓之由
有其聞於自今以後者永停止其儀以地頭得分可令
勤仕之旨遍可相觸御家人等之由可被仰侍所奉行
人等也

一 可令如法勤行諸堂年中佛事等事

諸堂之勤恒例有限而供僧等纔雖有勤修之名更無
抽誠信之志被補其職之始雖有法器之清撰被補其
職之後多用浅﨟之代官然之間以尩弱手代勤嚴重
御願太不可然禁忌并現在労之外者用代官事一

切可令停止之兼又供新不法未下相積之由諸堂有訴訟者云雜掌云寺務乍知行有限之所役何可遁避應輸之濟物哉而於引付雖有其沙汰猶以不事行者殊可有嚴重之沙汰之由重面々可被仰下引付訖有不法雜掌者隨奉行人注申可被改易其職矣

一 可令諸堂執務人修造
准神社修理之条可有其沙汰

一 （同應奉行 政所）佛事間事
堂舍供養之人報恩追善之家不測涯分多費家產雖寄事於供佛施僧之勤猶莫不成民庶黎元之煩還可招罪根更非殖善苗偏是任名聞之故歟付冥付顯其有何益自今以後修佛事之人只專淨信宜止過差

一 六齋日并二季彼岸殺生禁斷事
魚鼈之類禽獸之彙重命逾山岳愛着相同人倫因茲罪業之甚無過殺生是以佛教之禁戒推重聖代之格式柄焉者也然則件日々早禁漁網於江海宜停狩獵於山野也自今以後國守地頭制法一切可隨停止若背禁遏有違犯之輩者可加科罰之由可被仰諸國守護人并地頭等但至有限神社之供祭者非制禁之限

一 （延應奉行 行一）鷹狩事

神領供祭之外可停止之由御下知先早固守此
制禁不可違犯矣

一 可専守式目事 弘長奉行問注所執事
被定置之後有違犯事者随軽重可有誡沙汰
也自今以後固可守此法也

一 可定置評定衆并引付衆及奉行人起請事
政之道之源以無私為先誰背此理歟然而且為避上之疑
且為顕下之忠任故武蔵前司入道之時例可被召起
請文也但雖加署判於先年之起請文於今度者評
定衆以下一同可令加署判也

一 問注書下事
問状清書之仁就訴陳状到来不申入子細無是非書上
之条沙汰依違之基也自今以後問状本奉行人請取訴陳
未申沙汰之可書下之

一 問注遅引事
問注所執事并奉行人未致緩怠之故也政道之源只在此
事云執事云奉行人未殊存忠勤可致沙汰也各随度勤
否可有賞罰且於奉行人未勤否者執事可注申之矣

一 京家問注記詮句事
詮句注進之日数大事三ケ月中事二ケ月小事一ケ

月此中可勤申也於其沙汰之前後者可就問注之年ニ
紀但大事并急事者被下別書下雖不守年紀次第
可有其沙汰問注所執事并催促之仁亦寄合取目六可
合評定

一　五方引付事
面々引付緩怠之間訴訟人亦有歎之由遍有其聞自今
以後随沙汰之躰早速可令申沙汰也但有殊子細令延
引事者兼可申之徒三ケ年已上之訴訟不申沙汰拘持
之奉行人亦可被處罪科也且此亦子細引付頭人随注
申之可有忠否之沙汰也若又引付頭人無沙汰不注申
者可為頭人之不忠且被作下引付条々一向随頭人与・
奪可致其沙汰之由可被作五方頭人亦矣

一（之悪）御家人見参并庭中訴訟聴断事
以評定之隙常可有其沙汰

一　御儲事

一　御引出物以下名可存略儀
衡重敞手家外居并檜折敷事

一　酒宴之時一切可停止之
八月一日贈事ニ

一　近年有此事早可停止之

一　私消息用厚紙事
為世之費為人之煩一切可停止之
一（文應奉行長泰）造作事
右侯〔倹〕約可止花美也且非一郭新造之外者不可
充催其用途於百姓等但可停止過分之所〔配〕之族
造會棧敷止檜可用杉
一（文應長泰）私家帳臺蒔繪并障子引手組緒可停止之
同障子緣可止紫也雖寢殿於引手同座者可用
草也懸金寢殿之外可用鑞
三枚障子紙散薄一切可停止之
一　唐垣一切可停止之
明障子鎚楣障子栗形等止銅可用鑞也並雖寢殿
不可用大文高麗可用簾品小文且下緣可用簾品紺藍
摺布等同裏可用簾品布也但帳臺間皆高麗一
帖者可被聽之並簾緣入御之時御所之外可止之
一　修理替物用途事
一　垸飯役事
兩条自今以後宛課百姓事停止之以地頭得分可致
其沙汰又私分同可守此儀且其垸飯者用簾菜可止
高盛也次政所問注所小侍等小舎人所御廐方者等酒

一 肴正月中止毎日之儀、可為三ケ日也

一 五節供事

充僮百姓事、為土民之輩、自今以後、一向可令停止之也

物具事

上下諸人蒔絵金銀鈿刀并鞍豹虎皮切付及銀鐙

鞦可停止之、於流鏑馬者非制限、鞦者交銀事中心

以下不可過三両、但貢馬以下御馬御覧之時用銀鞦

非制限、又厩者所々交銀事許之、但不可過五両、腰刀

目貫非沙汰之限、黒漆并貝鞍等同、不可出損、膀雖銅

模銀其躰相同、其實難弁、同可止之

甚高敗

僧侶并児同之、又鈿刀一切不可随身之

行

神事并元三出仕晴儀之外、於総鞦者可停止之

褻行之時不可用総鞦、雖女騎馬蒔鞍銀鐙鞦絛

鞦可止之、於鞦者交銀事同先條

腰充弦巻伏輪金物可停止之

行

腰刀組下緒可止之

弘馬 侍所

行騰於大班者一切停止之、但流鏑馬并御共之時

非制限、郎等以下殊可用下品行騰也

文應 侍所 建長 行

次、遣行騰事同可止之

羽事於上品羽者、郎等以下之輩不可用之、切生者前

之被定下畢同可守彼制也

建長行一
次造羽事一切可停止之

色革近年為藥染之由遍有其聞御諸方加禁

并町屋沙汰人停止之

延應行顯
蝙蝠扇可停金銀薄泥繪也但殿上人已上并可然

僧侶可被許之於畫圖者非沙汰之限停過差可

先兼品烏帽子兩三度之外不可塗之折烏帽子

非沙汰之限又烏帽子懸不可交紫絲

草襪一切可停止之 但老人所労之輩可用白

草燵草於不可用色革

一 私家燈臺爐棚椽手洗停蒔繪可用下品金物也

延應景頼
私中持并床子金物一切可停止之

弘長行一
私胡録杪手巾付口伏緇末廃金物不止金銀可用銅

輿外連子外金物組緒非別仰之外可停之女房輿外金

物同可止之但公卿以上連子非制限又物見兩皮付並金

物不及沙汰出之 僧輿僧正之外可止外金物且非僧正

法務并大臣子息之外僧侶輿簾草不可用遠文五

緒同人之外輿外連子外金物簾垂緒組不可止之

一 延應行方
衣裳事

元三之間將衣以一具可通用也但或有晴儀或有雨湿事

之時令改着者非制限歟 正月中将衣不可過三具礙上
人以下不可着無文穀并志々良綾奴袴諸大夫以上之外不可
着有文将衣五位以下将衣重衣不可用美絹引糯粥尋常之時
可用単将衣節木襴皮懸雑色大童子不可着絹重衣将衣雑
色大童子一向可用白張并綾唐綾村濃紺漆黄衣者可停止之
至中童子小舎人童濃装束者兼品絹 重衣 非沙汰之限
衛府巳下小舎人童停濃将装束可有水干袴
弘長 景報
元三間女房衣員数
御所女房并半物五領 同雑仕三領
建長同
至諸家女房者一向不可着重衣又止袴可用裳令木

同可停止之
女房夏時不可着捻重可用単重也
五月五日以前不可着生衣
七月一日不可改装束中下臈不可着二重二重綾并織物唐
延應 景頼
織物衣小袖織生袴者雖上臈非制御之外一向停之
延應 侍所
又錦物同可止之并男者綾唐綾小袖一切停止之
雑仕裳衣不可用美絹又同袷綿以薄為先
侍所政所雑仕木止二衣可用袷也 月景報 紅紫衣裳衣小
袖一切可停止之 女房裳袴単衣東帯具皮流鏑
止之馬水干馬長巫女木装束非制限

弘長同
上下諸人小袖不過二重
延應行親
茜裏小袖可止之
目結二重并三重并直垂帷一切可停止之但至鎧
直垂者非制限
建長行頼
上下諸人直垂不可用細美布可為先廉品同裏
可停止又大口可止美絹
延應同
絹太蘭地并絹直垂同可停止之
僧徒着綾表袈裟事非別仰之外可停止之
弘長同
凡僧不可着綾表袴同奴袴等
児織物練絹直垂同裏公卿子并孫之外可停止之

力者装束不可着細美布又可止袙也
馬長共人并猿楽田楽綾羅錦繍打物金銅風流可停止也
唐横霞并袋平署裏停止織物継可用綾矣

一 弘長行方
可禁制絹布類短狭事
近年以来絹布之類狭織短截猥乖延暦之間併以
寸法不足者商人等之猛悪也不可不誡自今以後短狭
物等不可売買之若猶背禁遏之法者仰奉行人等
殊加厳密可被没収其物矣

一 弘長行方
従類員数事
四位以上雑色六人　五位四人　六位二人

検非違使五位尉并四人雑色四人小舎人童一人調
度懸一人舎人一人放免五人　此外火長看督長并如恒
同六位尉二郎并三人雑色二人小舎人童一人調度
懸一人舎人一人放免四人火長看督長如恒
文應侍所
馬長雑色不可過六人　加舗二人之
流鏑馬當色不可過六人　又舎人如恒　同的立不可具郎等
延應行方
御出仕之時御供人々従類装束之外可止着直垂之輩於
此仰者向後可被除御供也且背制法之輩者奉行人
可注申之若不注申者可被行其科　於奉行人也
鎌倉中出仕輩所従不過五人

正嘉二
又騎馬共人并不可過二人違犯之輩可被處罪
科也奉行人不注申者子細同前
弘長行方
僧正　従僧三口中童子二人　大童子四人　　僧都　従僧二口中童子二人　大童子四人
法印　准僧都　　律師　従僧一口中童子一人　大童子一人
法眼　　法橋　准之　　凡僧　従僧一口中童子一人　大童子一人
已上晴日僕従可守此制至于尋常出仕之時者
不可及其員矣

一　可仰諸國守護地頭并令禁断海賊次山賊并事
山賊海賊夜討強盗之類諸國地頭守護并可致其
沙汰之子細被載式目畢而無沙汰之由依有其聞如此悪黨

一 不可見隠聞隠之旨雖被召起請文於御家人未糺以不
断施之早仰國々守護所之地頭未殊可被加炳誡此上猶
悪黨蜂起之由於有其聞所々者云守護云地頭可被改補其職矣

一 京上役事

諸國御家人恣云錢貨云疋馱充巨多用途於貧民未
致苛法譴責於化屋之間百姓未及侘傺不安堵之由
遍有其聞然則於大番役者自今以後臨別錢三百文此
上五町別官馱一疋人夫二人可充催之於此外者一向可停
止也且令被定下之負擔以下於日來涉決出來所々者
就此負擔可加増之至過分所者固可守此法也無文同

時長夫事在京之間給与食物可召仕之但私京上之
時者人夫宮駄之外不可充催百姓等矣

一 長夫事

百姓未有其歎一向雖可被止之鎌倉祗候之御家人未還
又可有其煩然者自今以後同充給日食可召仕之矣

一 早馬事

有変急之時為聞達也而近代雖非火事以早速為其
詮頗有人馬之煩然者自今以後殊重事之外可止急
速之儀之由可被仰六波羅矣

一 京上送夫事

御物運送之時不検知其員数就雑掌申状無左右書
出長帳之条云雑掌人云奉行人共以不忠也自今以後
者検知御物多少可撰定之人夫員数也且相具私物於
御物令取下事一向可令停止之由同可被仰下六波羅也

一 可停止諸人往反路次雑事等事
有所之費為人之煩自今以後可停止彼雑事

一 鎌倉大番并随兵両役事
御家人等大番勤仕之時奉行人或取其贖一向令免除
之或差数所軽役取賄賂之由前々有其聞自今以後早
可令停止之次随兵役事如放生會御二所詣之時多以
催人数有限員数之外同取其贖令免除云々一向
可停止之若猶有其聞者殊可有誡沙汰矣

一 為御使上洛輩不可相具訴人并追従輩事
有殊子細之時者不及沙汰而雖無指大事被差上御
使時或称有所縁求眤近之輩或依有訴詔思賄賂之
類俄以上洛是併思追従不顧万端煩費之由遍有其
聞自今以後如此輩慮従一向可令停止也

延應 行方
一 可禁制辞餞事
遠近御家人参上之時称旅籠振舞埦盃盤儲号
引出物令負賊産之条為世有費為人多煩自今以後可

一　令停止之、且又客人以饗応皆存略儀、可止過分矣

延応　行方

可禁断僧坊酒宴并魚鳥会事

成群飲及飽饌、既背禁戒、何好放逸、加之俗人児童相

交之間、専以肉物充用其肴云々、太背物宜、永可令禁制也

基政

一　児任官事

自今以後、早可停止之、若有違犯之輩者、雖元服之

後、不可被聴之

一　諸寺任官事

延応以前拝任之輩、非沙汰之限、其後任官之族、不正其

身者、可被處罪科也、自今以後、同可守此禁制也

一　不可召仕町人并道々之輩事

一向可停止之

一　在京武士乗車横行洛中事

可停止之由、御下知先已下而近年多違犯之由、有其聞

仰六波羅可令禁制也

一　鎌倉中乗輿事

一切可停止之、但殿上人以上并僧侶者非制限、又雖御家

人、年六十以上可許之矣

一　可停止凡下輩騎馬事

雑色舎人牛飼力者問注所政所下部侍所小舎人以下

一　道々工商人等鎌倉中騎馬一切可停止之矣

一　侍所雜仕以下下部等行向御家人宿所被責食應事

侍所雜仕小舍人朝夕雜色御中間贄殿土々執當釜殿等正月并便宜之時行向諸人宿所常求盃酌甚以無道也早可停止之但行向奉行人之許事非制限矣

一　相模國定使取夫功事

被召人夫之時加増其員數所残取夫功企免除之由有其聞事實者爲土民之歎自今以後可令停止之也若猶不止者殊可有誡沙汰

一　念佛者事

於道心堅固之輩者非禁制之限而或招寄女人常致濫行或食魚鳥類好酒宴如此之類遍有其聞於件家者仰保之奉行人等可令破却之至其身者可被追放鎌倉中也

一　僧徒裹頭横行鎌倉中事

仰保之奉行人可令禁制之矣

一　着編笠横行鎌倉中事

可停止之由同先度被仰下之而奉行人等緩怠不制歟自今以後固可加禁斷也

一　囚人食物事

奉行人等不充囚人食物之間多及餓死之由有其聞自

令以後仰侍所毎旬一度加圍固之巡檢相觸沙汰不可
令致貪物之沙汰矣

一 正嘉 蓮佛 光成 行佛 可停止鎌倉中迎買事
仰奉行人不日可令加制止矣

一 可停止立商人事
或徘徊在家門戸或停立往反路頭致賣買押買詐之
輩仰保之奉行人自今以後可制止之矣

一 可令催勤鎌倉中諸保夜行事
夜行者警衛止悪之要也盗賊之族恐之可希放火之類
撣之可止然則仰諸保奉行人不嚴重可令催勤之也矣

一 建長 蓮佛 光成 行佛 可令禁断人勾引并人賣事
件之輩不任本條可被断罪且稱人商專其業之輩鎌
倉中并諸國市之間多以有之自今以後於鎌倉中者
仰保之奉行人随注申交名可被追放之至諸國者仰守護
地頭固可令糺断之矣

一 延應 基政 光蓮 可停止博奕事
盗賊放火之殃多以出来固茲度々禁制殊以嚴重也而猶
有違犯之輩々々仰保奉行人并國々守護地頭不重可被
加禁遏但圍碁象碁者非制限矣

一 私出挙并挙銭利分事

於出挙ニ銭利者不過一倍之条前ニ其沙汰已下継雖積
年紀不可令加増継雖令出證文不可令叙用若猶有違
犯之輩者就訴詔作奉行人可被糺返文書没収其物矣
一　鎌倉中橋修理并在家前ニ路掃除事
作保之奉行人無怠慢可致其沙汰若有懈怠者可被
行其科於奉行人矣
一　可禁制弃病者孤子死屍等於路邊事
病者孤子等令弃路頭之時随見合殊可加禁制若又
偷有令弃置事者為保ニ奉行人之沙汰可令送無常
堂至死屍并牛馬骨肉者可令取弃之以此等之趣可被
作保奉行人等矣
以前條ニ固守此旨自来三月廿日可加禁制也若有違犯
之輩者可被行罪科又奉行人無沙汰不注申者同可被
處其科之状如件
弘長元年二月廿日
武蔵守平朝臣　判
相模守平朝臣　判

御成敗条々　應虫損

一　役夫工米以下段銭京済事

差日限作捧請文於不致其沙汰在所者速可被闕所矣

一　寺社本所領訴詔事

不可依文書之年記但於不帯公験者非御沙汰之限

一　諸國寺庵望申御祈願寺御判事

且帯门徒尊宿之吹挙且以其所領主之註進可申給之非如然之類者一切可被停止

同寺庵安堵事

或稱甲乙人等之寄進或号買得譽契之由緒雖望
申御封不可有御許容但地頭御家人等於副渡御
下文以下證文者不及子細乎

一 以不知行所領文書寄附権門事
雖為先條之制法近来如此之輩間有之任本法可被停
止之

一 諸人許詔事

一 論人催促日限事
於或年記馳過或不帯公験者不可有御裁許矣
就訴人解状雖相觸當知行之仁経廿一箇日不出對者
以遠背之篇可有御成敗乎

一 先給替地事
以闕所申賜之者定法也爰以年記馳過文書稱由
緒望申皮替之族惟多自今以後固可被停止矣次雖
給替地依不知行立還望申以前在所之条自由之至
可被禁制矣

一 不知行所領事
縦雖帯大間安堵於未施行之地者不可相續 年記者
也紛失安堵子細同前

一 諸人安堵事

就當知行被下安堵御判者普通之儀也望申御施
行之条以次構私曲歟旁可被停止之

一　紛失安堵事

雖帯文書之文於年記馳過者不可有御許容至
捧當知行乔年記未満文書案文者非制限焉

右條々守此旨各可申沙汰若令違犯者可被處嚴科
也

倭朝論鈔

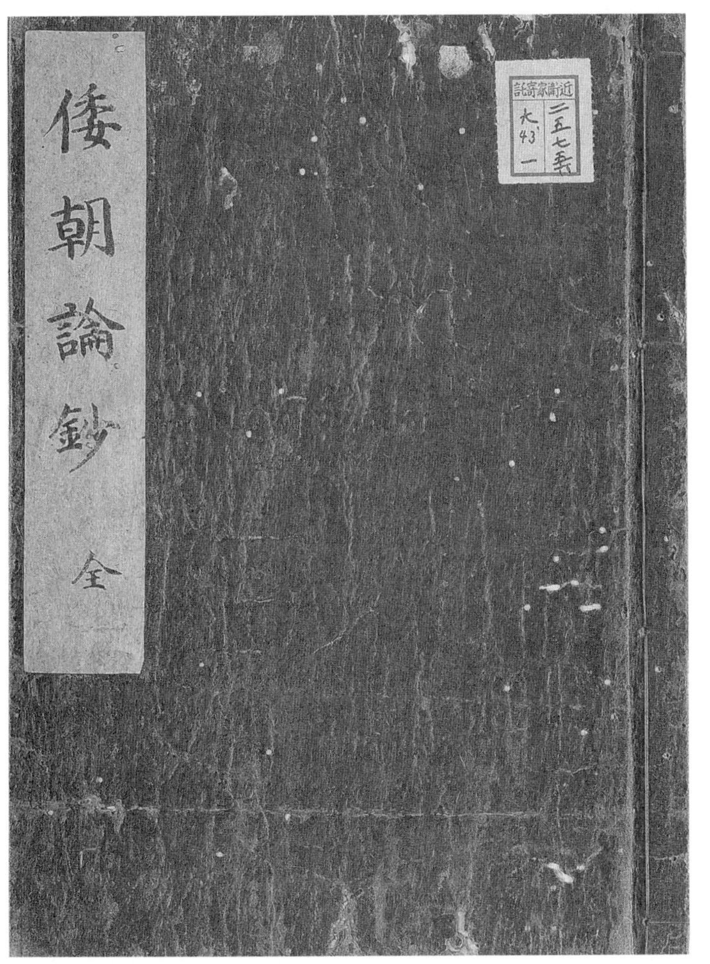

倭朝論鈔（表表紙）

御成敗式目　　天文五申二月吉日　環翠軒[illegible]正之

此書ハ先代ノ法也高倉院ノ治承四年ヨリ光厳院ノ元弘
三年ニテシ先代ト云ヽ西明寺殿ナトヲ先代ノ内ト云ハ一向ソテナイ
事也是ハ管領ノ代ノ始ハ右大将頼朝也十四歳ニシテ治承四年八
月十六日ニ平ノ兼隆ヲ追討ス自是先頼朝蛭カ小島ニ流人ニテ
アリシカ元暦元年三月十一日十四歳ノ时ニ北条ノ四郎平時正ヲ遣ス
平家追討ノ大将トス於是頼朝起義兵ハ先ツキソノ義中ヲ討ス
依其功従四位下ナルソノ後平家ヲ追討メ建久三年七月十三日ニ
四十六歳ノ时正二位右大将ニナラレテ始テ給将軍号ソノ後正治
元年正月十五日ニ死去也世務二十年也其次ハ左衛門頭源頼家也
正治元年ヨリ治世四年是ハ北条於伊豆修善寺ニ湯ニテ殺之
ソノ後弟ノ実朝世務十六年也承久元年正月廿七日於鎌倉
若宮社頭公暁阿闍梨殺之ソノ後頼朝ノ後家ニ位尼ハ北
条四郎カムスメ也此人承久ヨリ嘉禄元年マテ六年ノ間世務ヲシラレシ

倭朝論鈔（表表紙見返・一オ）

菅家ノ為長ノ卿ニ貞観精要ヲ假字ニカヽセテ摂政ニ世勢ヲセラル、
也唐ニモ呂太后治天下ス唐ノ代ニハ則天皇后高宗ノ母ニ宋ニハ宣
仁皇后哲宗母ス垂簾ノ政アリ日本ニハ天照太神神功皇后廣
玄天皇ニ斉明天皇持統天皇元明天皇元正天皇廣法天王継
康天王ホ皆女王之ザレトモ是ハ皆賢女ナルホトニ如此也大略ハ女人
治世シテ禁之ソノ證拠ニ尚書ノ牧誓ニ牝雞ノ朝ハ是家ノ尽也
是女ノ外ノ治ルニ比スル也女人ノ世教カシ戒之左傳ニモ五覇ノ時ニ初
以テ夫人ノ預リ国中古ニ又上ニトコ云令盟ノ法ニ日本テモ女ノ政ヲ禁スルハコノ
謂之サレトモ今ハ無人ヲ故平信尼世勢シス其後京ヘ申メ光明峯
寺殿ノ御息ヲ申請為猶子二条ヨリ位ヲ譲セ号シ七条将軍
頼経是也嘉禄ノ頃ス名ウシケシニテ治世ス其子頼次名ウシケシカラ
八年治世ス頼次元子後嵯峨院末一皇子ヲ申請将軍トス宗
高是也建長四年ヨリ治世ス文永三年ヨリ源ノ姓ハ始之後
深草久頭正応二年ヨリ十九年ノ世勢也ソノ後守国ノ親王
延慶元年ヨリ廿五ケ年成吉親王元弘三年ニテ二十九年ヽ世勢
之サセシテノ元弘三年五月五日ニ尊氏将軍トナル之職元拂ニハ将軍
ナリヨリモリシニシ将軍トス日足ハ南帝ノ時ノ手ヤホトニ用ス之守国ニテ
二十四人也　以代九代ハ三代将軍其次ニ頼経　頼次　宗高　是康
久頭　守国是シ先代九代トテ之以上二十四人ラ之ロミシ名ル者之
執権ト後見シハ云其後管領ト云西明寺ハ後見之非将軍也
鹿苑院殿ノ時ニヨソノイカテノ小路義将トコヨリ始テ管領ト云ヘアリ
又ヘ領スル義之　管領、青陽春シトコ句アリ先代ノ六波羅奉行
アルハ平家ノ時ニ準ナスル之此式目ヲ編時代ハ貞永元年清家ニハ
チイノ以トヨム忠家ニハチウ以トヨム治承カラ貞永元年ニテハ
五十四年ニナル之故堀河院ノ末之時ノ将軍ハ頼経之頼経十四
也ニテ三位中将ニナラル、時之故見ハ相模守平ノ時綱武蔵守
平泰時ヲトシ武州禅門トモ云時ニ後見也六波羅ハ掃部助
平ノ時守ト駿河守平ノ重時ヲ之六波羅之撰者ハ六人之

清大外記〔頼業〕カ説ニ斉藤カウラガキニ〔浄円〕カ説ニ三六人メノ
作タト云是ヲ取ル清大外記トハ是ハ清家ノ庶子ニアラトモ依
有文彩才一人尊ンテト云越前法教延泉　太田民ア大夫トモ云ゲ
康連ヲ　斉藤兵衛入道浄円　此六人ハ何ニアルソニテラストナリ
アリヤカ、三ニハ貞永元年五月十七日甲午武州天下ヲ能セシト
思イ餘ニ試御成敗ノ式目ヲ作ラ事ヲ法教延泉カ執筆
シテ已タゾ玄蕃允　康連ニ談合シタト云ホトニ三人ノ作者ハ三
エタル当家ノ説ニハ泰時カ、イリ方ニ談合メ作タ、公家ノ律令
格式ヲノミ代々ノマルヲシサクリ求メテ作シタト云、イリ方一人ノ作ト家
説ニハ云捴大清家ニハ神代カラノ近ホト一ニテノ書カ十七ケアルシ
應仁乱ニ尽焼失スルニ外記ノ先祖シテ泰時カ憑テ作ルイリ方
一人ノ作ト清家ニハ作シ候シ当家ニ孫ニ書ノ作法ハ律令格式ニ
拵ツタノ此書ヲ編メル大意ハ行ツト云ニ平家ハ廿余年天下ヲシ
トツタレトモ無道ナルニ依テ亡ス頼朝モ将軍トナレトモ十三年ニメ

況ヤ今頼経ハ十四歳ニテ将軍ノヲシスルハアブナキヿソヘ根本天子ノ
メサヲウスヲシ将軍サヘチヤニ時正カ陪臣ノ身トメ天下ヲ治ルハ怪シ
ホトニ此式目ヲ以テ天下ヲシヨリノ治ウト云ソ五十一ケ条ニアム心ハ有子細
一切物ヲ編ニ家ニ一処アリ此ニ五十一アルハ斉藤民ア大夫カウラカキニハ
子細ノアルニヨウト書テ畢タリ捴メハ口伝アリ日本ノ御法ヲ定ヲハ聖
徳太子ノ十七ケ条憲法カ始ソ此憲法モ神ガノ口伝ニテヨムヲ人
今此人ノ唯ヨムホトニ直ノ外ヲカクシイヲカアルソ先ツ上下巻ニ分ルハ家
陰陽ソ云巻ハ天地人ノ三才ソ五巻ハ五行也十巻ハ十干也十二巻ハ
十二支也日本紀三十巻ハ三十日ソ五十一ケ条ハ行ツイカサマ子細ノア
ルラウトヿヲ云タガウラカキニヨウニシタソ口伝アル故ソ我家ノ秘曲ナレ
トモ申スソ十七ハ七ハ少陽ノ数ソ十ハ老陰ノ数也陰陽ノ二也物ヲ
成敗スルニ成ハ陽敗ハ陰ソ故ニ成敗ノ二ハ陰陽ノ義ヲアラワスソ此
十七ハ天ニ十七地ニ十七人ニ十七ソ如此配スルハ五十一也法度又ハ天地ト共ニ
始ルソ四時寒暑アルハ文武ソ春生秋枯ハ賞罰ソ易ノ係辞

ヨリテ引也是モ天地ニモ法度アル也上古ハ淳素ノ時ハ自然ニ治ル
故ニ法ノ書ハイラヌゾ譬ハ无病ノ人ニハ薬モイラヌサルニ日本ノ
法ハ推古天皇十二年ニ十七ケ条法アリ天智天皇ノ時ニ令アリ
近江ノ帝ノ御作也文武天皇ノ時ニ不比等ノ律六巻令十一巻ヲ
造ラレタル也古律令ト云今ハ失タナリ其后ニ令十巻律十巻アリ
是ハ今モアリ今公家ノ御法是也三代格式嵯峨天王弘仁格弘
仁式四十巻後嵯峨天王時ニ貞観格式アリ醍醐天皇ノ時ニ
延喜格式アリ是ヲ三代格式ト云此中ヲ撰書ニシ式目ヲ作
タリ弘仁式ノ序ニ律ハ以懲粛為本令ハ以勧戒為本格ハ則
格時ヲ立定ヲ式ハ補闕拾遺ヲ也必ス書ノ制作ハ勅ヲ奉カ
然ラ子ハ奏覧スルカ是ハ奏覧ナシ武州ノ下知状ニ関東ノ御家
人ノ為ニハ用ヒシ都ニハ官位ノ其人アルニ依テ不奏覧ト云故ニ公
家デハ此法ヲ不用ノアリ御ノ字ハ衣服ヲシメスヲモ云飲食ヲモ云
愛ヲ女シト冬宿スルヲモ車ニ乗テ中ニテ馬ヲヤリツイヤウニ

ヤルヲモ御ト云先此ニハ将軍ノ御ニヨツテノスルホドニ御ト云唐ニハ天
子一人ノヲ御ニ云天子ノ都ニ居ナカラ天下ヲ治ニハ御者ノ車ノ中ニイテ
馬ヲ自由ニヤルニシトウノ日本ニハ雑ニモ云也御ノ字古文ニハ作馭ニ也成
敗ノ二字ヲ色〻ニ云ヘトモ安ク心得ヨカイソノ成ハナルヽ也敗ハヤフルヽ也
善ヲシナシ悪ヲシヤフルヽ又ナストヤフルハ一ツ也善ヲシテサセハ悪ハヤフルヽ也
荘子ノ斉物論ニ見タリ式ハ百官遵式ト孔安国カ注スル言ハ法ノ
名也目ハ名也節目條目ノ義法ノ名ト云心也最初ニハ式条ト云シヲ後ニ
改テ式目ト云貞永元年八月一日ニ泰時カ才ノ重時カ処ヘヤル仮名
状ニ御成敗ノ条ニヱルサレタル状ヲハ式目ト名ツクヘキニ筆者ノヲヨサカシクメ
式条トカヽレタルハ古文ヲヽシキホトニ式目トカキカヘタリト云也公家ノ式条ニ
マキルヽホトニ此ヲ云也序ガウラカキニ條ノ字ハ格条式条ノ一編ノ名ホ
トニ目ト云ガヨイソノ又一義ニ此書ハ従宣侍吾朝帯之而作従公家
将武家ヲ用ヒヽヲ知トヨウカナシタト云義之家税ノ本ニハ関東ト云字ハ
首ニハナイ也関東ノ御法ト云ヘトモ天下ニ行ント云心也依テ左ニ大宝元年ニ

格式ヲ初テ議ス寛正六年七月五日ニ細川ノ勝元式目ヲ發起シテ
外記ノ常忠議之也此式ニハナイゾ其故成敗ノ式ノ議コリ
一可修理神社事　一ト云字古文ト云字ハ五十一ケ条ニ皆アル字也式ニ一番
ノ条目ナレハ一ト云ヘキヲ何モ一ト云事ハ御成敗カ不落ニ不落三ト云也一是
ワ業也ソノ一ケ条ニ一所行ラワサシ　修理ト新造トイウスメ修理ト云ハ三
代格式ニ何モ修理シテ云ニサセヨト云始テ作ルヨリモ功徳カマストミヘタリ　修
猶飾　理ハ乃治物曰理職元抄ニ修理式アリシサメツクルツカサトモツクリシ
サムルツカサトモ家ニヨツ所ヨムソ又祭祀ハ神祇令ノ中ニ祭ハ天神アマツヤシロ祀ハ地祇クニツヤシロ
トヨム　右ト云ハ前ノ古文ヲ云人ノ左右ト同シ前ノ篇目ヲ云　證文
県左トハヨリノニアルヲ云右ト云モ日本ノ文作デハナイソ大学中庸ニモ
右ノ一ト云語カアル也同心ソ　神者ノ一　如字面ヲ守ルノ敬ト云ワ
神祇ニ年七月廿日ノ格式ノ心ナラハ敬之神尊ハ死如シ清浄也此心
ニヨシハ清浄ニスル敬スル也外清浄ハ行水ナントスル事也内清浄
ワ語道ノ人ナルヘシ論語ノ心ナラハ敬鬼神而遠此心也天子ハ天照

大神ト内宮一所トシハ御アトニメサレ又之是敬之義也　運ト云ハ運轉メ
メクルヲ云五行六氣カ天ニ運テヤマズ人ニハ血脉ノメクルカ人ノ運也又クリ
ヤメハ死也係運ト云ニテ五章ノ中ノ序分也神モ人カ尊ケレハ威アリトニ云
ハ威アリ人モ五行ノ神ノ徳ニヨツテ生テイル者也二ノ神ノ徳ナクハ死也
是ヲ深クミレハ根本ノ神ハ人ノ敬スルニモヨラヌソサレトモ物ニ古文理ノ二
アリ理ノ上ハサウチヤカ古文ノ上ハサデハナイ唯敬スルカヨイソ此神ハ人ノ五蔵
ニモ神アルソサレトモ文ノ上ニテモヨイソ然ノ一上ニカル辞也此ヤウナ徳アルホトニ
也　恒例ノ一恒例トハ年々定ヲイソシルフシヲ云春日カスカニハ二月ノ申日八幡ニハ八月
ノ放生会ホト也祭ノ本意ハ礼記ニ豊年ニモ不奢凶年ニモ不倹トサ是ヲ恒
例ノ祭祀ト云ヘシ　陵夷ト云ハ陵ハシカシ夷ハ平也タトヘハスナ山ノクツルヤウ
ニ物ノスタルヤスイヲ云陵地陵廢陵遅皆同心也　如在ザイト読テヨ
メリ論語ニ祭神如在ト云是也日本ノ状ニ如在シ不存ト書ハ本文ニ心カ
違タソ奠ハ神供ヲシスムルヲ云二月上丁八月上丁ニ孔子ト十哲トヲ祭ルヲ釋奠シャクテン
ト云ソ是ハ神供シシクノ心也関東ト云ハ桓武天皇ノ時ニ美濃ノフワ

ト伊勢カ、ノス、カト越前ノアラチトシ三関ト云此関ヨリ东ト云心之越
前ノアラチシ除テ江州ノアフサカシツヌルト云カヨイ、アツマト云ハ非
書ニ云アガツマト云彼ノ字シ中略メアヅマト云義尤ヨシ又ハアツマルト云心
アリ昔ハ東国ヘ尽クアツマル世高麗カラモ新羅カラモ外国ノ者モアツマル今ニ武蔵
ノコニノ郡ト云アリ新羅ヲ和訓ニニイコトヨム故之外国ノ者モアツマルト
云心之又ハアツイ国ト云心之日ニ近キ国ナレハ之此説ハ皆非也 其趣 其ハトハ一ツ
物シ指メ云語之兼又至ル一前ノ題目ト次第ハチカウタルツ此カラハ修
理シ云有封ト非領アルシ封戸田アリト云義之封戸田ナキシ無封社ト云
代々ノ官数カノカキヤス宣旨シ官符宣ト云
ノ字ハ修理ト云字ニカケテ見ヨ之大破ノシハ沙汰ト云 小破ノ小ノ字ニカケ破
子細ハ細ニカニテツ左右ト云ハ静無ノ義之佐佑ト唐ニハ云左右ト書テ
モ毛詩ニハタスクルトヨム易ニハ左右シトモカクノモトヨム同心ニアウタル之
神右ハ遠例ノ法ニ四十箇シ以テコケト云大社ノ門ニ不浄ノ者出入セハ
五十箇シ以テ之大社トハ伊勢八幡也社トハ加賀茂住吉シ云其外

ハ小社ト云之非社乱入ノ法ト云 此上中下ノ罪ノ様アリ
一可修造ト十七ケ条ノ憲法ニモ非シ先キニ仏寺シ枝ニス公家ノ格式ニ
モ神社ノ次ニ仏寺ノ事シ云之仏ハ周昭王廿四年ニ出世ス唐ニ仏教ノ来ルヿ
ハ後漢ノ明帝ノ所ヘ自本ハ垂仁天皇ノ御宇ニ当ル之人皇紀ニモ百年シ
敬三宝シトアリ公家ニモ武家ニモ神社佛寺ホノ事シ先簡要トス 佛ハ
日本デハ鸕鷀草葺不合尊ノ附ニ天竺ニ生ル之摠ノ天竺ニ唐土ニ仏出世
ノ事シ紀スニ三ノ様アリ阪一千五百七十年ニ欽明天王ノ附ニ日本ニ始テ
来ル之 寺ノ字ニ代法住ノ義ヨモル之口内ノ寺ノ外寺ト云フアリ
右寺社ト崇シハ寺ニカケ敬シハ社ニカケテミヨ畢竟之先ニ水波ノ隔ヿテ之
恒例ハ勤行仏事シ之義 先條トハおノ條目シ指ソ寺ナリトモ社ナリトモ
同者之後勤ト トハ先例ノ如ノせヨ心之後人がお代ハ何トモアレカウレタ
ラハヨカラウト云事ハ之云ナ之寺用ハ寺領或ハ在家ノ施物ホ之此比
ナル僧ハ破戒无慚ノ悪比丘也僧尼令ト云ニ僧ノ寺ニ尼ナ入ル尼ノ
寺ニ僧ナ入レソ但ニ同病受戒シメナラハ子細シ固テ許せ之寺社供僧過

アル時四ケ年シノヘヨ又師ノ携ヲ請タトテ元才ノ者ヲ住持トスナシ
此式目ニ序分ニセウ宗ヨナイシテ敬神崇仏ト云シ序分トスヘナシ此一二
ケ条シサスシ總ナ物シアムニ序分ナウテハカナワヌコトシ序ハ緒也緒
ハアライトヨムホトニ序テ先ツ一部ノ大意ヲ云シアラ〳〵云物也
一諸国守護ー諸国ハ指六十余州シ昔ハ有国司元守護三二并ツ、国ヲ
モツテ他国ヘウツルシ其国司ヲ発使ニヤラルヽシ観察使トモ巡察使トモ
云弘仁ノ比ニテ此式アルシ守護ハ文治建久ノ時ヨリ始ルシ頼朝ノ時分ニ雖シ
守護ニナサレシナト云タヲハ不知コト也所掾ナキシ官努先祖ニ秀氏カ考タ
レトモナイシ世上ニ云ハ建久ノ比ト云シ頼朝總追服使シモツテ建久一年
正月廿五日宣旨シナサルヽシ守護宣旨ノ始也頼家カラ守護ハ始也
守護ト云字ハ老子経ニ守テ莫失ト云（スルコト）珞カラシ国家鎮護ニス義シ
建武式目ニハ諸国ノ守護人ヘノ択之コト合戦シヨウニテ功アル者シ
守護ニナサルヽハイワレヌト云シ是ニハ庄園郡郷シモタスヘシ諸国ニハ地
府ハ守護ノ一職ニヨルト云ツ昔ハ守護シ望者ナシ世ハナウテ辛労カ多

ホトニシ古今ニ守護ハ一年一度国中シテマワッテ見ヨ土地ノ善悪ニノ賞セヨ
也是定ハ今ノ法シ奉行ト云字ハ上ノ義ヲウケシテマワッテヨコナウシ日本字
テハナイ俚ニモ信夷奉行ト云ヘリ
右ノ大将家トハ頼朝ノコトシ家ト云ハ公卿ノ義称シ家ハ行殿ト云ト同シ
故ニ公家ニハ書状ニ行殿ト云下ニ御宿所ト云ヲシ不書シ殿ト所ト重ナル
ユヘシ武家ニハ不知コトホトニシ進状ト書ハ公方家ニハイチノ下〳〵ノコト文ヘ書シ
武士ハ唯ヨリハアカルト心得ル也様ト云字ヲ貴フト心得ルハ非也私様ト我ヲ
ニモ云辞アリ天子ニ様トツカウノヲハナイシ此段ニハ守護ノイヨウ事ト
イロワヌヲトシ定也大番役ト云ハ頼朝ノ時ニアリ諸国カラ上テ勤之シ
四国ノ中ニ不勤国アリ是ハ夷シフセク設シ此番役ヲシコノスラハ守護トメ
催促セヨシ促ノ字ハサクノ音也サレトモ以錯就錯也　謀叛ーハ皆末ニアリ
等ノ字ハ向内ノ等向外ノ等ナト云ヲ教家ニアリ向内トテナラハ謀叛以下
ノヲシテ云向外ナラハ此外ニモアルヘシ　而ルシ至近年ニー皆兼ハ四年ヨリ
貞永三年ニテ五十余年シソレシ此ニ近年ト云而ノ字ハホウヒゲトシタノ

上下ニカヽテシク辞也、委ニハ守護ノ悪タヲシテ国司コソ国ノタヲシヽルニ
守護カ国司ノ如クスル也、国務ノ勢ハ政也、所務ハ勢ト云心ニハアラス、六韜ニ
国勢ノ章アリ、其モ国ノ政也、如此ノタヲシスルハ守護ノ无道也、国司ヲハ
烹鮮ノ職ト云也、老子経ニ治国家如烹小鮮ト云語アリ、小魚ヲニルワ
イカニモハタラカサイテ烹タカヨイソ、国ヲ治ルモ民ヲイロワイテ治メヨ也、又ハ
分憂ノ官ト云、言ハ百姓ノ憂ヲ分テ吾憂トスル也、何モ国司ノ異名也
企ハ趾ト同、踵ヲアケテ余所ヘシモムカントスル意ヲ无道也、是ニテ一名中
央ノ結後ノ語也、　郡ハ今ニ十里以下十六里以上ヲ大郡ト云、十二里以下
ヲ中郡ト云、八里以上ヲ中郡ト云、四里以上ヲ下郡ト云、二里以下ヲ小
郡ト云、抑ノ字ハ結前生後ノ辞也、重代トハ頼朝カラ頼経ニテヲ
イワンカト也、　家人トハ家来ノ者ト云義也、主従ノ礼ヲナスヲ云、大番役
ノタメヲシ勤ヨ也、昔ハ所領ヲモツテ勤メタリ、今モ所領モ不持者ハ大番
役ヲスルノ勤也、下司庄官ト云者ハ唐ニハナイソ、假ト云字ハ
イツワリトヨミセタソ、僧尼令ニ非ル真ニ云假トアリ、御せ欧人テモナイ者ノ

偽テ云ヲ云ソ、對捍トハ律ノ法ニ詔使ニ対捍スト云事アリ、勅ヲ當メソ
せヌ心也、云々ハ云ノ義也、又ハ物ヲ畧メ云時ニ書也、昔ハ字カスクナウテ
云々ト云ト同也、文選呂ニ陳カ傳ニ漢武帝云我欲云々、師古注ニ如
此如此ト云心也、文選四十一李陵答蘇武書注ニ云々ハ多言良ト云也
大番ヲシニクイト云ハ上ノ義ニ随テイトヘ云心モホトニ武家ノイロイハ无用也
一切ハ漢呂ニ黄霸カ傳ヨリ出タ揔メト云心ト云カニトト云心トシテ刀デ
物ヲシキル方也、早任ト此外ハイロイ事无用也、此テハ畧メ云也、上ノ義ガ
コモル也、追加ノ義モ同也、自余ノタメナトハ分ヲ補代ス於テ上ニ云タル外ヲ
日本紀テハ自余ヨリ外ヲ余リトヨム、所帯ヲ職トハ守護職也、穏便トハヨク柔軟ト
云心バカリテハナイソ、穏ハ柔和也、便ハ便ヘキヲハ代當スヘキヲハ當異スル也、便
ニ随テヨイヤウニスルヲ云也、郡ト郷トニ代官ヲ置ハ非也、一人ヲ定ヘシ也、追加カ
大番ノタメニハ千ニアツテアル、西国ノ御家人ノ内ニ大番役ヲセヌ者カア
ラハ守護トメ注申せヨ也、不勤ノ者ニハ清水ノ橋ノ修理ヲサせヨ
又一月遅タ公ニ勝ツキサせヨ也、又ハ過銭ヲ捨貫文也せト云類アリ、サリナカ

ラ一人ニカケヨ類ニナカケメト度ゝノ追加ニアリ日本ノ惣追捕使ヲ
頼朝ニ給ルヿハ平家ノ十二ノ巻ニアリ日本国ノ姓ニ田別シトラウト
云義アリ公家ノ義ニハ頼朝ニ惣追捕使ヲ給ルヿ也多ナト云義アリ
サレトモ観元量義便ノ説ヲ棄スルニ能平ケ朝ニ歎者ハ可カタル半国ノ王
ト云ヿアリ依之頼朝追捕使トナル也白川院ノ御時也

一〔四〕同守護人ト同トハ前ノ守護ノヿ也大番役無沙汰ナト云其ハ謂シハ
ニウサスメ罪科ノアトナシ没収スルヿナイウ也又ト云ヿ也没収ハ没ワ沉也
収ハ集也取也財宝ヲトラルレハ水ニ沈メラレタヤウナト云義也罪科未断
ノ跡ヲ上ヘ申サスメトルヿ也罪ハ自辛ノ字也本ハ是ヲカクノ也秦ノ始皇カ
皇ノ字ニ似タト云テ罪ノ字ニ書ス自辛ト云字ハ自業自得果ノ心ソノ
科ハミナ也罪ノミナ也雖重ヲ多ルヲ云也論語ニ参ワカシ科不同ノ
自辛ハ我心カラ能辛労スル義也
右重犯トハ謀叛殺害ノヿ也此ヤウノ千トカアラハ注進申也
子細ヲ聞テ上ヨリノ左右ニ随也笞杖徒流死ノ五ノ刑アリ左右ト云

内ニ是カ邑也不決不紀ハ守護ニカケ実否憚定ハ罪人ニカケテミル也
決ハ定也礼記ニ分争弁訟非礼不決トアリ私ト云字ヲ不申サ古文ニ自ヲト
云ニカケテミヨ也自由ハ令ノ義解ニ自由ハ猶如言ノ自専ト　奸謀ハ漢書
ニ姦所有リ名ヲ謀ト云ソ　裁断ハ二字ナカラコトワル也又ハ裁ハ衣ヲ
タツト云ニ書也又ハキル也是ハ理是ハ非トキリタテテ見スル也　畠ハ日本
字也日本テ作タ字二千余字也ヒモ多内也唐ニモ今ハ此字カ出来タ也
近キ書ニ畠ノ字カアル也惣メ唐ニハ圃ノ字ヲ用也論語ニ請学作圃
是也　兼又ト謀叛人ニハ贓物アルニヨイ也山賊海賊ニハアルヘシ白状白ハ
明白也状ハカタチ也日本紀ニハアリサマトヨム也文ニミルサズトモ分明ナラハ
白状ト云ヘシミルスヲシテ白状ト云テハナイス明ナ白ヘニテ也爰ニ載スト
云ハ分明ノ白ヲシカイシシ載タト心得ヘシ　非沙汰ト贓物ノアル同類
ハ沙汰スル分領アリ贓物ナイハ沙汰ノ分領カナイ也贓物ハケカ
レタモノトヨム也

一〔五〕諸国地頭ト文治元年十一月四日ニ地頭ヲサダメラレタト云也十町

別ニ斗ツヽ三町別三斗ツヽ諸国ノ地頭カ利ヲトルヿ也貢ハ献也尚書
ニ任土作貢ト云其ハ土地ニヨツテ其ハ物ヲアクルソ歳貢ト同義
也年〳〵ニ出スソ所当ト云ハモチ参ヨリ一カホト出スト云ゾ際アリ
訴訟訴ハ告也ツグル文作翦恕文作謝 訟ハ争罪曰獄争財曰訟ノ
字ソ書ハ誤也所ノ上使ト地頭トヨリヤウテ結解シセヨナリ
数ソ結テ理ホトクルソ結解ト云結解ノ官ヲ勘解由司ト云ゾトク
ルヨシカシガウルツカサト読ソ大納言ヲシタイモノ二ウスツカサトヨム也追加ニ
結解雖然ノ軍ト云アリ結解シセヨト云ニムカイガ不叶則ハ申シテノ
如ノ不出者ニ弁ニサセヨ也追加ニ如此云ヘ於め少不し此文カ心得難イ
文也上ハヤウモナウ也ヘタレトモサウデハナイソ如ナラハ所ナサセヨ也不ナ
ラハ三年ノ中ニナサセヨトイハ雖モ且不ニ未進セヌ者ハアルイソ是ハ武州
禅門カ行ガカウハセウソ見アヤニツテ用ル也　諫国抄ニ此文カ誤タリ儀也
先代早ク沐ロビタソト云也サレトモ武州ハサウデハアルニイソ何トニヲブ
ナラバ也不トハ不ニ也タ未進アル時何モカモ財宝ヲ沽却メ云償ニテ

ウツテ脱衣ニ成テモ未進アルヲ也不ト云ヘシ所モ弁スヘキ物
アルハ少不也ケニ〳〵何モウリツクノメモナニハ三年ノ中ニ納所セヨ此上ニ
猶未進アラハ所職ヲ改也如此見ルヘシ今ノ法ニ毎年八月カラ十月
廿日以前ニ年貢ヲハタスヘシ近国ハ如此中国ハ十月晦日以前ニハタセ遠国
ハ十二月晦日以前ニハタセト云也

一国司領家　国司ハ中三年モツ也越ト辞スルトニテハ五年也三年過レハ
前太和守ト云又太和前司ナトヽカクヘシ是ハ国ヲモツ也今比其国ノ守
彼ニハナラヌメ何ノ守ト云ハ未云文ノ変領ト云也ソレモ三年過ハ前ト云
字カ前司ト云字カラ入テカリヘキ也此段ノ心ハ国司領家ノハカラウ所ソ
関東カラヨツテイロウ也一切アルヘカラスト云義也譬ヘハ本寺ヲ末寺カラ
成敗也国司領家ソ守護地頭カライロウ也ハ皆逆ナル也
右国衙ト国衙ハ国ノ府中守護所ナントニハ人カ多ク聚也蜂衙ト
云テ蜂ノ王ノイル處ヘハ蜂カ多メク聚ルソ其ニ似タホトニ国衙ト云也其
中ノ神社仏寺ト云義モアリ又国衙ト神社仏寺ト別々チヤト云義モ

アル也。陡止ノ二字ヲシハカライトヨム也。何トセウモ不叶所ノ[illegible]也。若虫有ヿ
此段カアルニクイ事也。御口入ノヿハ仍停止ヲ存ニタレトモ、是ハ常ノ
ヨ細デハナイ。或ハ仏カ物ヲ云タ也。故ヲ故タハ奇特ガアルホトニナド云義アリ
トモ仍口入ナアツソ也。叙用トハ、叙ハ次セツイツルトヨム。言ハ次才メナ用イ
ラレヌ也。沙汰ハ晋書ヨリ出ソ。汰ノ音ヲ玉篇ニモ付ヌゾ。タノ音ハナ
ケレトモ云ツケテソノト云也。沙ノ字ハ水滲則沙見ユ。又玉篇ニ水ノ散スル也。汰ハ
水洗石也。譲ニハ沙ヲユルト云心ニ用也。勢汰ト云ニカクル也。般若ヲ淘汰ノ
税ト云モ此義也。晋書ニ孫綽カ習鑿歯ニザレテヲシ云ソ。沙之汰之ヲ
瓦石ハ在後ニト云。鑿歯カ云、簸之揚之、粃糠ハ在前ト云也。是カラ沙
汰ト云字アリ。次不帯シ越訴ト云ニ二義アリ。次才コエル越訴ト云
フアリ。是ハ官ニ頭・介・尉・サツ官ノ四アリ。イチノ長官ニツイテ物ヲ申スヘキ
ヲ、イチノ下官ニツイテ申ル。是ヲ次才コエル越訴ト云。世上ニ此義ハ人ノ比
知ナイ也。タビコエル越訴ト云アリ。是ハ三問三答メナルニヿヲカトヿカ
子ハ並奏スル也。ソレヲ同答ニ及ハズ並奏スルハ度越ル越訴也。辟言

睿山ナラハ座主官主ノ許状アルヘキニヲレモナケレハ越訴也。律ニ
次才越ヲハ笞杖ヲ以テ四十コケ也。今ニモアル也。又七官ノ上ニ色カ
アルカ又一段ノ盗ヲナラハ並ニ申セ也。サウナクハ並ニ申スハ越訴也。背
道理ト云ハ不承ノ許状ヲ不承並奏スルハ背道理也。又ハ理ナケレハ
コソ許状ハナカルラウ也。
一右大将ノ頼朝頼家実朝ニ仮殿ホシ云。是ハ寺社不所ノヿテハ
ナイ也。家ヲ悪ノ心得レハシカシテノヿヲメ此時平家カ三テモ侍カコトくク人
頼家ニ叛服スル者ノヿ也。頼家ニ忠アル者ニ下サレヲ知行ヲ平家ノ侍カ
叛服ニヲホトニソノ不至ニ叛サレヲカ叛サレヿイカト云也。
右或募ノ勲功トハ主功ヲ曰勲。礼祀ニ周名為有丁天下主功ヲ為勲事
功曰功ト云ヿアリ。元暦元五月廿六日ニ於禁中令ヲ誅戮サセラル。時ニ武
功曰勲、文功曰功ト申シタリ。律ノ中ニハ残ト云ヿアリソノ才五ニ残功ト云
ニ敵ノ大将ヲトラヘ旗ヲ取ツナントスルヲ勲功ト云。或波濤ヲ凌テ遠国
ヘ出使ヲスルモ勲功也。官仕礼祀ニ官ニ云ト云字ヲミヤツカイ也。

モノ二ナブトヨム之官ト官ト同也之由緒ヱイリノ音ハナケレトモヨミツケテ
ヨム之由来ト云也之緒ハ緒ノアライト云字之先アライトシ出メ始ニ引ノ
ホソ糸ヲ於ス之是ハ字ノ心ニテ之今ニハ更緒トヨム之喜ノ心ハ勲功カ
即由緒ヲ今弁人カ於テ申ストモ知行シ下サレ云々之喜悦ノ字ノ
二字ツヽイタシハナ之愛増ハ毘沙ノ方祖紀ニアリ里民皆安ス
増トアリ毛詩ニモ増トヨム之濫訴ハ濫ノ訴訟之但シ是面白イ
訴訟之別人ニ下サレタヨリハ根本ノ主ホトニト云ハ禁制ニアラス
擬スルハ思継スル方之アテガウトヨム　歳月ト此ヲハヨム之御法ノ書ハ大
略呉音ニヨムガ此ハカウヨム之常忠カ畠山左衛門佐義ノ所望ニ依テ
カナニ式目ヲ書テ於タニセイケツトカイタシ其不称之歳ノ字夏ニハ歳
殿ニハ祀周ニハ年唐虞ニハ載ヲカク之何モ用所ハ一也存知之旨ト云ハ
前ノ代々ニ訴訟ナナラスシテヨリ存知ナカラ又人ノ忘サウナ時分ニ
歳月ヲ経テ訴訟スルハ罪科不軽之　自今以後トハ貞永ヨリ以後ヲ
サス之不実子細シ文證ニ代々ノ年暦レシトト云フシ書テ於ス之今モアル之

面々ハ諸人ノ心也御一所ニ諸大名ヲ面々ト云テハナイソ不実ノ子細ナラハ
ナセニ焼テハステヌソト云ニニハ於ノ将軍ノ筆跡ナレハ恐テ焼ヌ之又一義ニハ
下知カ主ノ所ノニ一代此文證ヲ悪ノ心ヲ以ルトモ後代ニヨイト見ル人カアラウズ
ラウセ子和カ楚主ニ玉ヲ献之タレハ主ミガキカ石ヲト云依之足ノスチヲタヽ
ル之又後ノ主ノ代ニ此玉ヲ献之タレハ又一方ノ足ノスチヲタヽル也又其ノ
後ノ主ニ献之タレハ真ノ玉ヲト云テミガイテ見タレハ夜光ノ玉トテ
天下ノ重宝ニナル也是モ其ノ心ゾ
一帯御下知年序ハ年ノ次第之久シク年ヲ経ルヲ云　以下文ヲハ当知
行ヲト云テ不知行ノ者ガトツタル之二十年ノ期過レハナラヌト云テノ
カスヌ給之
右当知行シ此下文ヲ掠給者ノ事之当知行デナイヲ
知行ト云ハ、今知行シタル者ノ方ヘ不及是非ニツクヘキ之暦応三年ノ
紀ニ以下文ヲ掠給ル罪アラハ過怠ヲ於サセ所領ヲ取レ也拝領ノ地ヲハ
本主ニカヘス之別ノ所ノ領ヲハ没収セラルヽヨス之不知行シ当知行ト掠タラハ其

本所ニシトレト云ヲ々ガ此十三ケ条ノ内ニアリ其ニ罪科ノ沙汰ナキハ
此掠取ヲ々ガ當座ニキコヘ又其者ノ事ニ十五ケ条ニ又此沙汰アリ其日ニ
露顕スルシハ着服ノ義アルホトニ罪科ナイ事ニ十五ケ条ニ所行シ五分一ヲ
サルニ法アル事ガウミ子ハ不義アル事嘉定三年八月三日ノ追加ニ縦敵人カラ又
此下ヲ文シ掠取ル事ヨレシ人分明ニ申スト云モ二十ケ年過タラハ掠取者ノ理ニ
セヨト云義アリシレナラハ無理ナリトモ用ラレウカ事常志云サウテハアラ
ヌイ事是ハ五三ケ記此未沙汰シ此ノ方ガ沙汰二十年モツテシレハ非
ナリトモコラヘヨナリ守護ノ押領ヤ権門ノ人ニトラレタラシハ廿ケ年スギ
タリトモ子細シ申セ事宝治元年ノ追加ニアリ寺社仏寺門跡領ヲ又
此年期ノ法ナキ事律令シ本ニスル故ニ
一　謀殺ノ謀反心ト天皇紀ニヨム事是ハ八逆ノ第三番目ニ謀殺ト書之
右式目ニ是ハ格ノ法也昔ノ法ノナラス家テ時ノ法ニ依テソ又盗賊
律ト云ニイカニ昔ノ法ナリトモナラヌ事ナカアルソ是カ格ノ心ナリ
格ハ謀リ時シ立ル制シハ八逆ト云ハ第一謀反謀ル危国家ヲ天子ヲ

危スルソ是ハ父子ト我ト共三人キル事人殺ナラス又老ヤ耄屑以下ジハ
獄官トテ上ニトル事老人重病以下シハユルス事兄弟以下シハ遠流ニスル
ナリ第二謀大逆壊山陵ヲ天子ノ宿ジコホツテ中ノ宝物ヲトル故ニ是モ
此前三人コロス事凶罪トシテ経殺ス事第三謀叛随偽ニ欲滅ナ大人ト云
是モソノ身ハ死罪事残ハ遠流スル事第四悪逆祖父母伯叔兄姉妹等ヲ打
擲シ殺スシ云是モ死罪事第五不道家一向ノ中ニトガモナイ者ヲ三人殺ス
云一等ノ親二等ノ親トテ公侯伯子男ノ五等ニテシシ云メノ中ニ殺ス二人
者ヲ三人ニテ殺スヲ云事是モ本身ハ死罪類ハ遠流事又人ヲ支解スル
トニテ人ヲ殺テ足手ヲシロス老又人ニ毒シカウ者ヲ是ヲモ死罪ナリ
兄弟ハ三年籠者ニ又魘魅符呪トテ女子ガ人カタシニテ人ヲノロイ
符シカイテノロイ呪咀ニツナシトスル事是モ三年ノ籠者ソノ伯父兄
弟シハ一年半ノ籠者事第六大不敬毀大社盗除宝天子ノ御物ナトヲ
盗者ニ其身ヲキリ残ヲ遠流スル事對捍詔使ヲ是ハ縊殺スソ大
不敬ノ内ノ御菜ヲ合テ本方ノ如クセスソ誤ルハ二年籠者ニ御膳ヲ

調ル者カ禁物ヲ誤リテモ三年徒者也天子ノ御舟ヲワルク作三年
ノ徒者也 事七不孝 罵詈ハ詛父母ヲトハ父母ヲ罵詈スル也タトイ理
ナリトモ縊殺ス也常ノ悪口ハ三年徒者也父母ノ氣ニチカウタ処デ人
氣ニアワウトテ符ナシトシテ呪咀スルハ二年ノ流罪也父母ノ氣ニソムク
故也父ノ在時ニ知行ヲ売リ度サヌシテ押テ譲ヲスルモ八逆ノ内也父母死ル
ヲ三年ノ中ニ妻ヲ迎ヘツナトスル二年徒者也又中陰ノ中ニ徒楽スルハ
一年半徒者也父死テ周章セヌトモ父ノ妾ヲ犯スルモ二年徒者
也父母ノ死ヲ哀スモ同前也 事八不義 謀殺君ヲ三年徒者ナリ
是皆不義ノ内也此上八逆トモ云常ノ赦ニハ輕重ヲ分テユルス八逆ヲハ
ユルサヌ也大赦ニハ八逆ノ内ヲハ死罪ヲハ流罪ニナシ流罪ヲハ赦ス非
常ノ赦ニハ何モカモ皆赦ス也

一殺害刃傷ーー此殺害ノ事ハ律ノ法ニ三ノ品ナアリ 一ニハ故殺トハ
イリサカイモセ子トモ人ヲチヤツト殺スヲ云ソレヲハヤカテ残刑ト云テ其
身ヲ殺ス也官位ノ人ヲハ一等ヲ減メ遠流ニ処スル也凡下ノ者ハ梟示

獄スル也 二ニ謀殺トハ人ヲ殺ソト謀ル者也是ハ斬罪トテ即殺也 三ニ闘
殺トハ當座イサカウテ人ヲ殺ス是ハ凶罪ト云テ縊殺ス也何ニ死罪
ナレトモ凶罪ニハ雑キ罪ヲ行ヌ絞罪ヲハ春夏ノ陽氣ニハ殺サヌ也
陽ハ生ル方也秋ハ粛殺ノ氣ガアル時ニ秋殺ス也サル時ニ絞罪ヲハ
立春カラ秋分マデ殺サヌ也ソノ中ニ若大赦ヲ行ル事アレハタスカル也未殺
罪トハ人ヲ殺サウトシタレトモ正コロサヌヲハ二年流罪スル也ハヤ殺シタハヤカテ
殺ス也律ノ法ニ子ヤ孫ガ父ノ命ニ違タヲ打殺ス事アリタレハ父ヲ一年徒者スル
也上殿タクシデ父カ殺イタラハ二年徒者也誤テ殺スハ罪ナシ是ハ子ハ罪
アラハ父ノ殺ダガトガデハアルマイナレトモ慈愛ノ心ナケレハ虎狼野干ノ如ナ
程ニ如此ル也婦カ夫ヲ殺スハ八逆ノ内ニ入也家人并奴婢ヲ殺ス事モ主
奴婢トガアラハ主ガ官司ニ触テ殺ス也従者ナリトモ唯ハ殺サヌ也
凡人ヲ殺スニアマタノ品ナアル也戯レニ人ヲ殺スハ徒三年トテ三年
徒者也ザレ事ニ刃傷セハ一年ノ徒者也誤テケガニ殺ス事ノアリ
譬ハ谷ノ底ニ人ノアルヲシラズメ石ヲナゲツナドメ人ヲ殺ス又獵ナ

ドニテノ谷ゴヽノ人ヲ射殺ニツナトスルニハ乏ヨ料ヲキサスルヿ二安カ歴カ
トニホトノドガナラハ怪イ方ヘツケヨ二ノトガアラハ一ヲ罪メ一ヲ又ルセヿ公
私ノ殺害ノ法也ヤリ又傷ハ徒二年ヿ金鉄ノ類ニテ人ヲ于擲スルハ
又傷ノ内也
右或ー是ハ絞罪ニ當ルヿ　遊宴ーー月ヤセヲ見叶サカモリメ人酔
狂ニ思ノ外人ヲ殺サハ乏人ヲハ死罪并流罪セラルヽトモ父子互ニヽラ
ス同罪ニハガヽルヘイリヿ重罪ハ死罪ニカヽリ怪キハ流罪ニ行ハルヿ又傷
是モ殺害ノ如クナルヘヿザリナカラ准其ニトニ云キト二死罪ヲハ除クヘキヿ
次或ヨー父祖カ命メ殺セトイワストモ宿意ヲトグルホトニ手ヲトガニカヽルヘキ
ヿ流罪ヲハ配国トニヽ遠流中流近流トテ三アリ遠流ハ常陸下総京カ
ラ二千五百七十里ヿ安防京カラ二千百九十里ヿ土佐伊豆周防ナトモ
遠流ノ内也中流ハ信濃京カラ五百六十里ヿ五万二十里ヿ
近流ハ越前京カラ三百十五里安藝ハ九十里ヿ近代ハ淡路ヲ入ル也
遠中近ハ京カラ定ルヿ遠キハ千里以下七百里以上ヿ中ハ五百五十里

六十里ヿ近ハ三百里以下ヿ是ハ皆唐ノ田ノ如ク六町ヲ云ヿ流ノ字ハ日本
紀ニハナチアリキトヨム氏心ヿ宿ヿハ宿ノ字イ心カ解ヿ誰イヽメ　盗臣ニ
不宿恨ヲトアルホトニ人ヽク胸中ニトヽツク心ヿ今ニ宿ヲ〆テヌル云トアリ
是ヘモ宿ヿノ義ヿ次若欲ーー同ヿヲノヤウナレトモ子細アツテノ父ガヽラ
ヌ陰ナラハ同罪ニハカケヘイヿ　在状トハ父カヽラヌトヽ云ヲガアラ
ワレクラハノ義ヿ緣坐トハ縁者ノツミナリタノ縁者帝ト云テノハ
同罪ニカヽリヘカラス律ニ緣者同ニカヽルヲアリ謀叛大逆アラハ祖父
トヲト孫トニカヽルヿ同田畠在家ヲモメサルヽヿ就此義追加ノ法キリモ
ナイヲヿ義ハ追加ニモ緣坐ニハ余スヘイナアリ　唐ニ墨劓剕宮大
辟ノ五刑ヲウケテ日本ニモ笞杖徒流死ノ五ノ法アリナセニ五ヲ
用ルソナレハ天ニ五星アリ地ニ五岳アリ人ニハ五礼アリ公侯伯子男ノ
位ヿ五臓ニハ心肝腎肺脾ヿ五行ハ木火土金水ヿ帝科ノヤウメタヽ
トモ五ニスキヌヿ笞ハカヽラノフトサ三分長サ三尺五寸ノ竹杖ヿ節目ヲケ
ヅリステヽスル也笞罪ノ内ニモ五アリ十カラ二十三十四十五十マテコノ也五十ヨ

リ多クハウタヌ也笞ハ治之人ノ小罪アル時ハ人ノ多キ中デ些チイサイ
ツヱデ打テ治ムル之又笞ハ恥也征辱シ与テ治ル故也周ノ代ニハ作デスル
今ハ荊楚デスル之杖ハチツト大也長サハ笞ト同レカレテガ大之杖ニテハ六十
以上百ニテコリル之杖ハ持之持杖打人治ル之徒罪ハ篭舎之篭舎サスル
乃五年二年三年迄罪之徒ハ奴之行ソナレハ唐ニハ罪アレハ夜ハ土ノ篭
ニ入テ昼ハクサリノヤウナ物デ十人二十人ヲ一ツニツナギアツメテ唯美負
テヨケハ損モヤホトニ米ヲツカセツ路シスツクラセツスル之奴ト同レイ
ホトニ徒ハ奴之ト云流罪ニ十甘ニ遠中近ノ三アルソナレハ天地人ノ三才ニ象
ル之死罪ニ二アリ一ハ天ノ数テ陽之二ハ地ノ数デ陰之陰陽ヲ死生ニ表スル
之絞罪ハ立春カラ秋分ニテハ殺サス之葛産ニ殺之律ノ法ニ凶罪シス
エニタメヌタカアレハ三度子細ヲ参ソタメ殺ス之是ヲ複奏ト云之カウアレハ
秋ニテニツメヌ之武家ニ先代法勝頭ナラヌト云義之五刑ハイツ起メト云
ニ先ツ唐ニハ黄帝ノ涿鹿ノ野ニテ蚩尤ヲ殺スガ始之日本デハ伊弉
諾尊ノカゴトニシヲ殺スガ始之凶罪ハ縊殺ヲハ周ヨリ起左伴ニ縊殺ス

者タソ之日本デハイザナミノ尊ノ分ハ千頭ヲ一日ニ縊コロサントニ云カ始之流罪ハ
尚書ニ五宅五居トニ云流罪ノ始之日本デハシガミメカミノミトノニクガイ
スル蛭児ヲ素鵞鳥是也徒罪ハ周ノ文王姜里ニ囚ゴレ始之日本デハ
ホノスソリノ命ノ兄弟ヲ争テ我ハ犬人トナラウト云カ門守ト云ハ奴ノ
始之杖ハ家語ニ曾子父ニ小杖ヲハ即チ受大杖ニハ即逃ト云ニ云ハ父ト十
レトモ子ヲ打殺ストニ云ヘハ悪名アルホトニ大杖ニハニクル之是家語ヨリ始之
日本デハヲケモチノカミシノ口カラ物ヲ吐出テクレタガキタナイトテ月ヨミノ
命ノ打チコロス是之杖ノ始也笞罪ハ周ノ文帝ノ時ニ始之トムイト云者
トガアルホトニ劓辟ニ行ハウトせラレタレハ子ニレガ打テ父ニカワラウ
ト云ス文帝ソコテ笞シウテ三百打チユルス之日本デハイザナギノ尊ノイサ
ナミシ逐フ時ニ八クサノイカツチガシタウテクル時ニ桃ノ杖ヲナケカケラ
レタレハニゲテイヌル是之笞ノ始之

一十依夫罪科ノ一夫ノ罪科アル時ニテモ妻ガ私ニモツ所領アリ是之モ夫ノ所
領ト同シクノ没収セラレラカサハアルニイカトニ云義之

右於律服ノ一ツハ夫妻ノ重罪ナラハ妻ノ私作ヲモトラレヨ之但后当一
是ナラハ妻ノ私作ハイロワレイ之若ト云字ハ二ニカケテミル之裁判要決
ト云抄ニ七十一ケ条アリ五十三ケ条メニ夫婦財物ヲ合テ買タ所ノ作ハ
夫ノ死テ後ニ婦ガトラヌカト云ニ夫婦ノ同財ハ取ハ夫ヲ為主ト云ホトニ夫ガ
死ニナラヌ之サリナカラ沽券ニ婦ニウリ候ト書タラハ婦ニツクノ之
一十二 悪口 一律ノ法ニ祖父母ノ子祖父母ヲ罵ハ徒三年妻妾父母ヲ罵レラハ
徒三年兄姉ナラハ八十杖トアル之伯父外祖父ニハ加一等ツト云ホトニ九十杖
於之家人奴婢ガ罵主ヲハ徒二年之家人奴ガ今ハツカワレイデ於ノ主ヲノ
ラハ二年半ノ竜ヲ之下官ガ長官ヲ罵タラハ二年半悪口ナラハ一年竜
於之罪減三等ヲシトアリ
右闘一人ヲシワルヲ云バカリハ大事モナイカツル故ニ於ニハ人ヲ殺ス事アリ故ニ
悪口ヲ戒ル之夫ニ言ニ言逆出則又逆入ト云童子教ニ口ハ是禍ノ門舌ハ是
禍ノ根ト云ヘリ総メ人ハ九思一言三思一行トテ言行ガ大事也此性重ハ
言ノ上ヲ云之 問註ハ大事ノ記録所ニ一リ両方ヲ召テ一理非ヲ

問テ註スヲ云秀シ又問注所ト云建久二年ニ町野カ家ニ問註所ヲ
兼ル之内裏ニ文殿ト云アリ是モ此類之問註所ハ沙汰未練抄ト云
物ニ関東ニ有之六波羅ニ無之トアルメ問注ノ座支テ悪口ヲハカハヲ
敵ニ理ヲツケヨ之 論所ノ一今相論スル所領ニ理ガナクハ別ノ所作シ
トラレヨ之悪口ノ事ノ物語ニ武蔵国ノ二号ノ郷ノ地ヲ二ヲ見三郎ニ郎
頼村ト嫡子定村ト継母継子ノ事ニ公事ヲシスル之定村継母ノ事ヲ大ニ
訴ル之継母ヲ云ヲトメ母ノ事ヲ訴ルハ悪逆ヂヤホトニ是非ニ罪科
アレト申スホトニ三郎定村ヲ罪科セラレタ也
一十三 殴人 一律ノ法ニイサカウテノ殴人ヲ打ハ打ノ杖四十以手足殴人ヲハ鉄杖テ六十
之以手足ヲ人ヲウツト云ハ人ヲコイツスフシヅスル事之兄姉ハ徒一年半外祖
父母ハ加一等ヲ二年之婦人ガ夫ヲウタバ徒一年之婦ガ夫ノ父母ヲウタバ
徒三年之右被打一人ヲ打擲スルバカリハ性イガラヌ返報ニ人ヲ殺ス程ニ
重クナル之古ニ守ル小節ヲ者ハ不作栄名ト云語アリ韓信カ袴間ノ辱モ此心之
侍トハサブラウト云心之日本ハ悉ク非ノ苗裔ニ公卿ノ家ニ侍タト云心也

郎従ハ男ノウカタウト云也、以下ト云ニ中間小者カ篭モ身ト云デ知ンヌ郎
従ニハカヽルヿイヽ也、若禁トハ禁獄スルハナニヽヿト云テ、モ二十多也、政所禁ト云ヿ
アリ、便所禁ト云ヿアリ、便ニ随テ禁スル也、三ノ禁アリ、白川院ノ御時ニ在ヿ
一（十四）代官罪科、寺社本所ノ代官ヌ指タモノヽ罪科アル時ニ主人ニカヽラウカカヽ
ルヘイカト云事也、右代官、代官トガアラハモヽ主人如此ニタラハ罪ニカヽルヘイ也
並犯、代官シクタスケウトテ、ナノ主人カ虚言シイハ主人モ同罪也、並又
是ハモヽ主人ニヨウ云イツケサセヽ用也、　違字ヲ遠ニ作ルハ俗字デ悪也
率法ノ率ハ律也、律ハ法也、率モ法ノ心也、ナレナラハ法々ト云ヘ也、其カ私ニ申ス
率ハ行セト云字訓アリ、ナレナラハヲコナヘル法カト也、率ノ字ニリツノ音アリ、律ノ
字ニモナツノ音アル也、二義ニ率分ト云ハ諸国カラ朝料ト云テ内裡ヘ年貢カ
ニイル也、正税院ニハ分入テ、二分残スシ、率分ノ法ト云、絹十足ナラハ八足ヲ入テ
二足ヲ残ス也、カウ云説ハ悪也、唯如前ニ云也、加之、加以何モ同也、訓也、解状ハ
申状ヲ云又事也、今モ内裏ヘ非官カラ申状ヲ解状トカク也、関文ヲ被し
関モクト云デ、主人モ代官モ本所ヲ首ヨウ事ハキコヘシタツ、但ト云字ハ臨時ノ

所役也、ウケノ本所トス云ハ上カラ以下知アツテ、モツハ請ノ本所也、今此代官カ
本所ノ所役ヲアツカツテ、モヽ為ノ役落シタ跡ヲ、モ主人ナドガ、請ノ本所領
チヤト云テ、ハナスヘイト云ハ上向メテモナイ事也、上カラ以下知ナリハ請ノ本所ニハ
ナイ也、上ノ以下知アツテモツハ請ノ本所ヲシハ代官役落シタリトモ主人ノモ也
一（十五）誘書、律ノ法ニ偽テ作テ官私文ヲ増減メ求財賞ヲルヲ准盗論ト云メ、或
是ヲ竊盗ト云也、詔書テナイヲ詔書ト号スルモ京同也、仍テ上サツ官作
ラハ白状所也、又誘書ヲカク時ニ若誤タ字ガアラハ奏聞メナヲサセ也
サウナウテ、私ニナシサハ笞五十所也、奏事ヲ不実ノ事アラハ二年ノ篭者
也、又事ヲ申サヌヲカハ減一等ヲ、ホトニ三年ノ篭者也、奏セ子トモハヤ
内々云イ和ツハ立ルサルニ也、誘書ヲシメ我名ヲカヽイデ、人ノトガヲ云ヿアリ、
ソノ者キコヘメラハ三年篭者也、誘書アラシ時若見ルナラシ人ハ即焼
テステヨメレシ取テヘイラセハツ　叙トハ我心ヲ叙云義也、誘書ニハ減死罪
一等ヲ、ホトニ遠流ニ処セヨ也、サリナカラ爰デカウ云ハ雖心如ナリ火印ハ
劇偽ヲ模メスル也、火印ノ事ニ色々不審アリ、盗ニハ盗ノ字ヲシ額ニ

入ルト云義アリ唯是ハヤキガネニテ之サレトモ字ヲ焼ツケタヲモアルニ
平家ニ花方ガ院宣ヲ取カヘス時使ニイク之ハニクカリテ平家ニテ人
額ニ波方ト云字ヲ焼ツケタ之唐ニモ北斉ノ宗佳路ト云者カ妾ヲ
モツタヲ亦婦人ガニクシテ額ニ宗ト云字ヲ焼付タ之黥ハ唯ヤキカネ
ニテ之執筆ノ是ハ盗ヲカクニハチガウメ作セガキヲスル者ハモ人ノ
心ヲ二ルホトニ同罪ニカヽルソ与同罪ト云字ハ左傳ニ盗有蔵器罪与
盗同罪之トホシ盗ノ字ノケテ与ノ字ヲ下ニ付テ置タ字之又左傳ニ
与之同罪ト云字モアルソ之ノ字ヲシノクル迄之　先条ノト云ハ侍ハ所
帯ヲ没収之甚者ニ處セヨト云是也　謀略ノニハ過料ヲカヽサセテ神
社仏寺ノ修理ニセヨ之　紕繆ト云字ハ礼記ノ千巻ニアヤマリアヤマルト
ヨム之真ノアヤマリニ言ソナリ　但至死ノ過料ニモエツダサヌ者ナラ
ハ追放セヨ之過料ノ多ハ遠流ニハ銅二十斤ホトス之　変坐ト云ハ人ヲ證ト
云者ヲ却テ盗ノ罪ニ行フ之ソノ如ク此謀書ヲシタル者之所領ヲ又
令謫スル度ホト取ルヘキ也

一十六
義久兵ノ義久三年ノ乱之頼家実朝已テ後北条ノ四郎時政カ子ニ
義時天下ヲ恣ニスル之公家方ニ是ヲ亡之タメ田ヲ召テ義ヲ起テ関
東ノ士卒ヲ京ヘキリノホル時ニ江州ニテ初テ戦アリソノ時官軍キリマケ
テ後鳥羽院ホ順徳院ヲ東国ノ武士ドモガ遠流ニ處之申メ
後堀川院ヲトリ立テ申メ主ニナスモ京方ヲ三院ノ御方ト云之
右致京ノ京方ニナラヌ證拠アラハ所領ヲ返サセヨ之奉公ト云字ハ
我身ヲ奉公方也致身致命ヲト云類之罪科殊重ノ本来ノ
京方ノ者ヨリモ関東ノ恩ヲ受タ者ノ敵スル之段過カ重メ法外
傳ニ食其食者不破其器隨其樹者不折其枝ヲト云フアリ
乃誅モ身ノカウアルホトニモタシ手ニカウルヲハ誅ス手ニカラヌヲ
ハ所領ヲ没収セラルヽ　緯ハ事也毛白ニ緯与事同之　遠期トハサノ
期ヲ過タ遇チヤホトニ亦所五分一ヲ没収メモ身ヲハ殊セヌ之是寛宥
ノ義之寛宥ニ宥ト云フアリ遺忘過失不識是之不識トカイテ
アキラカニセストヨム之言ハ遺忘トハ自分失念ニタルヲハ忘ス之過失アヤマツ

テナケガニ失アルシハユルスヘシ不識天生愚痴デモ理ニ明ナラズハユルスヘシ
是三宥之下司庄官トシテ卑賤ニシテ不足筭ニ去年トハ寛
喜三年ヲサスヘシ大内重恒ニ義定所ト云アリサルホトニ義定ヲ改メテ評
義トカイタラハヨカラウト云義也者トハ色モ人理ヲ云ヘトモ唯義理人
ナイガヨイ也者也ト云置字也次以同シ中主ト本主トノ外ニ根本ノ主
カアルソノ事デ非分ノ所主也トハ根本ノ主カ云事也兼又以前ノ所主モナ
デナイ況ヤ今ノ所主モ非分ヂヤト云也既就シ慌ニタヒ勲功ノ恩賞
ニトサレタヲ根本ノ領主ト云テハ用ナイ也是ハ諸侍ノ知行ノ事也
事ハ寺社本所ノ事デハナイツ濫望トヨム
同時合戦シ是モ兼久三年ノ事也合戦ト挑戦トハ同シ合戦挑戦
ドチヘモ心ヲ属シ左右ニ皆陣日戦トハ三日以上ヲ日トナシ雨ト同事ナリ三ダ陣ヲ久
取ソスクメタ又前ニ戦ヲハ合戦トハイウソ又故戦防戦ト云事アリ前ノ
覆ニ了カ君ヲ殺スシ又楚ハ同盟ノ国ヂヤホトニ晋ハ一シトキラヘニ軍サ
キニスルソノ時ニ楚国ヘ陳シトルソノ時ニ陳ノ蘇カ云様ハ人有リ猬ヲ牽テ牛ヲ

以度人田而奪牛牽牛以度者ハ実ニ過而奪牛罰已甚シ
故戦防戦ニ引也
右父者トイカニ父子ナリトモ其罪各別也譬ハ夏禹ノ父鯀ハ洪水ヲ
不能治也其子禹ハ水ヲヨク治ル也鯀ヲハ殺シ禹ヲハ王ニナス是賞罰
已異也国ヲ治ルニハ賞罰カ肝要チヤソ尚書ニ罰ハ不及次ニ賞ハ及次ニト
云ハ父カ罪アラハ殺ストモ其子ニハ罪ヲカケヌ也賞及次ニトハ父カ忠ア
ル二恩賞ヲ与ヘタラハ其子モ相續テ所領シモツ也又尚書ニ罪疑惟軽
功疑惟重トアリ六韜ニモ賞罰ノ章アリ漢魯要殖カ注ニ梁
ノ国ニモ罪半ハ疑シキ者アリ陶朱公ニ問フ朱公カ云吾家ニ有宝アノ
價ニハ五百斤ハ千斤ノ價ノ千斤ナル玉ハ厚キ故也仁君ハ厚ニ随ヘ
ト云ソ是モ賞罰ノ事ニ云也又西国任トシ左縕合君せ又在ヲ云也
並不同名トシ鎧ヲキテ軍ニ於ケ左ト西国ニ在テノ於又者トノ事ナリ
西国ニ居タリトモ京方ニ内通アラハ敵也尚書ニ同心ノ同徳トアリ
左侍ニ同心ヲ戴ク為天子ト云同心ト云證拠也行程トヨム律ノ書ハ

呉ハ音ニヨムヘ、今ニ行程ヲ云ニ馬ハ日ニ七十里人ハ五十里車ハ三十里ト云又
軍書ニ軍行ハ日ニ二十里ト云呉ハ音ハ對馬音ト云ヘ呉国カラ對馬ヘ
先ツ度ル音ヘ對馬ノ者カヨウ伝タ也
一讓与所ハ我カ女子ニ不仍シ讓テ彼ニ申シタガウ時ニ此所仍シトリカヘ
サウカカヘス事ノ一ノカト云ヘ
右男女ハ近比ヨウカイノ羽ハ父母ノ恩ノ厚イ事ハ欲報ニ斯ト徒ハ昊
天无窮ト云ヘ而ルヲ女子ト父母ニタガハ讓アリトモトリカヘセヘ　法
家ハ昔ハ坂ノ上ト中原トガ律令ヲ司ル家ヘ法家ト云ハ是ヘ今ハ絶テ
ナイ王肇（?）カ箇要集ニ令ヲ引ニ云所ハ女子ニ財物ヲ先ニ悔返ス
法ト云ヘ以テ法家ニ倫有申旨ト云ヘナサレドモソレハ悪イヘナセニナレバ
此法カアラバ悉不孝ニナラウヘ教令ニ違ハ父ノ教令ヲ違犯セウヘ義
絶ハ中シ違ヘヲ云今ニハ義理ノカケタシ云ニ学ノ仁義カ絶ヘタト見ルヘ
向背ハ其人ニ向テハヘツサウヤトヱテウシロニテハ背クヲ云又ハ向背ト云義
アリ是ハ中シ違フヲ云ナアラバ何時モ父母ト悔返セヘ志孝トアルナモ有

至孝トアルモアヘコナタノ家ハ志孝ヘ節ハ礼記ニ暮ニ定朝ニ省ト云ヘ
孝行ノ節義シヘヨゾラヘ又礼記ニ生則父母ハ死則曰考曰妣ト有
梳首トハ礼記ニ父生我母育我ヲ撫我ト云カラ書ソ拘ハ
女子カ志孝シ尽スヤウニ父母モ慈愛ヲ施ヌコガ拘ヒイヘ又義ニ
女子カ志孝アラハ父母ノ心ニ是ハ女子ヂヤ是ハ男子ヂヤト差別ハア
ルマイヘナコノ均ト云
一不論親ハ親数テモアレ他人テモアレ人ニ扶持ヲ好テモ人ノ期ハヨウ
ニタガウテモ人ノ死テ後ニモ人ノ子孫ニナムクヘ牢人ハ此從者ヲセヨト云是ヘ
ヨッテ其ソノヤウタ者ト云　右遺人ハ此子息ヲスルカ此郎従ノスルカ此二ハ是モ
イソノ彼ト被ト被眷養ヘ其ヲ云ヘ忠勤忠トハ君臣ノ方ハカリニ云義デハナイノ
朋友ニモ父子ニモ云ヘ元文ト元行ヲトカイノシ云ヘ和与シハアモナイア一メウルト
云ヘ律ニ和与ノ物ヲ不悔返ト云此ノ　後ヘ彼筆ガ云ヤウハ是ハ
以親父ノ和与物チヤ其子息ナリトモ進ズマイトユウヘ
今ニ乞索物ト云ハ是ヘハ无理ノ不足シ云權門豪家ガ无理ニ人ヘく

知行テモアレ財物テモアレ不足スルシテ云ヽソレハ取カヘスヘシ不論ニ親疎ヲ又
和与物ヲハ取カヘスヘシトアリ求媚トヨム向背ハ変テハ本主ノ死タヲ
向背ト云忘先人ーー先人ノ恩顧ヲ思ハヽ猶モ子孫ニヨウシタカハヽシ
サウナクハ悔カヘセヽ追加ノ義モ同シ心也讓状ニ永代ト云詞カアラハ
行トセウソ永代トアリトモトリカヘセト云カ追加ノ法也

一 得讓状後ーー是ハ知行ニ讓状ヲ添テ子ニ渡テ其子死ル時ノ事也
右其ーー継子カイキテイルトモ父ノ今ニ手ヘ父祖カ孫ニユヅリタリトモ取
カヘサン也現与見同シ令ノ法ニ親ノイキテイル時ハ子孫私ノ財物ナキ也
別借異財ノ罪トテ一段ノ重也不孝ノ義也昔ハ君臣ノ間モカウアル也
孔子ノ魯ノ季氏カ不ニイラレタ時ニ魯君カラ季氏ニ馬ヲカラレタリ安テ
孔子ノ曰主君カラナラハ馬ヲ取トコソ云ヘカルトハイウヌソト言ヲ改メラレ
ニト二君臣ノ間ニモ私物ナイ事ヲハギコヘタソ

一 妻妾ーー妻ハ斉ノ婦也妾ハヨモイモノ又ハヒタモノ又ナハメトモヨム也
礼記ニ天子ノハ后ト云諸侯ハ夫人大夫ハ孺人士ハ婦人庶人ハ女ト云
サレトモ通メ妻ト云也
右其ーートソノ妻ニ不義アッテ別離セラレタラハイカニ夫ノ契約状アリ共
浜ニハツケラレヌイ也令ノ法ニ弃妻ヲ有七出又賢トヨムタメ一ニハ無子ヽ夫
妻ノ子ノナイヲサル也女子ハアリトモサレ也二ニハ婬佚人皇紀ニハ是ヲタワ
ミキトヨムメ不調ナヲハサレ也三ニハ不仕舅姑ニウトヽヽウトメニ事ムセヌ
ヲハサレ也四ニハ口舌トハ物ユイタテスルヲハサレ也帰有長舌是禍ノ端也
ト毛詩ニモ云ソ五ニハ盗竊トハヌスミ心ノアル者ヲ云盗不得財亦盗
也ト云是ヲサル也六ニハ妬忌トハ嫉色曰妬嫉行曰忌ト言ハニメノ
ヨイト能ノアルトヲ子タムヲ云悋惜ノ深キヲハサル也七ニハ悪疾トハ癩病
ヲ云ト令ノ注ニスルソ此ヤウナモサル也是七出法也　出スイハイツルヘイタスヘ
令ノ法ニ弃ス時ハ手文メ弃スト也其親類カ連判シテヨクルナリ
若不乞餅書ヲ申ヨシテ判ノシルシニセヨ又不弃別法三アリ一ニハ経ヲ
舅姑ノ葬サトハ夫ノ父母ノ死タ時ニ中陰ヲヨリツヽムヲハ不去也二ニハ初メ
賤メ後貴ヲ不去也糟糠ニテ帰ヲ不下堂貧賤ニテ交ヲハ不可忘ト

孟子モ云ゾ三ニハ有所受无所帰是不去也サレトモ義絶ト不調ト
ノ義アラハ去也モ妻ノ重科ハアケテ云ニ不及ナリソ イカニ契約状アリ
トモ去テ叶ハイラヌナリソ 往日トハ離別セヌ前ヲシサス也 有功トハ三不去
ナリアルシテ云 先是トハ七出ノ道ナイシテ云 嘗新トハ必文キコヘタメ
追加ニ式目ニセワアル者トニ不及子細サレトモ別テ夫ヲ恨ケクラハ
彼妻ノ所領ヲ召上ラレウ也
一 父母トハ父母ノ生キタ時ニ所領ヲ分テモ子ニ配分スル時中タガイテ
ナケレトモ所領ヲ譲ラヌナリシ云也 子息トハ息ハ生也 陰陽消息ト
手ト云テ一年ニ十二月ヲ司テ四時ヲシウツルシ云 是モ息ハ生ノ心ナリ 出
息トテ人ニ物ヲカシテ利平ヲ加フルシ云也 日本紀ニハ息ヲ子トヨム也
右ノ親ノ吹挙トハ吹挙ノ所ヘ吹挙スル也 字ノ心ハ風ノ吹挙ル
ぎ上ニ申シアクル也 吹嘘トモ書也 閑去也シ アクル心也 嘘トハ出気ヲ
ゆ急ナルヲ曰吹 寛吹出曰嘘也 礼記ニ内嘘ツハ不去親ヲ外嘘不去怨ト
アリ 言ハ若親類ヲ吹嘘シタラハ人ガ何トシイワズラウトテ斟酌ナ
ニシノ親類ナリトモ上ノ御用ニ立ツ者ナラハ吹嘘セヨ也 イカニ怨ノアル者ナ
リトモ御用ニ立サウナ者ナラハ吹嘘セヨ也 又懐忠心待嘘ト云 諮アル又
乱主ノ君ハ先病ニ臨業ヲ 治世ノ君ハ先乱ニ任賢ニトアリ 勤厚トハ夙興
夜寐ヲ云トハ伶ガ奏シ変ヲ終夜臥閤也 ヲハカ戴星ト云 鶏鳴テ忠臣
待晨ヲト云ヘ之歎也 継母トモ令ニ継母トモヨムゾ 是ハ父カ中ヲタガワ
子トモ継母ノ云イナシニ依テ不和ニモルニナリアルゾ 唐ニモ戚夫人カ
趙王如意ヲ立テントテ高祖ニ讒スルゾ 又閔子騫カ継母ノニクミシ
ウクル也歎也 又尹吉甫継室ニ生子トハ吉甫カ子ニ尹伯起ト云アリ
継子カデキタ程デ去ル継母カ吉甫ニ云ヤウハ伯起カ我ヲシタトクメ不審
ナラハソツトノブイテミヨト云 継母伯起ヲ喚テ酒ヲシノニセテ蜂カホトコロ
ニ入タゾ取テクレヨト云 是ヲ吉甫カノソイテミテシレハチツトモチカワスサテハ
肉義ガアルトテ伯起ヲ殺ス也 継母讒言ノ事必多キ者也
鍾ハ取邪也 愛ヲシアツムルトハツヨウイトウシクトト云心也 日本紀ニ鍾連愛 鍾愛
トカイテメグシトヨホストヨムゾ 佗傺失志ヲ貌也 失志ヲホレタトシタ体也

非拠トハ證拠トセウヤウガナイ也又抱係ハ手ヲフツテアルク貝也
今不立一此嫡子ハ未ダシ云〻、家ハ兄ニ一爰セヨトアリサウナヲ父ノ心ヲ
ツダテラル、ハ見タナ成敗ト云也少分トハ五分一ヨリモ少シヲ云也チツトナリ
トモ計充(ハカライアテ)タラハ五分一ノ少法ハイラヌ也父ノ進退ニ任セヨ也今ノ法ニ父遺
財支配ヲ云タルト云アリ嫡子ニハイカホド庶子ニハイカホドトアリ但父存生ニ
分タ證拠アラハイカホド云共ハイル、イヤ少ナリトモ云テ、デシカヽヨ也爰ハ
メレヲフヱニテ書也差ニ言ハイカニ兄ナレトモ父ノ所分ニモル、ハ不孝ノ理メ
アルラ人ハ逆罪ノ七番メガ不孝キホドニ也律ニ不孝ノ子不預父母遺財
タヲ又不孝ノ子不預父母未分ノ財タヲト云ガ文宗亨四年ノ追加ニアル又
不孝ノ子預父母財タ〆行不孝不義他違犯タ又虫不不孝不預父
母ヲ讓ト云アリ人追加ニ此残色モアル也

一九二 ナノ必ズ許シ養子ノ法ガ令ニアル又四等マデトシハ取五等シハ不取トシテ
言ハ兄弟(シテイ)姪(シイ)従(イトコ)弟ナドノ親類ヲ養子ニスル也其外ハ不許トアレトモ此
式目ノ法ニハ先子(キ)息女人ナラハ他人ナリトモ養子ヲセヨ也養子ヲスルニ公平

期アリナ五ニテハ婚姻スルホドニ三十ノ者ハ十五ニナルヲ養子二十ニナルヲハ養子ハ
又也四十ナル者ハ二十五ニナルヲ養也以一隅ヲ推而知也ト書タソ
不限トシ律令ノ法ニ寡婦ノ養子ニ本文ニ先證跡トアリ故ニ法意ニハ
不許也右大将ノ頼朝以来ノ法ニハ養子ヲセヨ也ヲ世サツトブラウタ者ナリ
勝計(アゲテカゾフ)トヨムアゲテトハ皆ト云心也不易モ日本字テハナシ也易ノ辞ニ不易家ニト
百畝トアリ都鄙ハ夏夷也京夷中ヲ云左伝ニ使都鄙有章トアリ周礼ニ
使都鄙有信トアリノ評伐内重テハ儀養ト云世ノ上ト院ノ以来テハ評
義ト云穀養ト云穀養ハ尚書ニ云キ又人ニトヨムヲ分人救ヲエラフ也

一九四 讓得夫ノ改嫁ト令ニヨム也文ノ心ハ不言聞ヘメソ
右大将ノ夫ノ所領ヲ讓得テハ万タヲシナゲステヽ其跡ヲ弔ヘキニサウナ
イハ無ヲ也背式目ノ此式目ヲ背クト云義アリ又令ノ法ニ改嫁ノ法アリ
世ニ式目ト云モ令ヲサイテ云ト義モアル也忘貞心トハ史記ニ忠臣不仕二
君貞女不更二夫トアリカウコソアルヘキニサハナウテ改嫁セハ其所領ヲ
亡夫ノ子ニ給ヘキ也衛ノ嬌姜ハ嬌伯カ女也夫死テ故親ガ別夫ニ

アワセウト云タヲキカヌソ越ノ伯姫ハ伯寧妻カ女也呈李守テ金白
斤ト玉一双トシヲ以テヨビツレトモ不来之貞女ノ事此状ニ反之別以計トハ云
夫ニ子ナクハ非礼ナル所理ニ付之貞応元ノ追加ニ別ノ夫ヲミウケテ現
形ニシタラハ此状ヲ難離セトアリ弘安九年ニ改之也セウアラハ家ノ内ヲ不
ストモ此キコエアラハ所領ヲトラレウカタレハ證跡ヲヨク正サレウ云アヤ二リナ
クハ任夫讓給安堵以下文ヲ云ト云追加アリ又追加ニモ若キ女人ガ病者
一（廿五）手ヤトニ云テ子ニ所領ヲ讓テ後ニ別ノ夫ヲ改ルヿアリ是一段ノ曲事也不ル許ニ
関東御下知状目作ル時分ハ関東ニ公家醫陰ニテアル也是ハ関東公家
人ノ女ガ公家ノ女房ニナツタト云テ公事ヲ難渋スル時ノ法也聟君ト
スシデヨム聟ハ俗字也婿カ本字也月卿ハ公卿也月卿ト云ハ天子ヲ
日ニ也臣下ハ月ニ擬メ月卿ト云雲客ハ殿上人也
右称所領ハ元来公家所デハナイ侍領チヤホトニイカニ公家ニ
女房ニナツタリトモ公事ヲシハ一向勤ヘシ親父トスシデヨム存日ノ優如トハ
ユタカニユウ〳〵トシタル心ヲ以テモニヲトガ公事ヲ除イタリトモ死テ後ハ勤メ

ヨ云逝去ハ礼記ノ曲礼ニ天子死ヲ崩ト云諸侯ノ死ヲ曰薨大夫ヲ曰卒
士曰不禄庶人曰死トシ又テハ大夫ノ信ヲ云カト云　権威トハ月卿雲客
ナトヲ云テ所領ニツイタル公事ヲシ免許セス所領ヲ辞退セヨ云平均トハ
権門勢力家ヲ不論公事ヲシ勤メヨ云　祗候ツニミウカカウトヨム伺候
ハウカヽイラウカヽウ云候モ同事也殿中トハ将軍家ノ事也貴人ヲハ恐テ
直ニ名ヲハイワヌ也天子ヲハ陛下ト云陛循郎ガアツテ讀ヲ指メイル故也
執柄関白ヲハ閤下ト云渋トハ泥難ノ心也滞テ不及イカレヌヲ云此上
務勤メテイトイハヽ知行ヲ取アグヘキ也
一（廿六）讓不領ノ任讓状可給安堵ノ以下文ヲ取テ後ヘテ子ニ与ヘテ後
父ノ機ニアワズハ別ノ子ニ讓ル事礼經ニ子ハ不限男女ヲ男女共ニ子也
右ノ任父ノ先条トハ此ケ条メヲサスシ親ガ判ヲシテ以下文ヲ取メヘテ人
所タリトモ取カヘセ上ノ以下知ヲ取タホトニ親ノマヽニワナラヘイト
云ハヲデモナイソ親ノ判ニ任テ重テ以下文ヲナシ下サルヘキナリ文選ニ
慈父モ不能養無益之子ヲ慈君モ不能仕無益之臣トアリ　数反

雖改易最後ニ譲状ヲ加ヘラレタル家ニハ前状後状ト云武家ニハ
前判後判ト云他人ハ前判ガ本ニナル也父子ハ後判ガ本ニナル也ナセニ武
家ニハ前判後判ト云公家ニハ前状後状ト云ゾナレバ公家ニハ判ヲ草名ト
云也判アレハ名乗ナシ名乗アレハ判ナシ武家ニハ名ト判トアル也サレトモ
武家ニモ名乗ハカリ書テウラニ判ヲスル也判ハ判断是非スル義也父母
終焉ノ時文字不詳ナリト云アリタルハ必終讃用ル親類ヲハ不立也
凡下ノ輩異様ノ判ト云アリ是モ以終讃用ル　此外未断外題ノ
安堵トテハシ二判ヲスルソト云

一未處分ノ父ノ存生ニ分ル所分ヘサタテ死ゾヲ未所分ト云今ニ父ノ未分
財跡ノタトイヘト云アリ侍母ト継母ト嫡子トハ一分ツ、取ル庶子ハ一分女房ハ
半分取ルヘシタトヘハ布ガ七十五端アルヲ侍母継母嫡子ハ二十端ツ、取也
庶子ハ十端トシ女房ハ五端トシ也是ハ父ノ死タル財物也母ノ財物
シハ嫡庶ニツイテ等分ニ取也
右且ハ限リ也文也ニウキレ分ノ根不定也　器量トシ此器量トハセイ言ノ

ヨイ男ヲ云デハナイゾ君臣上下共ニ其器ニ堪ルヲ云名トヘハ管領ハ
管領ノ器量所司代ハ所司代ノ器量ヲ云我家ノ所作ヲシエセズ
大方依ニ違ヒタト云トモソレハ无器量也別ニ何ヲセズトモ我家ノイシ
ヨヲ成ルハ器量ノ者也史記ニ人雖賢不能左ニ為右トモ為左トスルハ
時儀トハ賢ノ元帝紀ニ不違時宜也トアリ

一構虚言ト是ヘハ二義也構ヘテト云点ヲヨメハ二理ニナル也構ヘト云点ノ
時ハ二ノ理ニナル也唯二ノ義ガヨイ也
右和面ヲ構シ君ヲ損スル人者ハ虚言也字出自論語也和面巧言ヲカク
スル者ハ必ス懐ニ君損人也　文籍トヨム　左伝ニ无徳者有虚国也
瘢也トアリ　讒言スル者ノ无求別ニ持タ所ヲ取テ別人ニ下サレヨナリ
後漢書ニ有徳者ハ以義言助也无徳者以讒言陥ルセッ也トアリ蘗モ
懼テ忌讒　讒トアリ　文選ニ浮雲掩白日ヲ臣ニ浮雲ヲ比讒臣ニ
白日ヲ比君ニ也必ス賢人君子ガ讒言ニアウ者ヲ甘泉ハ必渇直木ハ必
伐ルトアリ此心也　官途ハ任官ノ事也　人ノ任官スルヲサマタゲウド

チ人ノ讒言セハ召仕フマイ也
一闕所奉行ノ是ハ二義アリ一ニハ奉行ヲ以テ申メ内奏スルト云義アリ
又ノ義ニハ所ノ字ニアタツテミレハ寺社奉行社寺奉行トテアリ別ノ奉行ハ
此外也又ハ別人ハ内訴ノ人也是ハ別ノ奉行人ニ申ヿヲハイカヽナレトモ
礼記ニモ臨テハ文ニ不忌ニトアルホトニ也
右闕所ハ内々ト云ヲ以テミレハ内訴トミルカヨイ也　參差トハカタヽ
ガイトヨムナリ毛詩ニ參差タル荇菜左右ニ求之トアリ寤寐求之明賞
訴訟辟言ハ有財ノ人ノ訴訟ハ如石ノ入水ニ言ハ安キソ　无財ノ人ノ訴
訟ハ如水ノ入石ニ言ハ難キソ暫ト云ハ仮此忿也暫日ニ二義アリ一ニハ暫時
シテ云又ハ一年半年シモ云也　訴人　所存未練抄ト云物ニ訴人ト云字シ
人ヲ訴ルトニシタハ誤也　今ニハ訴人ト名テモノヲミラスル人トヨムソ聖徳太子
十七ケ条憲法ナトモナライナウテハヨミニクイ也　執申トハ執續テ申ス人也
緩怠トハエルクヨコタル也无所存スルシテ云也　庭中トハ内裏ノ記録所ニモ
庭中スル事アリ公家ニ永和ノ条ニ定之年月ヲ訴訟向後廿ケ日ヲ

過ハ庭中セヨトアリ庭中ハチツトモ无理ナレハ忽罪過アル也ナセニナレハ奉行
人ヲ訴ル上ニ物申スト二ノ罪過アル也文献并ノ志タリトモ賄賂アラハ林示之ニ
一遂問註　東鏡ニモ此所存アリ是ハ問注対決ニ逢タ者カハヤ理運ト心得テ
成敗ヲ待ズ大権門ノ状ヲ取テ申スヿ也右預裁ノ此条ノ心ハ公方ハ申ス
者カ理チヤホトニ理ノ方ヘ成裁許アル也然レトモ権門ノ多状ヲ以テ申ヿ強縁カヲ
借テ申ス処デ公方ニ理ノナイ者ノ方カラハ強縁権門ノ威勢デセラルヽホトニ
憲法デハナイト云テメサルヽ也サルホトニ終ト理運ノ公方ナリトモ権門ノ状ヲハ三ケ条ハ只
奉行人ニツイテ申也仮令ハ先此ヲ仮西失宗ト云語アリ必ス一方ハメシリシ変也
職而斯由トハ毛詩ノ字ヲモ従罪也侍ニハ由ノ字ヲ下ニ置也庭中ハ奉行人廿日ス
キテ披露セズハ庭中セヨ也今ニ問注難渋ト云アリ在国ヘ問注対決ノ触
状ヲ下サハ五ツ月ヲ相待也ナレニテイラスハ一方ヘ成敗アル也若本人京ヘ上タリトモ
問注対決ヲイヤカツテ廿日過ル迄ヒツコウデ居ハ一方ヘ下知ヲ成サレヨ也
一依先道理　一心ハ如文也裁断ノ理非ヲ許容アル也　偏頗トヨム物ノカタシチ
ニシタヲ云唐太宗問ニ一如何是ヲ謂明君ト答云兼聞ヲ曰明君ト

偏信 曰暗君トトアリ。死偏死黨、王道堂モシリト云ノ律ニ国司代残ノ成
敗ニ曲法アラハト云ニ布十端トラハ杖六十三十端トラハ絓
殺セヨト云言ハ其処ノ代支賄賂ヲ取ヘカラスト云公ヲニ寛許ノ過トモ云フアリ
カリソメニモ従テサウラウト云ヲ云ヘハ〔ミウサテ〕ニテ也
右依テ一心文也 蓋吹トハミダリニ言ハスト云 後史ニ甫郭処士カ竽ヲ吹故事也
恠公ニ 没官ノ心也 若又盗行ハ虎兕出於柙亀玉毀於櫝中 是誰
之過与云コト、口ハ奉行人ノ過ナル也
一 隠置 一律ニ刧囚ノ法アリ 囚ヲヲヒヤカス也 是ハ逐流ニ当スル也 若囚人ヲ
ニガセハキラル也 盗賊ノ事ハ其コトハニ盗ハカリデハナイ也 又破法曰賊
仁義ヲ道曰賊也 右件一風聞トヨム 断ハ罪ヲ 五刑ニワタル也 死罪ヲ断
罪ト云トテキルデハナイ也 罪ヲ断 殺ヲ云也 炳誡 充為聖人充為ノ
云ハムツカシイコトアル也 狼藉 狼藉ハ史記滑稽伝ニアリ 狼藉ニミダルガワシイトヨム也
落花狼藉ノ心也 国人トヨム 嵯峨院ノ御諱ヲ 邦人ト申スホトニ字ハ別ナレトモ
カエテヨム也 縁邉ヲ云也 肖趙充国カ伝ニ 縁邉ニ守ル トアリ 亭堠ナ伝ニ

縁辺破北狄也 此文ノ心ハ国ノサカイニ凶賊アラハメニヤトレトモ云炎ノ言表ヲヨカウハ三イ也
悪黨ナラハアルカナイカトハ同イ也 国カ大ノ手ノ入テ他国ヘノイチカウシ大事
ヲ一ハ八カイツケヲ證跡ニ任テ 悪黨アラハメニトヒ 罪ノ祀録トハ三イ也 令 隠匿カハ
賊徒ニ 罪人ノ罪減一等ヲ トアリ 罪人死罪ナラハ 隠置ハ逐流也 逐流ニ同罪
トアル 嫌疑ヲ カシカワシイニキライアルトヨメトモ唯ウカガワシイ也 礼記ニ 夫礼ハ定
親疎ヲ 定嫌疑ヲ 故也トモ云 後漢ニ 嫌疑ヲ間ハ賢士之所去也 トアリ 不日一
一日ヲスゴサヌヲ云 アスアサツテハ不日デハナイソ アチカラ手ノ入コト又 詩ニ也 孟子ニ
不日而功成 ト云 此言デハナイ也 寄夜使 旦一 嘉定三年ノ追加ニ 囚人ヲ取
若逃タラハ凶罪也 三月ノ不尋デハ延引アル也 弘安九年ノ追加ニ 隠置悪
黨於所領内 ヲテトアリ 鎌倉ハナモ 夜ハ関東ニ伺候メ西国ニ所領ヲ持ツ者
我ハ関東ニ在ソ 手ホトニ存セヌト云コトアリ 自今以後ソノ夜ハ 鎌倉ニ
イタリトモ罪ニカカル（キ）也 但百日ノ内ハ用捨スル也
一 強竊 一律ニ強盗不得財 徒二年 布一端ヲ盗ハ徒三年 二端ハ流罪也 ト云ミ
ソノ呉ニ先ツ強メ後ニ盗ムヲ曰強盗ト 先盗テ後ニ強スルヲ曰盗強ト 人ニ酒

シノニセテ酔セテ奪財ヲ取ハ竊ノ内也竊ニ布五端ハ徒一年五十端ハ流罪ニ
又預ケ物ノ失スルヲ強盗シハワキニヘヌニシノビノ取タハワキニユルノ又壊焼神
社ヲ貨物焼亡ノヲトニアリ　放火ハ史記ニハ縦火トアリ欲殺棄縦火
焼也昔ハ内重キニ火ニツメノ条アリ今ハナシ
右既ニ強竊共ニ死罪ニ行（下云兇例アリ）猶豫ハ獣ノ名也性多疑惑
有害則上ル木ニ又猶ハ五尺大犬之隴西ニハ云ノコトシ猶ト云傳司結昂ニ猶子シ土
ノコトヨム豫モ獣之日是ハ何ゾノ猶ヲ預ニ字ヲウラシテイスルトヨム之疑テ且憑
スルシテ云又タスラウシテ云之文易ニ於テ疑ヲ猶豫ノ敢テ不定志トアリ孟子ニ孫儀力正
義ニ先古又慮曰猶ト後言又慮曰豫ト也　次放火ノ一ノ今ニハ放火人ノ罪ハ浅之
篇者ニ之盗賊ニスルホトニ死罪ニ定スルノ禁遏ハイニシメトムルノ之ノ追加ハ
キリモナウアルシサルトモ窃竊盗ノ法ニ三百銭以下ナラハ一倍ニテ返サセヨ三百銭以上
五百銭以下ナラハ二貫ヲカサセヨ之餘ニ過ナラハ一身シ殺セ妻子ニ十カケソク之
一 密懐ハ礼記ノ法ニ男子不雑坐不同架不同巾櫛七歳而男女不同
席也是男女有別之法也カウアル之ニ況ヤ他人ノ妻ヲ密懐スル曲ヲ之

右不論ハ強姦ハ女ノ意ガ不同行ヲ男ガ強テスルシヲ云律ノ法ニ強姦ハ流夫トヲ
ヲ妻ヲ徒一年強姦有ル夫ヲ妻ハ徒二年トアリ和姦ハ双方同心ヤウニ率ニ
合テスルヲ云是ハ妻シモ罪スルヲ強姦ハ妻シハユルスニ姦ハ今ノ義解ニ礼記
ノ六礼ノ義シ用ユ問名納采納徴納吉奉姑進迎之此礼ナウメ嫁スルシ奔女
トス是ヲ姦ト云ヲ之爰ニハ唯當座任意ニ云之律ニ強姦セハ父祖ニ妾徒
三年強姦他人之妻ハ減一等トニ云ホトニ徒一年半之爰ハ強姦和姦シ一ツニ
スル之式目ノ法カヨイ〻ヤソ懐抱他ノ一ニ爰ハ強和ノ差別ナイソノ配流ハ配
モ流ハ心之沐サルテイルニヨ配處ト云ソ禁獄ニ人シ流ニ同裡ノ中デ評議
ガツレニイテ流スノ勅諌シ蒙メ君ハ閑門メ居ルノ次於道ノ一昔モ是カ
アルニ七月孟蘭盆ナントニシドルトテ此ヤウナコヲアルニ即従ハ若黨以下
大治書ヲ大内記ガ書ニ凡人シハロデ傍セ付テ流サルミメ人ヲ挨非遣使
ハ中間小者ニ可剃除ル是懲悪ニ云之　法師ル此法師ハ法僧ノ
ヲデハナニ妻女ノ〻ニ法僧ニハ破戒律ノ罪トテ別ニアリ斟酌トハ浅深
ニ随テ井ノ水ヲクムヤウニヨッホトニ計テ行ヲ云之法呼ニハセウヤウガナイ程ニモ附ニ

當田テセヨト云ヘ、爰ニ應四年ノ追加ニ但名主百姓中ニ有犯罪之時不決ニ実否ヲ
モ抑留財シトルハイワレヌ、名主ハ過料ヲ十貫文、百姓ハ五貫文、女ニモ同前
ニ律ニ殺ス女死罪トスト云アリ、夜無故入ル人家ニ則、主人打殺セ
ナラハ勿論スルヿナセニナレハシノヒ強盗ノ入タシモ唯ヲカウカチヤホトニ也
一 ［九五］蛍給ノ一召文ヲ下サルニ下サル一度ハ三ケ度ニ定也、一ヲ七日ツヽ也、三七二十一日ヲ経テ
猶悔ノ召文ヲ下サル也、是ハ昔ハナイ事也、飯尾近江ノ守ノ申シテ三七日
ニテハ餘ニ不便ナホトニトテ又一度ヲ加ル也、七日ニカギル事ハ易ノ既濟ノ卦ニ
七日ノ来復ト云アリ、天下ノ方角モ七テ立スル也、先ツ北カラ南ヘカ七ツ也、子ノ
方カラ丑寅卯辰巳午マテカ七也、東カラ西ヘテ辰巳午未申酉迄カ七也
二十八宿モ四方ニ七ツヽ収スル也、四七二十八宿是也、及三箇度マテニ論
人カマイラズハ違背ノ咎ニチヤホトニ成敗アレ也、又云事ハ論人ノ理ナ
レトモ不参ノ咎アル義ナラハ訴人ニハ下サレズメ別人ニ下サレヨ也、但至不レシ
召文カ難解也、元モ心根スト云義ヘニ階査行貳召文ヲ雖解ニ常患ニ
云ナレハヨウノ不審ニシテト云テナカラ智者立ツイテ召文ノ見ヤウヲ旦案ヒ於ゝ人

爰ノ意ハ所従馬ナト等ノ事ニ訴詔アル時ノ事也、於ノ理ニハカヽウルヘカラス、
訴人ノ申ス負投ホト糺返ス論人不参ニテ事アルホトニ寺社ノ修理ニ付ル也、ミヽ
雑物ハ今ニハ雑ノタヌサクトヨム也、種々物ト云心也、三問三答ノ外ニ別進申状
ナトヽ云アリ、其ノ事サカ一問二問ニ関ヘテ三問ニハ古文ヲ決スルホトニテ外ニハ
入マイト云、延享ノ句解ノ沙汰也、訴陳未練被ニハ三問三答ノ外ニ追加
ノ申状アル也、陳状二十ケ日シ過キハ不許ノ所見ヲ押テ三ケマデ不於メ
三十日過ハ別人ニ下サレヨ也、是ハ文殿ノ義ニアリ
一 ［九六］改旧境　境相論ニ事ヘ孟子ニ暴君汚吏必乱其境界ヲトアリ　昔
此相論カニケイン喜定元年ノ法ニ先ツ境相論ニ於ルキニハ證文ヲ
サスル也、若所申非義ナラハ幻ナトヤウニモ所帯ヲ過ト云事ヲシ苦ル也、今ノ法ニ
田畠ハ四至方至ノ界ニ不入一町一反シノニノ廿ヨト云也
右或ハ昔カラ定置タシモハナシテ近辺ニ大石ヤ大木ナトノアルシヲ以テ
是カ田ソチヤトヲ云ヘ、古文トテ昔カラ丁モノ古キ文書ハアレトモ代々ニスヲテ
シカレテ用ニモ立スシ於メ是カ々文書チヤト云ニ、旧由事ニ昔ハ民部省ノ国

帳トテ国ノサヽヒヅアル也大田ブミノ〃〃四方ヨリ図シテ小里迄ミルス也
今ハ昔ノ帳ハ結トメモミエテイノ也成恩寺ノ厚ニテハ是アリ今ハ失テナイ也
此国帳カ失テ日本国ハクラヤミニナルト云義也其検使ハ検知其不正ヲ正也
又ハ足踏三其地人ヲ遣サレヨ也越境シ一里二里ノホトヲヨウニ一里ナラハ
一里二里ナラハ二里論人ニ付(キ)也左傳ニ非君命不越境ト云アリ訴論人公ノ
字ハ局ニ訟ノ卦アリ坎下乾上也天与水違行ハ乾ハ天ハ西ニメクリ水ハ東ニ
メクル也左右スリチガウ処ヲ訴訟カ起也

一 関東ノ下知ノ旨社寺所領ヲ傍輩カ拘シ寺社ニ申シ其ニ所領アレト云也
傍官 傍官ト二字スシテヨム其下若キ時講式目ヲバウグワント濁ルハ常忠外折檻也
右大将ノ以治(?)頼朝定テレタシサニウカ也近年ノ新也ク寺所ノ
補任シ変ルハ理也昔ノ補任ハ先阻ト云也自今以後停止セラレヨ也

一 惣地頭 惣庄ヲ持タ者カ我所領ノ内ノ名主職者ホトニ取シト云時ノ
事也 右結シ者ノ惣領ハ庶子惣領ノ事デハナイゾ惣庄惣郷ヲ領スル者
ノ事也惣庄ヲ下サルヽコソ我物ニトテ云ハソテモナイ事也不及云事也一国ヲ持者
カモ内ノ寺所領ヲ我物ニハ上セニ数ヘ也惣地頭ノ名主ノヨワイヲミテ濫妨ヲ
致サハ別納トハ名主職ヲハ名主ニトレト云也以下文ヲ給(キ)也 四十三ケ条ニ
掠人所領ノ此内ニ寺役シトシト云ガアラウ也 延弱延ハ短小也チイサウ人
ヨワイ也名主ノ別又名主カ地頭ニ背カハ改易其職ヲ也

一 官爵 官位ノ事也今ノ義解ニ官ハ大臣以下諸史以上ヲ曰官也一品
以下初位以上曰爵也位ヲ先成テ後ニ官ニナル也ナンゾナレハ位ハ官ヨリハ便ガ
ヨイホトニ也又ハ官ハ二ヲテ位果アル也然応ノ条モノ内ニ関東任官セウ
時ノ事アリ不立朝用ニシハ任官ヲヤメヨトアリ
右被召シ成功（ジヤウゴウ）トヨム也鳥羽院カラ此義アリ亀山院ノヤメサセラレタ
ソハ文此時代ニアル也後漢霊帝売官爵シ疲労也タル者ヲハ先ヅ官ニ
アゲテ其ニ手料ヲ出スル也公平（ヒヤウ）也カウメ任料ヲミルスハ内裡ノ所為也背私
只公用言臭平ハ正也ト今ノ義解ニアリ官昇進シ不拘任料以官位
ヲ望ムナハ一切停止セヨ也変所ハ国ノ守也検非違使ハ四位カラ五位迄ヲ
云也五位ノ時ハ判官又ハ判官ノ唐名ハ廷尉ト云也新叙トハ六位カラ五位

ニナルヲハ叙爵ト云五位ニナツテモ前ノ六位ヲ兼テヲルヲハ形叙ト云之
此ヤウナ官ニ在ヘキ人ガ巡年マテ望ミハ許サル（キ）之
一鎌倉〜〜此僧ト云ハ聖道ヲ云之僧正僧都ハ官之法教法印ハ位也
右依〜〜綱位トハ僧正僧都律師ヲ三綱ト云之臈次トハ夏臈ト云テ
一夏ヲ結テモ功ニ官ニ上ルヲ云之十二月ノ臈ト同シ一年ヲ称メ云之其年老ヲ
ヲ重ヌモ若也イカニ夏ヲ結タレトモ言ルイ官ニ人カ上タレハ其上ニハ不在ス之
原僧綱トハ三綱ノ位ヲソヲル也宿老トハ今ニ男女共ニ三歳以上ヲ曰黄ト
十六以下ヲ曰少年ト二十以下ヲ曰中年ト三十一年ヲ曰丁テイト丁ハ壮也六十ヲ曰老ト六十
六ヲ曰耆ト耆ハ至也至老境ニ之礼記ニハ人十歳ヲ曰幼ニ二十ヲ曰弱ト之官ト云云
三十ヲ曰壮ト四十曰強五十曰艾ガイト之ハ老之六十ヲ曰耆ト七十ヲ曰老八十九十ヲ曰耄モ百
年ヲ曰期頤ト　ホトニソレナラハ此老ハ七十ヲ云ヘシサレトモソレハイラヌヿ藩岳カ
三十ニシテ而生ニ毛ニ云ホトニ若イニモ老ノ字ハ付ソ云之釣ノ資ケトハ宿老有智ノ人
ニハ布施ヲモ別メスルソ是衣鉢ノ資ニ之仏世ニ戒臈智臈年臈トアリ戒
臈ハ憍陳如之智臈ハ舎利弗之年臈ハ迦葉之自今〜〜是カラ下ニツ年

三ヨ也上ニツケテ三〻ハキコヘツソ　皈依緇人ヨリヨルノ義同ト云
字ニ心ヲ著テ三ヨ之　禅侶ハ勝ツ云ノ字之　顔眄トハカヘリミ
三ル事僧ノ伸儀ヲ云也　諷諫トハ教訓サセヨ之　後悔ノ
馬獲カ踞鞍顔眄メ以示ス可用ユト云之　諷諫ハ五諫ノ一也之諷ハ
教也教テ人諫ムル之二ニハ順諫順路ニ諫ムル之三ニハ直諫ツ用捨モナク直ニ
諫之四ニハ諍諫アラソウテ諫ル之五ニハ贛諫以道諫ルナリ
一奴婢〜〜此文言アリモナイソ
右但右大〜〜人ノ下人ヲナレナノ名目仕タラハイカニ本主カ普代ぞヤト
云トモ十年仕ツ者ノニナラウニテ之サレトモ元ヨリ沙汰トスカ二処ヲヤソ
十年ノ内ニ沙汰ヲシタラハ理之但普代之主カナク共沙汰ハ狂アルニテノ
次奴〜〜所生トヨム夫ト婦トシ別モノ主カ各仕フ附ニウンダ子ヲハ
トチヘ付テトラウナト云此法ニ〜〜律ニハ父母ハ別ナレトモ女子ヲハ
母ニ付ヨ准スニ畜生ニト云言ハ凡下ノ者ハ子チヲ雑ニ比スルソ畜生ワ人
男子モ女子モ母ニ付リ之此律ニハ子細アレトモ式目ノ法ナラハ頼朝ノ

例ニ任テ男子ハ父ニ付女子ハ母ニツケヨ也サレトモ女子ナリトモ父ニ
十年養ワレタラハ父ニ付ヘシ男子ナリトモ母ニ十年養ワレタラハ
母ニ付ヘシサリナカラ父母行通セハ養ヲ云ニヨラス別々ナラハ
養ヲ云ヘ月ヲ分ケニスルト云義也何モ一理アレトモ式目ノカヨイナリ又
我知行ニ人ヲ召仕フ事アリタレハ十年仕フタリトモ被官テハアルマイ
イマモ知行ノ内ニアル故ニ仕ルニ依テ追加ノ法如此

一(四二) 百姓一 百姓ト云ハ必シモ土民テハナイソ百姓トハ十世ニ云ソナレハ
天地人ノ三オヲ五ツニナシ三五十五ヘナレハ五行ヲ五ツニナシ五々廿五
也ソレニ四季ヲ五ツヽニナシ配スレハ合テ百ノ数也
昔ハ源平藤橘ノ四姓ヲ始ニ分レテ百姓トナル也百ノ姓カ二十八宿家ニ
アリ八十ハモノヽフノヤソウチト云是也武家ニアルヲ日本紀ニ百姓トヨム
御百姓トヨム也又ハ穿彼地ヲカ百姓ニイワレヌフシヲ云イカクルホトニ
ニゲカクルヽヲ逃散ト云モ跡ニニゲノコサヅテイクルヲ逃毀ト云ヘ
右諸国一 モ家ノ作主カ上ゲヘノコナウタ者モヤトヱテ妻子ヲトラユル也

カウミレハ先味ナソ甚ノ字ニハ…ノ著テミヨ昔孔子泰山ノ下ヲ行
有リ二老婦泣テ云ツ使子貢問セシ老婦曰此処ニ有猛虎我夫モ又
食我子モ又孔子曰汝何不去対婦曰先苛政也孔子使子貢記之
詞曰仁政治民猛虎不去也此心ヲ以テミレハ甚仁ノ之意テハナ
イカノ逃散ト云字唐ニモアルソ易略例ノ注ニ量戈於逃散之地トアリ

一(四三) 称当知一 人ノ持タ知行ヲ我当知行ト云テ押ト知ヲ取テ所出山
物ヲ取事 右称一 カウ云テ人ノ知行ヲ掠取タハ所推ト推量
スルニ罪科難脱也押充実シ一充実ヲ掠取別ニ持タ知行ヲ没収
セラルヽ云暦仁ノ三年ノ追加ニ此法アリ　次口ノ一行テモアル申ニ事カ
ナイソカウ云ハ次デニ私曲ヲ致スファラウソ也

一(四四) 儻挙一 是モ如文図ヘタソ
右積一 労ノ字ハ毛詩ニイタヅキトヨムヘシ勤ハ辛労ヲスレハコルヽ力顕
ハルヽヲ云ヘシ文選ニ朝成蝉蛻ニ喜ヲ望ム近侍ニ報ヘシ人ハ辛労ヲシテ
モ功アレハ終ニハ恩ヲ蒙ルソ朝ニソツト忠ヲシテタニハヤカテ恩賞ヲ

訟主ワヅカニイフヲ以所ニ否ニ寛元二年ノ追加ニハ兩方所ニ定メタラバ
望トアリ。申状トハ欲訴訟之人ノ申状之處、口ハ莊子盗跖カ篇カラ起ヘ
蜂起ハ收從居ニ作レ鋒イツレモ同シ。爰ニハ蜂ノ字カ面白キ也。讒言
蜂生トアリ。史記ニハ蠭起トアリ。侵冒ノ諂。屬妻ノ恐ト云数ナリ
後漢馬援カ薏苡ノ讒アリ。韓文ナトニ有。舌如劒ト云、笑中ニ有刀
トモ云ノ理運トハ知行ニ由緒アルヲ云。言ハ由緒アリトモ望ヘカラストニ
一 罪科由ノ事 科ノ沙汰アル時、无罪ノ明ハヤ彼罪人ノ職ヲ改ハル丁曲
ナル也。右无レカラセラレウナラハ尤モアルモ尤モナイモ曲ナイト云ツナモアル
キチハイワウテウハナケレトモ尤紀明ケレハ曲モナイト云之。爰ノ者ノ字モ
罪字之誤耳焉也者ハ不疑決也。早究シ諂彰ヘ斷スヘキ之
公家ノ法ニ断獄律ト云タアリ。斷スル之カ須究ニ律令格式ノ文也
若正文ヲ引チカヘタラハ皆罪之。察獄ノ官アリシ必具五聽々々トハ
一ニハ辭聽ト云ハ論人訴人相對スル時見ル。詞ノ不直ナレハ則煩ラフ之。二ニ
色聽トハ見ル其顔色ヲ不直ナレハ則赧然々トハ面ノ色カアカラナルノ

三ニハ氣聽トハ見ル其氣息ヲ不直ナレハ則喘ノ四ニハ耳聽トハコイチカラ
物ヲ云フヲキカスルニ不直ナレハ則惑五ニハ目聽トハ見ル其眸子ヲ不直ナ
レハ則眊然トミツムルニ尚色ミヘスハ其趣向スル之ニツナヲシテ向テ之ミ
此日ツミアイシテ罪之今ノ義也
一 所領ノ事 前司新司トヨム。始替ハカワリメノ事也。三年ニ四ヲ持テ退ノ
者ヲハ前司トテ云。故ヲハ新司ト云之。寺ナトニモアリ。持ハ同シ事之
右於テシサシムカウタ年貢ヲハ今來ル者カ取ヘキ之。私物雜具以下ヲサ
ニメタシルハイワレ又之。況結句却テ先司面目ヲ至シ其司ニシカケハ也。尤息ヲ却
サセヨ之其司其アラハ其牛ヲ新司カ取モ元デハナイメサリナカラス
爰ニ時當番牒ノ事ヲ引也
一 以不知ノ人シテ不知行ノ所ヲ知行アリ見タノ文證ヲハ持タルトモ曲モナイ
ホトニトテ云ヒ人ニ和メ其シ云ヲカ成タラハ上ミ分シ給ントモ之　付シ於各事アシ
是皆曲事也之　右自今以ノカウスル人ヲハ其身ヲ追却セヨ之請取ル人モ
曲事ナル也ヲ法也ナラ方ノ分之法ニハ不知行ノ所ヲ他人ニ文書ヲ

私スルコトハ禁制ハナイ也、事ニハ禁スル也、サウアレハ式目ト律令ト相違ナリ
サレトモ底ハ一ツ也、道顕入レテメノ是縁ト名シ云ソ是カ格式ヲ拵テ
五十一ケ条ニ合セシソ格式ハ破レ律令ニシテ律令ノ條流タリ律令ヲ
破タレトモ其條ヤ流カラ私ソ式目又無非法言ニ終ニハ皈ス法意ニ
関東ニ也ト書シソ又武州禅門和字ノ条ニ此状無違法之式目ハ為
知假名者ニハ為人ニ心得也ト書タソ

一 売買ノ[?] 礼記ノ王制ニ天私ハ不売買ニ皆受天ニ故也
右コトハ是ハイツモノ法也、此私領シウルコトハ三階堂行貳カ私領ハアルニ
イフコトト云ソ常忠ナレカラ心シツケテミルニ毛詩ニ雨テ我公田ニ遂ニ及其
私ニトアルホトニ私領モアルソ今ニ凡ソ公私ニ田荒廃トアリ位田私田苗
田ト云アリ所恩ノ地ハ位田也、私ニ開シ私領ト云事ノ私領ハ損頃タシ云也
私領シハウル也、所恩ノ地ハウラス也、売人ト買人トヨム今ニ売買宅地ヲ
触官司ニトアリ頭介綜サツ官ニフレテ売買スル也、サウナケレハ違令ノ
罪ニ處スル也、古散ニ公領シウル也、官司ニ触テウル也、武家ニハ地[?]ヤ政所ニ

券ヲ売テウル也、支證ニニモ也、斜[?]ル間アラハ買返スヘシト云ニ文言カアラハ
質券ニ他ニテ也ノカニ永代トアリトモ又レハ用ニ又又也、負ニ所ノ追加ニ
式目ニ私領ヲ沽却セヨト定タレトモ凡下ノ輩并借上ナトシハ許スマイ也
凡下ノ者ハ知行シモタヌ者チヤホトニ也、此旨ニ背タラハ所領ヲ取アケヨ也
縦侍ナリトモ所帯人デナクハ不可売買也政所方ノ沙汰ニ也、あノ追加ニ所領
ヲ質ニ入ニ依テ数々ニナルホトニ此あニ売買ノハ本主取返テ主ニナレ此旨ハ不可依[?]ト
也但ウル時ニ所下文アラハ其沽返ノ文元状トモ廿年過タラハ不可改也ト知状
アラハ廿年ノ内ナリトモ不可改也所領人デナイ者ノ凡下ノ輩カ買タラハ廿年
過タリトモ取返セ也売人買人共ニ罪科アルハ幕府[?]院衆ノ所時也松崎ニ
地ヲ売買者アリ其方ヲ罪科アツテ今ニ其地アル也

一 両方一[?]敵味方理非キツカトミヘソ論シテ一方カラモ也辯口ノキイタ者カ云
イカシタト思テ究決セウト望ム事アリタレハ両ニ所成敗アル也
右彼是ニ一懸隔ト八理ト非トハルカニヘタル也懸与云同意也追加ニ諸人
相論ニ召證文影然ノ時ハ不及是非若无證文ニ叙用證人ノ申状ヲ也

證文顕然之時者、雖人ニ申状不然、叙用ニ不及、起請手
継文彰然ノ時ニ不及起請也　断獄罪不用継人ヲ三等ニ孫ヲ不
用之、三等トハ親子兄弟ヲ云也、又祖父外孫ノ妻夫ノ兄弟々々妻
下人奴婢等ヲハ不用之、又八十以上十歳以下ノ者ヲ不用之、又篤疾ヲ不用、唯他
人ヲ用之、篤疾トハ顛肝斧両ノ目盲ヲ云也、衆證トテ二人以上ヲ用ナリ
評定ニ所退坐ニ分限ト云アリ、評定衆ノ中ニ祖父母ノ訴訟アル時坐ヲ
起テ退也、養父母トハヤシナイ父ヤシナイ母也、ヤシナイ子ヤシナイ孫兄弟姉
妹・婿・舅・相婿・伯叔父ヲイ・メイ・イトコ・ミヤウトコ、是モ退坐ノ分限ト云
是等ハ敵アッテ公事ヲ申ス時ハ坐ヲ起テ退之、親類ナリトモ我身ニ公
事アラハ申スヘシ、此退坐ニ分限ヲ思リ心得テ奉行ノアルガ親類トメ
公事ヲ申スハ退坐ノ分限トテイワレヌ事ヲ手ヤト云テ一方ニタノミテ一方ヲ
ヤメサセメメシカニイタスヘイカニ親類ナリトモ公事アラハ申セ向イニ敵等所
カセニ又ル者手ヤホトニ不苦、此退坐トハ一方敵味方共ニ申スカナサニ退之
又訴決離出スルト云アリ、一人公ニハ一ツノ改メ究ケノ日ヲ過シテ離出セハ一方ヘツケ

ラルヘキヨシ書テツカワス也、又ル二離出スル公事一方ニ付之、是ハ公家一統ノ時ノ礼也
一〔五十八〕狼藉トハ當座ノ喧嘩ニ行ヲトモ不知大ニ私ナル事也
右於トハ其ノヒイキノ者ナラハ不及是非、退ニ行ルヽ法度ノ事ハ喧嘩ノ事
タイニヨラマツ也、爰ニ式条トアルハ不審也、聞ノハ式目ナトナシニ多クイ、前ニ焼キ
沙汰アツシホトニ也、子細トカイテコヽカナリトヨム之、虫三細　宥ト尚書ニ
アリ、又羽ヲ振ル、桃軍夫君ヲ莫使ニ倦厭、中ヲ子細知ト云ス
一〔五十九〕帯同状トハ敵ノ方ヘ以殺書ヲナサレテ急キ参ヌ、明ラメヲ申セト云之、是ニキ
ルニヨテアリ敵ヘ同状ヲ付テ給ルト申ヌヤカテ〆レニカコツケテハヤ知行ヲ成敗ス
ルコトアル也、又レハ訴人ノ狼藉也
右就トハ同状ト召文トノカワリカアルソ、又レハ行ナテシハ書ヤウカアルソ、召文ハ
不日ニ参ニ被申明トト書也、同状ニハ敵方ノ子細ヲ書之サウメ但有子細者
申セヨトカクノ也、口ニハ安堵ノヤウニカイテ奥ニ但有子細申ヨトカクノ也、口ニ
安堵ノヤウニカクホトニハヤヤヲ掠メテ安堵手ヤト云テ狼藉ヲスルハ曲事之
同状ハ七日ニ一度ツカワス也、ソロ文ハ七日ニ三ニ及也

○起請
誓言文ノ由来日本国テハ上古ニ伊弉諾尊ト伊弉冊尊ト
泉津平坂テ相向テ立テ遂ニ絶妻之誓ト云是カ誓言文ノ
始也素戔烏尊ノ天照太神ノ国ヲ奪ハントスル終ナラスメ心ヲ
改テ誓ワス是也天津彦彦火瓊瓊杵尊ノ鹿葦津姫ノ子ヲ
火ヲ付テヤカレシカ起請ノ始也応神天皇九年四月ニ武内宿禰
宿禰ノ弟ニウマシウチノ宿禰ト云アリ兄ノ武内ノ天下ヲ望ムト
讒言シタソサラハトテ神祇ニコウテ湯ヲサグラシムル是湯起請
ノ始也神ヲ口ニハ神功皇后異国退治ノ時ニ始也　白川院ノ白
川院ノ起請アリ唐ニハ左伝ニ天下諸侯盟書ト云アリ尚書ノ
湯誓ニ我不食言ト云カ誓言文也普広院殿ノ時湯起請トラ
セラレウト云ヲ成喜奇殿ノ常忠ニ相談シ給ヘアツタレハ
常忠云神代ニモアリタナハアツタレトモ理ニカナウスソ若水ニ入テヤ
ケバ水デトラセラレヨト申ニタツシ一時ニ名誉ト云ヒナセニカワ申シ

タソナレハ儒者ハ自理当然カ本手ソ其ハカラヌ普広院殿ヨリ湯
起請ハナイガ今ハアルカシ　貞永元年五月十日癸午晴ト東鏡
ニハ書也此ニハ八月十日トアリ示政道之私相模守武蔵守理非
決断之職十一人ノ奥ニ此ニ人ノ名ヲ記也官ト氏トハ筆者カ書也
名乗ト判トハ我トスル也武州禅門此式目ヲ作ラシム五十一
ケ条云々元正天皇ノ御宇淡海公ニ律令ニ一ケ条彼ハ海内之
亀鏡是ハ関東之亀宝也ト東鏡ニ書タソサウメ九月十一日ニ武州
五十一ケ条ニカナノ状ヲ添テ六波羅ヘヤル也　嘉定元年閏
八月ニ起請ノ失ヲ定也一ニハ起請ノ後七日鼻血二ニハ起請ノ後病但
本病ハ除之三ニハ鵄烏ノ糞ヲ懸ル四ニハ為鼠被食衣装五ニハ
従身中令下血但楊枝仕ノ月水癈ノ病ハ不昔之六ニハ重服軽服
七ニハ父子罪科八ニハ飲食咽但被打背ナトナハ失也九ニハ乗用
馬斃タソ此内尚失ニヘスハ又七日社頭ニ参籠セヨ尚ニヘスハ道理ニ任
セヨ也　神主カ別ノ社デハ起請シカリトシソト云ハ時京ナラハ北野ニ神前

三七

デカヽセヨ也、仁治元年ノ法ニ、此起請ノ文字ヨミシハ不[illegible]之、永恐
二年十月五日ノ起請文ガ日之下ト図ニ、関東ニ之此式目ヲヨムト云テ人ノ
語ルハ、天照太神ノ名カ此内ニナイハ、一屋言ヲ仰ラル、神モヤホトニ
ト云ヘナレハ、何ソナレハ、大己貴神ノ此国ヲ御持アルシノ色モノヽタ
バカリアナシト云テ、此国ヲ御取アツタ神チヤト云、近比ヲカシイ事ヂ
永忍ノ式目ニハ、天照太神ノ御名ヲ入タ也

歳在辛丑天文十年春三申十又七筆焉　總計参拾柒丁

禁制　[illegible]
右当寺[illegible]一揆等令乱入、境内之儀[illegible]狼藉[illegible]之事也、[illegible]
[illegible]之上[illegible]堅[illegible]可被[illegible]下知、各令存知之
可[illegible]、企若不慮犯之族在者、可[illegible]厳科之由、所被
仰下也、仍下知如件
天文十五年九月廿五日
前丹後守平朝臣　在判
對馬守平朝臣　在判

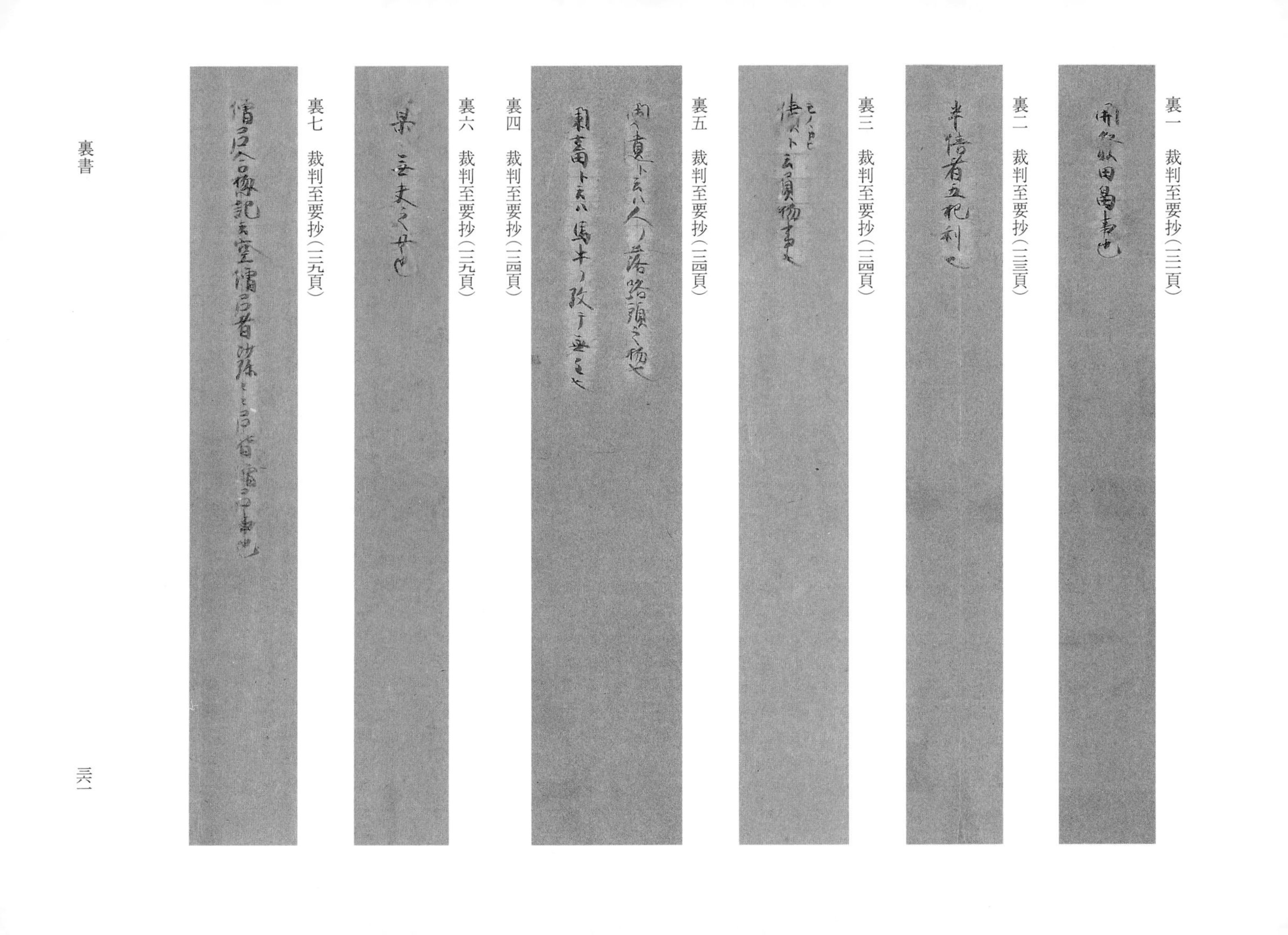

裏一　裁判至要抄（一二三頁）

裏二　裁判至要抄（一二三頁）

裏三　裁判至要抄（一二四頁）

裏五　裁判至要抄（一二四頁）

裏四　裁判至要抄（一二四頁）

裏六　裁判至要抄（一二九頁）

裏七　裁判至要抄（一二九頁）

裏書

裏八　裁判至要抄（一三〇頁）

裏一〇　裁判至要抄（一三三頁）

裏九　裁判至要抄（一三三頁）

解説

杉橋隆夫
佐古愛己

総　論

陽明文庫に架蔵された中世法制史料の優品は、公家・武家・寺社法を問わず、本書に収載した諸法の他にも少なくない。そのこと自体、中世法の施行や研究の状況を示すと同時に、摂関家筆頭たる近衛家の政治的、文化・学術的位置を表す事象と評価される。

実は、筆者が本輯の解説を担当する以前から、「法制史料集」に採録される予定の法書・法令集は決まっており、予告パンフレットの類にも明記されていた。すなわち、**法曹至要抄**（三巻）、**裁判至要抄**（一巻）、**近衛家本追加・近衛家本式目追加条々**である。しかし最終調整の段階に至って、紙数に若干の余裕が生じたので、**文永十年九月制符**と**倭朝論鈔**（一冊）とを加えた。

以下、収録の順に従って概略を紹介し、次いで各書についてやや詳しく論じる。

法曹至要抄（三巻）は明法博士坂上明基（祖父の明兼とする説もある）の撰になり、全一七三の条項を有する。坂上氏の家学の集大成にして、中世公家法に関するもっとも広汎・体系的な法書である。律令格式とその注解から、法家が心得なければならない重要事項を抜粋し、案文を付記する。料紙はほぼ同じだが、筆者は三巻とも異なる。永仁三年（一二九五）の奥書を有する神宮文庫本以上の古さを誇り（弘長の頃）、しかも同本が、鎌倉幕府に送進するための抄出本の写であるのに対し、陽明文庫本は上・中・下三巻を備える最善本といえる。重要文化財。

かつて『法曹至要抄』は、「明法家の虎の巻」（坂本太郎）あるいは明法官人たちの衒学的な産物などとされ、当時の「生きた法」を現すものとは考えられなかったのに対し、近年では「中世諸法の母胎」（棚橋光男）と評価し、新たな法意識の形成を示すとする理解が優勢である。律令格式の引用と案文との間の著しい乖離は、むしろ現実に対応する「生きた法」との近接を示唆している。

裁判至要抄（一巻）は同じく坂上明基の撰。形式も『法曹至要抄』と同様に、先行法を引用した後に案文を付す。内容は土地家屋などの財産の所有、売買貸借、処分などを論じ、計三三箇条を掲げる。重要文化財。

陽明文庫蔵本は、弘長三年（一二六三）の最古写本で、内容的にも最善本である。その奥書により、建永二年（一二〇七）八月二十六日、坂上明基が後鳥羽上皇の院宣を奉じて撰進した事実が知られる。撰進の目的については、記録所勘文の雛形（裁判規範）として、『法曹至要抄』の条文のなかから抄出、これに修正を加えるかたちで成立したともいう。中世公家法研究上、『法曹至要抄』と並ぶ最重要史料であるだけでなく、鎌倉幕府法にも本書を参照した形跡がある。総じて社会の現実を意識した法といえる。

文永十年九月制符（一巻）は、文永十年（一二七三）十一月、東大寺権僧正宗性の編書写にかかる。

陽明文庫には、他に建久二年（一一九一）・寛喜三年（一二三一）の各制符が、同じく宗性の関係典籍として存在している。これらの公家新制は、総じて「三代制符」と称して『続々群書類従』に収載され、周知に属する。ただ残念ながら三本とも虫損が甚だしく、特に建久新制に至っては展開ができない情況にある。本輯では、虫害が比較的軽く、かつ本文の執筆者（宗顕）も明らかで、制符の成立と筆録に期間がもっとも短い等の優良点を考慮して、本制符を掲出することとした。

近衛家本追加・式目追加条々（各一冊）は、それぞれ鎌倉幕府の追加法令集。ともに書写年代・筆者等未詳である。

前者は追加法令集中もっとも多い実質三八八箇条を収め、諸追加法令集の成立・系統を考えるうえで、貴重な存在と評価されている。また多数の訴訟法規を収録している点でも注目され、追加法令以外の記事三箇条のうちに、『御成敗式目』を制定した執権北条泰時が、司法の公正を期して諸天・諸仏に祈願した起請文を収めるのも特筆に価する。

後者は二一八箇条。ただし末尾一一箇条は足利幕府の追加法令。なかでも弘長元年（一二六一）二月二十日関東新制条々六一箇条は、他に見られない貴重な条文である。

倭朝論鈔（一冊）は、天文五年（一五三六）二月に清原宣賢が行った講釈の内容を受講者が筆録、天文十年（一五四一）春に成書したもの。当然ながら、『清原宣賢式目抄』の記述・趣旨と多くの点で一致するが、微妙に異なる箇所も少なくない。『清原宣賢式目抄』は式目注釈書中の白眉とされ、もっとも早くに刊行された。現今でも『中世法制史料集　別巻　御成敗式目註釈書集要』に、厳密な校訂を付して収められ、容易に全貌が知られるのに対して、本書はいまだ活字刊行されておらず、他の手段による閲覧も容易でない。同一人の考究ながら、『清原宣賢式目抄』とは性格が異なる『倭朝論鈔』を本叢書に写真収録することで、一つには両書の比較研究の便に供したい。

各　論

(1) 法曹至要抄

本書は上（法量：縦二八・六センチメートル、横＝全長一九〇九・五センチメートル）・中（縦二八・九センチメートル、横＝全長一三三九・五センチメートル）・下（縦二八・九センチメートル、横＝全長一〇六〇・九センチメートル）の三巻、全一七三の項目から構成される。上巻には「羽林抄□□」の外題と奥題（「法曹至要抄巻上」）とがあるが、表紙と本紙とは分離しており、別書の表紙を転用したものであろう。本紙は前欠で、目録・本文首部（「五罪事」項全文、「八虐」項の大部分）を欠き、罪科条第二項「八虐事」の末尾「八曰、不義」のうち「賊盗律又云」に始まり、第六二項「老少不ㇾ禁事」までを収める。中巻には、本人の自筆と思われる「法曹至要鈔中　行賢」との題簽と目録、本文、奥題（「法曹至要抄巻中」）を完存する。また袖紙端裏には「法曹至要抄巻第二　行賢」とする外題がある。本文は禁制条一四項、売買条八項、負債条一項、出挙条六項、借物条三項、質物条四項、預物条一項、荒地条三項、雑事条一七項からなる。下巻も題簽以下を完備し（袖紙端裏に「法曹至要鈔下　行賢」とする題簽、題簽の下に「法曹至要抄巻第三　行賢」とする打付書、目録、本文、奥題「法曹至要抄巻下」）、本文は処分条一六項、喪服条五項、服仮条二一項（目録はさらに一項を欠く）、雑穢条一三項を収めるが、他の写本との比較により、処分条一項と服仮条二項の欠落が確認できる。各本文は三巻とも別筆で書写され、墨書古訓、返り点、朱句点が施されている。なお、料紙には天地各々一本の墨界があり、一時期折本とされたものを改装している。

本書の性格や成立の背景、撰者等については、すでに多くの研究蓄積がある。以下にその概要を記す。

およそ公家法は、新制・制符として新たに発布された成文法や、明法官人による律令（格式）の新（再）解釈、さらには慣行や法慣習などを基に形成された。『法曹至要抄』と次掲『裁判至要抄』は、個々の裁判における判決案たる「明法勘文」を基礎として著され、中世公家社会を代表する法書と評価される。

『法曹至要抄』の成立と撰者に関しては、『本朝書籍目録』や一条兼良の『法曹至要抄註』などの記載から、久安三年（一一四七）に没した坂上明兼とする説と、本文中に建久四年（一一九三）の宣旨二通が引用されていることや、神宮文庫本の奥書「本云、明法博士明基権（マヽ）進于関東云々」から、鎌倉前期の明基（明兼孫）とする説とがあるが、明基坂本太郎が、明兼の頃に父範政以来の明法家坂上氏の家学に基づく原型が成り、明基に至るまでの間に増補されたのが現行の『法曹至要抄』だと推定して以降、これが通説となっている。

本書は明法勘文ごとに分類整理されており、各条項は事書の次に法解釈上の根拠となる律令格式の条文・解釈、故実・旧例、その他の法源などを引用し、末尾に案文が記される。この案文には、本書が成立した時期の法解釈および法慣習が反映されるとともに、明法家坂上氏の家学としての解釈が表出していると見ることができよう。近年さらに一歩踏み込んで、本書成立の目的を以下のように説く見解がある。すなわち、鎌倉期の朝廷において、公卿からの諮問に応えた明法勘文に失錯があった場合、明法博士にその責任が問われた。それ故、院政期に博士家としての地位を固めつつあった坂上氏が、子孫が勘文を作成するさいの手引きとして本書を編み、もって家学の永続を願ったのだ、と（長又高夫）。

最後に写本について。古写本としては、弘長（一二六一～六四）の頃の書写と思われる（後述参照）陽明文庫本三巻以外に、永仁三年（一二九五）の奥書を持つ神宮文庫本一冊があるが、後者は抄出本である。新写本は多数伝わり、宮内庁書陵部所蔵白川本下巻一冊は、江戸時代初期の白川雅陳王による写で、多くの書き入れがあり、律の逸文などが見られる。また、寛文二年（一六六二）と文化九年（一八一二）の版本もある。なかでも陽明文庫本が最善本であり、『中世法制史料集　第六巻　公家法・公家家法・

寺社法』もこれを底本とし、わずかに欠ける項目については、寛文木版本によって補っている。ただし、同書の編纂・校訂方針により、返り点や句点は底本に拠っていないので、本写真版の刊行は、該方面における情報の不足を大いに満たすであろう（『裁判至要抄』以下、関係史料についても同じ）。

（2）裁判至要抄

本書は折本を改装した巻子本一巻（縦二九・一センチメートル、横＝全長七二八・六センチメートル）。本文と同筆の外題（「裁判至要鈔　行賢」）、目録、本文、撰者の奥書、および葉室宗行書状の写と弘長三年（一二六三）三月十五日付け行賢の書写・校点奥書を有する。なお、都合八箇条について、本文とは別筆と見られる裏書がある。目録と本文の料紙には、天四罫、地単罫、縦界の淡墨界があり、墨書訓点を施す。

本文には挙出・売買・相続などの民事裁判に関する条項三三を収め、このうち財産の譲与・相続についての条項が一九と過半を占める。条項ごとに、事書に続いて法解釈上の根拠となる律令格式などの条文を引用し、次に案文を記す。

また奥書から、撰者は坂上明基で、建永二年（一二〇七）八月、後鳥羽上皇の院宣を受け撰進した事実が判明する。『裁判至要抄』の内容は『法曹至要抄』を踏襲した箇所が多いが、相違点も指摘されている。本書相続法中の悔還権に着目した田中稔は、『法曹至要抄』の法意を改変し『御成敗式目』と相通ずる点が認められるところから、社会変化への対応が窺え、公家法の中世化への途を示すものと評価している。さらに近年、長又高夫も両書を比較し、『裁判至要抄』の方が実際の法適用に留意し、より丁寧で具体的かつ簡潔な法解釈の表現を用いていること、『法曹至要抄』の条文中から記録所の管掌に関する事項を抄出、修正を加えていることなどを指摘している。加えて記録所の寄人たる明基が、記録所勘文を作成するさいの雛形集として、本書が編まれたともいう。

改めて奥書を掲出しておきたい。

以前条事、抄出如レ右。抑法令者、治レ国之権衡、馭レ民之轡策者也。君不レ可レ失二之於上一、臣不レ可レ違二之於下一。明基才雖レ非二陳寵一、職既継二呉雄一。忝奉二　院宣一、粗勒二憲章一。悉載二本文一。無レ加二新意一。于時建永二年八月廿六日矣。

御抄草加二一見一返二献之一。恩借之条以外候。殊悦思給候也。毎時期二見参之時一候也。恐々謹言。

九月十日　中宮権大進宗行

大判事殿

弘長三年三月十五日書二写之一了。

校点了。

桑門行賢

ここには九月十日付け、中宮権大進（藤原）宗行が大判事に充てた書状が書写されていて、大判事は本書の撰者である坂上明基だと判明する（前掲『中世法制史料集　第六巻』解題）。つまり、陽明文庫本は「抄草」と称される由緒正しい書を親本とした写本であり、『裁判至要抄』が後鳥羽院に献上された建永二年（承元元年）から五六年後に、『法曹至要抄』の題簽に見えるのと同一人物、すなわち行賢の手になる可能性が極めて高いと考えられる。行賢の書は、自署を始め、非常に特色のある風が看取される。しかも『法曹至要抄』の題簽二枚と『裁判至要抄』の外題の料紙は同じである。ここに陽明文庫本『法曹至要抄』の書写もまた、『裁判至要抄』と同時期と断じて間違いないであろう。

両書の書写にかかわったと思われる行賢とは、興福寺一乗院第十代院主実信（近衛基通息）の側近として院務を取り仕切り、その院家の歴史と現状とを書き綴った『簡要類聚鈔』を、弘安五年（一二八二）に完成させた「行賢法眼」だと知られる。彼が両法書を書写した真の理由は詳らかにし得ないが、大和国や院家領支配を強力に推し進める該期一乗院の坊官として、公家法に通暁することは肝要であったに相違ない。

なお、本書には振り仮名、送り仮名、返り点が付されており、鎌倉後期の国語学資料としても高く評価されている。この他の写本としては、文明十年（一四七八）清原時定書写の尊経閣本を始め、いくつかの新写本がある。

(3)文永十年九月制符

本書は陽明文庫所蔵の東大寺宗性上人関係典籍のうちの一巻（縦二八・五センチメートル、横＝全長三〇九センチメートル）。表紙に自筆・打付書で「文永十年九月制符　権僧正宗性」と記し、奥書には、

文永十年中冬之候、自二宗顕得業之許一所レ被二写送一也。
□（以カ）二此制符一可レ備二亀鏡一也。

伝領権僧正宗性

とある。すなわち、「文永十年九月廿七日」（本文行頭）に口宣のかたち（ただし奉者名を欠く）で発令された公家新制二五箇条が、早くも十一月中に僧宗顕の手で転写され、宗性に送達された事実が知られる。

他に新制としては、建久二年令二種（三月二十二日・三月二十八日公布の、いわゆるI・II令。但し書写の順は逆）一巻と寛喜三年十一月三日令一巻が、何れも宗性関係典籍のうちに含まれて存在する。これら新制三巻は、やがて「三代制符」と題する写本に纏められ、『続々群書類従』（第七）に収載されて流布するところとなった。「三代制符」は必ずしも善本とはいえないが、他方、近衛家本における爾後の虫損の進行著しく、建久新制に至っては展開不能な状態にある。本令一巻も掲出写真のごとき有り様であり、近刊の『中世法制史料集　第六巻』においても、「三代制符」や「制符抜萃」（「田中本　制符」とも）により、底本の欠損を補うところが多かった（一四三～一五一頁）。

文永十年令は、同年四月一日から審議が開始され、約半年を要して制定・公布となった。九月二十七日の宣旨は、その日のうちに官宣旨として関係機関に転伝された。現状では全条文が伝わる最後の新制であり、内容上の特色としては、これまで雑事として一括されてきた編目が、過差禁止・任官・訴訟という三項目に限定されたこと、一〇年前の弘長三年八月十三日令の継承という要素を備えた事実などが、すでに指摘されている（佐々木文昭）。

他方、「三代制符」の冒頭に配された建久新制は、前年暮に上洛した源頼朝と後白河法皇との数次にわたる対談を経て発令された、鎌倉時代公家法の根幹をなす法典であり、特に陸海盗賊・放火犯の捕縛を「前右近衛大将源朝（頼朝）臣並京畿諸国所部官司等」に命じたI令第一六条は、全国的・国家的軍事警察権（諸国守護権）の執行主体としての

幕府の法的地位を確定した法文である。こうした鎌倉幕府の法的地位は、その時々の実態に合わせて徐々に文言を変化させせながらも、以後の新制の条文に反映されたが、弘長新制に至ってついに公家の法文から姿を消し、関東（武家）新制条々に移行してしまう。弘長元年（一二六一）二月三十日施行の関東新制条々（近衛家本追加に全文が収められている）は、諸国守護権の行使を規定する条文（『中世法制史料集　第一巻　鎌倉幕府法』追加法第三六八条）において「山賊・海賊・夜討・強盗之類」の禁断を「諸国地頭守護等」に命じ、しかもその法源をもはや公家法に求めることなく、『御成敗式目』そのものに拠っているのである。おそらくこの頃までに、かかる権限を幕府固有のものとする認識が生まれた事実の反映であろう。反対に公家新制では、かつて検非違使庁の専権事項とされた分野にも、次第に幕府勢力の介入・導入が強まり、本制符においては京中強盗の停止を使庁・武家（幕府）両方に督励しているのが注目される（第二四条、本書一四六頁）。やがて一四世紀初頭以降、新制の発令形式は院宣に変わり、内容もほとんど分からないなかで、今日わずかに知りうるものはすべて倹約令という情況を呈するようになる。かくして文永新制は、時代の大きな転換点を示す法典と位置付けられるのである。

（4）追加

本書は陽明文庫所蔵追加集二本のうちの一つで、冊子装（縦二六・二センチメートル、横＝二〇・一センチメートル）、表・裏表紙の他、袋綴本紙一〇六葉（うち墨付一〇五葉）よりなる。表題に「追加」とあるのみで、奥書はなく、筆者や書写年代は未詳ながら、書風より推して江戸中期以降の写本とされている。墨書の条番号・校訂注、および朱書による句点・訂正・合符、まれに返り点を認める。

冒頭には「追加目録」として、一五丁（一紙表から一五紙表。以下、一オから一五オの如く略記する）に三〇四箇条におよぶ条名を列記し、本文の順序もこの目録に従う。ただし、目録の一部に脱落があり、また一連の法令数箇条を一条と数えているため、実数は全三九一箇条に上る（以下、条数は実数の順によって示す）。他方、なかには『御成敗式目』制定時の泰時書状（第六四条：三五オから三六ウ）、泰時が司法の公正を期して諸天諸仏に祈請した嘉禎四年（一二三八）六月日の起請（第六八条：三八オから三九オ）、

「御教書礼」と題する書札礼の記事（第七〇条：三九ウから四三オ）が含まれており、これら三箇条を除くと都合二八八箇条となるが、それでも本『追加』が鎌倉幕府追加諸本中、最大の条文数を誇る事実は揺るがない。

本書第一条から第二二条（一六オから二一オ）までは、群書類従本「御成敗式目追加」と一致する事実が知られる。牧健二によると、本書編纂当時、現存追加集中最古とされた群書類従本の「権威」に従った結果であろうという（ただし、本書と群書本の相互に一条ずつの過不足、順序の入れ替えなど、若干の相違がある）。

次に第二三条「本年貢外半分事」から第六二条「本司新補両様混領事」（二一ウから三四オ）までは、守護地頭に関する法令が並び、貞応元年（一二二二）四月二十六日の法令にまで遡って、式目以前の諸法令が配置されている。追加とは、むろん『御成敗式目』発布以後に出された幕府の法令を意味するが、周知の通り、式目の円滑な運用と公平な裁判遂行のために、必要な法令は式目施行以前に遡って採録されたのである。

第六三条「起請文失条々」（三四ウ・三五オ）からは、訴訟関連の条文が列挙される。他の追加集に比べて、多くの訴訟法を採収している点が、本書最大の特色である。また前述の泰時起請は、本書のみに見える貴重な史料であり、第六七条「雑人訴訟事」（三七ウ・三八オ）に続けて掲げられている。訴訟法に意を注ぐ本集の質が表れている。

第七七（本書には「七十二」と書込む。以下、実数対照のため、かく表記する場合がある）条から第八六（「八十一」）条（四五オから四六ウ）までの一〇箇条は何れも弘長二年五月二十三日の令を収め、これ以降の諸条配列は、概ね年代順となっている。ただしそれらには、初めに「条々」と題して、数条からなる法令を原形のまま掲載したものが多い。そのため、『新編追加』のように、編者が条文を切り取り、分類・配置した追加集の法令を原形に復元しようとする場合、本書の掲載状況から手がかりを得ることが可能である。

これ以降も訴訟や売買・質物関連の条文、各種禁制などが続き、内容は多岐にわたる。加えて、裁決における当時の先例や傍例（第九八〈「九十三」〉条：四八ウ・四九オ、第一二八条「石原高家・慈心相論腹巻事」：五五ウ・五六オ、第二四八から二五九条〈「先例」以下一二箇条〉：八七オから八九オ、第三七六〈「二百九十一」の次条〉・三七七〈「二百九十二」〉条：一〇三オ・同ウ）、さらには「政所奉行成敗事」（第一四九から一五一条：六一ウ・六二オ）

として、奉行人の意見・忘備らしい記事が多数含まれている点も興味深い。

また、巻頭の「追加目録」によれば、「二百四十四　新御式目条々　弘安七五廿　廿八ヶ条」（一二オ）とあるが、本文には「新御式目」三八箇条の事書が列記されている（第二六三から三〇〇条：八九ウから九一ウ）。このあたりの解明も後考に委ねたい。

なお、本書もしくはその系統本が、神龍院梵舜書写の前田家尊経閣文庫本『新編追加』の原史料となった可能性が高い旨、従来から指摘されており、追加集諸本の成立と系統を考察するうえでも、本追加は重要な位置を占めているといえる。

(5) 式目追加条々

本書は前掲書(4)とともに、陽明文庫に伝わる二種の式目追加の一つで、冊子装（縦二六・九センチメートル、横＝二〇・九センチメートル）、表・裏表紙の他、袋綴本紙五四葉（うち墨付五二葉）よりなる。表題に「式目追加条々」と見え、冒頭第一紙のうちに旧題簽と思われる「式目追加并鎌倉新制」と記された紙片がある（本書二六三頁）。奥書はなく、筆者、書写年代は未詳。書風より近世の写本と推測され、返り点・振り仮名・字句訂正と若干の語句解説などの墨書による追筆がある。そのなかには、『沙汰未練書』では「篝屋トハ在京人役所也」と解説されるくだりが、「篝屋トハ、フセゴホトノ屋ヲ云フ」（三ウ）と注記されるなど、独特の解釈が見られて興味深い。

本書には目録がなく、本文二一八箇条で構成される。冒頭第一条に「貞応・嘉禄以後盗賊跡所領事」、第二条「畿内近国并西国堺相論事」、第三条「依二芸能一被二召仕一輩所領事」（以上、一オ・一ウ）、第四条「盗賊贓物事」（一ウ）、第五条「所二預置一召人令二逃失一罪科事」、第六条「以二田地領所一為二双六賭一事」（以上、二オ・二ウ）を掲げるのは、もっとも古くに流布した追加集とされる群書類従本『御成敗式目追加』・藤貞幹本『式目』（以下、貞本）・運長本『式目』（以下、運本）等と一致しており、発布の原形もしくはそれに近い形態を知り得る追加集の一つと見做されている。

本『式目追加条々』（以下『条々』）各条の事書の下には、たとえば第一条には「天福元八五評」、第二条には「嘉禎四年閏九一被レ定レ之」、第四条「嘉禎三四廿評」、第五条「同七廿評」、第六条「文暦二」というような注記がある（以上、一オ〜二オ）。しかしこれに関しては、原形をもっともよく伝えると考えられている貞本・運本の注記によって、第一条は寛喜三年四月五日、第二条は寛喜三年八月五日、第四条は貞永元年閏九月一日、第五条は寛喜三年七月二十日、第六条は貞永元年十二月以前に制定されたと推定されており（以上、『中世法制史料集　第一巻　鎌倉幕府法』補注11参照）、『条々』における注記の扱いには注意を要する。

『条々』第四三条（二五ウ・二六オ）から第一四六条（三三ウ）までは、和田英松旧蔵書入本である『貞応弘安式目』と完全に一致する。同式目は、「慶長十二十一月　源定直」との本奥書、さらに内藤耻叟所蔵の慶長古写本を謄写し、『吾妻鏡』以下の諸書・諸追加集を以て校合したとする和田英松自身の奥書があることで知られ、『続々群書類従　第七　法制部』に収録されている。

さらに第一四七条（三四オ）から第二〇七条（五〇オ）までの六一箇条「弘長元年二月廿日関東新制条々」は、他の法令集には見えない貴重な条文である。またその末尾に「弘長元年二月廿日」の日付と執権・連署の署判を記すが、二月二十日は弘長改元の当日で、鎌倉に改元詔書が到着したのは同月二十六日であるゆえ（『吾妻鏡』）、「廿日」は「卅日」の誤写と考えられる（前掲『中世法制史料集　第一巻』補注37参照）。実際、『吾妻鏡』同月二十九日条には〝仏神事興行の沙汰〟として五箇条、および「過差」停止のほか「厳制数ヶ条」が定められた旨と九箇条の事書が記述されている。それらの事書や条文は、各々上記の「六一箇条」と同一もしくは類似しており、結局、弘長の「関東新制条々」六一箇条は、二十九日の評定で決定され、翌日公布されたと理解してよいのではなかろうか。

最後に『条々』末尾の第二〇八条（五一オ）から第二一八条（五二ウ）に相当する一一箇条「御成敗条々」は、応永二十九年（一四二二）七月二十九日の足利幕府追加法令である。

(6) 倭朝論鈔

本書は冊子装（縦二四・〇センチメートル、横一七・六センチメートル）、袋綴本紙墨付三七葉よりなり、裏表紙見返の白紙半葉に足利幕府追加法を記す貼紙がある。表表紙題簽に「倭朝論鈔　全」と記し、本紙・本文には墨書書込の他、条数・句点に朱書、人名・地名など固有名詞に各々位置を区別した朱線を加える。

本書の性格と成立時期については、巻首題名（「御成敗式目」）の下に「天文五申二月吉日　環翠軒講焉」とあり、また奥書には「歳在辛丑天文十年春之中十又七筆焉。総計参拾柒丁」と見えることから、まず天文五年（一五三六）二月に環翠軒（清原宣賢の号）の講筵に列し（講義内容を筆録し）た者が、正五年後の天文十年（一五四一）二月に（改めて整理、「式目聞書」として）書き定めた書物だと知られる。

清原宣賢は吉田神社の祠官の家に生まれ、清原宗賢の嗣子となって家職を継いだ。主著の『清原宣賢式目抄』は、祖父業忠（法名常忠）の式目註釈学を大成したものであり、類書中の最善本とされる。刊行ももっとも古く、慶長・元和の頃の古活字本にまで遡り、現今では『中世法制史料集　別巻』（前掲）に精細に翻刻、収録されているが、片や『倭朝論鈔』は、少々の機関に焼き付け写真・謄写本等のかたちで架蔵されているにすぎない。本書の叙述の一部は、車七両におよぶ清原家伝来の厖大な書籍の存在と、応仁の乱による焼失を述べる記事（二ウ）などが注目され、割合よく知られているものの、全体を鮮明な写真版で刊行するのは今回が初めてであり、関係分野の研究促進に裨益するところ大なるものがあると期待したい。

そもそも「『式目注釈学』『式目注釈書』に関する法史学的・思想史的な研究自体、本格的な試みはまだ始まってすらいない」（新田一郎）とされるが、同人自身により『清原宣賢式目抄』と『倭朝論鈔』との具体的内容比較が、すでにいくつか行われている。両書の関係は、前者が約二年前に自身の手で纏められた浩瀚な著述であり、後者がその講義録であるためか、全体的に後者の記述に省略が目立ち、主張の多くが共通する反面、微妙な違いが認められる箇所も少なくない。たとえば、みずからの興味でいえば、『清原宣賢式目抄』には「此式目ハ五十箇条ニモセズシテ、五十一箇条ニスル事、豈其故ナカランヤ」とあり、現存『吾妻鏡』古写本・版本類が、『御成敗式目』成立時の条文数を、おしなべて「五十箇（ヶ）条」とする事実（貞永元年八月十日・九月十一日条）に照らして、実に深遠な関心を示しているのに対して（ただし『清原宣賢式目抄』自身が引用する『東鏡』同日条には、各々「五十一条」「五十一箇条」と所見するのも不思議である）、『倭朝論鈔』では「五十箇条」への留意は一切消去されている（三オ他）。両書の比較研究における一つのポイントではあろう。さらに付言すれば、かかる観点は、近年提出された『清原業忠貞永式目聞書』の真の講者を宣賢とする説（新田一郎）を検討するさいの有力な手がかりになりうるものと考えている。その他、『倭朝論鈔』から汲むべき事実は少なくないが、詳細は次の文献一覧に掲げる関係先行研究に拠りたい。

なお、本項冒頭で触れた「天文十五年九月廿五日」付け「禁制　徳政」は、『中世法制史料集　第二巻　室町幕府法』に追加法補遺一九として収められている。同法は別筆・別紙を以て貼付されており、虫損との関係を考えるに、貼付の時期はかなり降るものと観察される。

【主要参考文献一覧】

・池内義資編『中世法制史料集　別巻　御成敗式目註釈書集要』（岩波書店、一九七八年）
・大山喬平「近衛家と南都一乗院――『簡要類聚鈔』考――」（岸俊男教授退官記念会編『日本政治社会史研究　下』塙書房、一九八五年）
・笠松宏至「吾妻鏡と追加法と」（『日本中世法史論』東京大学出版会、一九七九年、初出一九六一年）
・後藤紀彦「『田中本制符』――分類を試みた公家新制の古写本――」（『年報中世史研究』五号、一九八〇年）
・坂本太郎「法曹至要抄とその著者」（『日本古代史の基礎的研究　下　制度篇』東京大学出版会、一九六四年、初出一九五六年）
・佐々木文昭『中世公武新制の研究』（吉川弘文館、二〇〇八年）
・佐藤進一・池内義資編『中世法制史料集　第一巻　鎌倉幕府法』（岩波書店、一九五五年）
・佐藤進一・百瀬今朝雄・笠松宏至編『中世法制史料集　第六巻　公家法・公家家法・寺社法』（岩波書店、二〇〇五年）
・下郡剛「鎌倉時代新制考――発布方式に見る中世的法令への転換点――」（『明月記研究』七号、二〇〇二年）
・杉橋隆夫「公家政権と鎌倉幕府」（『歴史公論』一〇巻一〇号、一九八四年）
・杉橋隆夫「御成敗式目成立の経緯・試論」（岸俊男教授退官記念会編『日本政治社会史研究　下』塙書房、一九八五年）
・田中稔「裁判至要抄に見える悔返権について」（『鎌倉幕府御家人制度の研究』吉川弘文館、一九九一年、初出一九七二年）
・棚橋光男「法書『法曹至要抄』」（『中世成立期の法と国家』塙書房、一九八三年、初出一九七九年）
・長又高夫『日本中世法書の研究』（汲古書院、二〇〇〇年）
・長又高夫「中世初期の明法道について」（『身延山大学仏教学部紀要』九号、二〇〇八年）
・新田一郎「『式目注釈書』三題」（石井進編『中世の法と政治』吉川弘文館、一九九二年）

・羽下徳彦「領主支配と法」（『岩波講座日本歴史五　中世1』岩波書店、一九七五年）
・牧健二「近衛家本式目追加に就いて」（『法学論叢』四六巻一号、一九四二年）
・三浦周行「新制の研究」（『日本史の研究　新輯一』岩波書店、一九八二年、初出一九二五〜六年）
・水戸部正男『公家新制の研究』（創文社、一九六一年）
・宮崎道三郎「裁判至要抄の由来」（中田薫編『宮崎先生法制史論集』岩波書店、一九二九年、初出一八九四年）
・八代国治「法曹至要抄考」（『国学院雑誌』一七巻六号、一九一一年）
・安野博之「清原家と『御成敗式目』」（『三田国文』二六号、一九九七年）
・〈日本思想大系〉『中世政治社会思想　下』（岩波書店、一九八一年）

〔付記〕　以上、総論および各論の「文永十年九月制符」と「倭朝論鈔」を杉橋が、その他を佐古が起稿し、杉橋が全体を調整、若干の補筆を行った。なお、各史料の条項数については、先行研究・解説等により、まま違いが見られるが、本稿においては、改めて数え直して表記した。また、書誌にかかわる事案について、しばしば名和修文庫長のご教示を得た。記して謝意を表する。

監　修　近衛通隆
編集顧問　熱田　公／益田　宗
本輯解説担当　杉橋隆夫／佐古愛己

記録文書篇　第九輯
法制史料集
平成二十六年九月二十五日　発行
定価：本体一二、〇〇〇円（税別）
編集者　公益財団法人陽明文庫
発行者　田中　大
印刷所　株式会社 図書印刷 同朋舎
発行所　株式会社 思文閣出版
京都市東山区元町三五五
電話（〇七五）七五一－一七八一㈹

ISBN978-4-7842-1716-8　C3021

第27回配本